Hildy Jucker

W0039953

Erfahrungen mit der Zärtlichkeit Gottes

PARVIS-VERLAG
1648 Hauteville / Schweiz

Wichtiger Hinweis

Fast alle *kursiv* gedruckten Texte sind Botschaften von Jesus Christus an Françoise, die Er ihr zwischen 1994-2016 diktiert hat. Ich habe sie den Büchern *Umkehr der Herzen*, Band 1-10 (Parvis-Verlag) oder *Jesus kommt wieder in Herrlichkeit*, Band 1-4 (Hovine-Verlag) entnommen. Der Rest sind Texte aus der Heiligen Schrift. Das Quellenverzeichnis ist auf Seiten 231-233 zu finden.

© 3. Auflage - Oktober 2019

Parvis-Verlag
Route de l'Eglise 71
1648 Hauteville
Schweiz

Tel. 0041 26 915 93 93
Fax 0041 26 915 93 99

buchhandlung@parvis.ch
www.parvis.ch

Gedruckt in der EU

ISBN 978-2-88022-904-7

Vorwort

Ich habe dieses Buch für all jene geschrieben, die nach Geborgenheit und Liebe hungern, die nach dem Glück des Lebens suchen. Auf diesen Seiten möchte ich von der ZÄRT-LICHKEIT GOTTES erzählen, die mein Leben erfüllt und voller innerer Freude und Frieden sein lässt. Ich habe einen Schatz gefunden und möchte ihn mit dir teilen. Ich habe nach langer, schmerzhafter Suche endlich DEN gefunden, DER mich vollkommen liebt und DEN ich über alles lieben gelernt habe. Es ist JESUS CHRISTUS, mein Herr und mein Gott, mein bester Freund und heiliger Wegbegleiter, der mir ein Glück geschenkt hat, von dem ich nicht einmal träumen konnte, denn es liegt jenseits allem menschlich Vergleichbaren.

Verschiedene Personen, die ich kenne, erzählen in diesem Buch von ihren Erfahrungen mit der Zärtlichkeit Gottes, unter anderen Françoise, Pater Hansjörg Gyr und Johannes Jucker.

Gibt es das Paradies auf Erden? Du wirst antworten: «Nein, das gibt es nicht!» Ich wage zu behaupten: «Doch, es gibt es!» Komm, ich nehme dich mit, wenn du willst, und zeige dir den Weg, auf dem ich und andere es gefunden haben.

1. Kindheitserlebnisse

Wenn ich an meine Kindheit zurückdenke, so ist mir die Weihnachtszeit in lebhafter Erinnerung. Mein Vater bastelte mit uns Kindern Engel, die er dann liebevoll im langen Korridor an die Decke hängte. Ich fühlte mich so wohl unter diesem Engelhimmel und konnte das Christkind kaum erwarten. Meine Mutter erzählte uns jeweils aus einem einfachen Weihnachtsbilderbuch, das ich bis heute vor mir sehe, die Weihnachtsgeschichte.

Als der Heilige Abend kam, war die Stubentür, die eine Glasscheibe hatte, mit einem Tuch verhängt und abgeschlossen. Wir Kinder, ich habe noch drei jüngere Brüder, gingen mit der Mama in ein Zimmer, wo wir in Sonntagskleidung aufgeregt auf das Glöckleinklingen des «großen Engels» warteten, der das Christkind ankündigte. In meinem Kinderherzen waren eine wunderbare Freude und ein natürlicher Glaube. Endlich klingelte es!

Die Stubentüre ging auf, die Kerzen am Christbaum brannten und das Jesuskind lag in der Krippe bei Ochs und Esel. Da waren Maria und Joseph und natürlich fehlten die Hirten mit den Schäflein auch nicht. Rundherum lagen viele bunte Geschenke. Ich empfand eine große Andacht, als wir eine Weile still den leuchtenden Weihnachtsbaum betrachteten und das Jesuskindlein in der Krippe. Das *Stille Nacht* und die vielen anderen schönen Weihnachtslieder, die wir Kinder musikalisch begleiteten, öffneten mein Kinderherz vollends und es war eine selige Freude und ein wunderbarer Friede in meinem Herzen, ein Glück, das nicht von dieser Welt war.

Sobald es dann an das Geschenke auspacken ging, wurde diese stille, paradiesische Freude vom Trubel zugedeckt und ich empfand wie einen Bruch, eine gewisse Leere und Enttäuschung, die in meinem Herzen zurückblieben, trotz der fröhlichen Stimmung. Heute würde ich sagen, ich wurde in die Realität der menschlichen Freude zurückversetzt. Dies ist meine erste bewusste Erinnerung an die Berührung mit dem Himmel.

Was mich als Kind beeindruckte und eine besondere Berührung meines Herzens hervorrief, war die Eucharistiefeier der katholischen Kirche. Meine Eltern gingen jeden Sonntag zur Heiligen Messe und wir Kinder wurden selbstverständlich mitgenommen. Ich sehe immer noch den Priester, wie er während der Wandlung die Hostie hochhob und dabei die Augen nach oben richtete, sodass man fast nur noch das Weiß seiner Augen sah. Lange hielt er die Hostie so und es war ein äußerst ehrfurchtsvoller Moment. Dann der sakrale Gesang und das gewaltige Orgelspiel, die meine Seele glücklich sein ließen. In starker Erinnerung ist mir noch dieses riesengroße Kruzifix, das im Altarraum hing. Eine starke Anziehungskraft ging von diesem Kreuz aus und mein kindliches Herz betrachtete Jesus, ohne bewusst wahrzunehmen, was dieses Kreuz genau bedeutete. Es prägte sich tief in meine Seele ein.

Mit ungefähr zehn Jahren durfte ich zu den Grosseltern in die Ferien. Am Fronleichnamstag wurden alle Häuser mit Blumen geschmückt. Ich stand am Fenster und als das Allerheiligste vorbeigetragen wurde, war ich tief angerührt. Kinder gingen voraus und warfen Blumen auf die Strasse, sodass der Herr auf einem Blumenblätterteppich «wandeln» konnte. Es war für mich unbeschreiblich schön!

Als ich zirka vier Jahre alt war, spielte ich mit anderen Kindern auf unserem Spielplatz. Ein Kind sah seinen Papa mit dem Auto von der Arbeit nach Hause kommen und sprang ihm voller Freude entgegen, und alle anderen Kinder und ich, eine ganze Kindertraube, lief hinter ihm her. Sie «hängten» sich an das Auto und ich geriet fast unter die Räder. Ich kann mich nur noch erinnern, dass mein Vater mich in den Armen hielt und tröstete. Es hätte mir fast das Leben gekostet, doch ich sollte weiterleben, weil Gott einen Plan mit mir hatte und mein Schutzengel mich wunderbar behütet hat.

2. Schutzengel: Botschaft von Jesus

Meine Botschaft heute Morgen dreht sich gerade um die Schutzengel! Weißt du, dass Meine himmlischen Engel die besten Freunde sind, die der Mensch in seinem leiblichen Leben auf Erden finden kann?

Ich segne dich und sage dir: in der Tat hören die meisten Menschen ihren Schutzengel nicht, doch er hört seinen Schützling und verlässt ihn nie. Er ist für jeden Menschen eine wertvolle Hilfe und versucht, ihn in allem auf dem Weg zu führen, der geradlinig zu Gott führt.

Du kannst deinen Schutzengel um jeden Rat bitten, wie «irdisch» er auch sein mag: er wird dir mit Freude liebevoll und gütig antworten. Weißt du, dass viele Schutzengel einsam sind, weil sie mit ihrem geliebten Schützling nicht in Verbindung treten können? Nein, sie sind nicht traurig, weil sie in Meiner Liebe leben. Es ist jedoch schmerzlich für sie zu sehen, dass ihre Schützlinge nicht auf sie hören und sich von Gott abwenden.

Wenn es einem Schutzengel gelingt, eine Seele zu Mir zu führen, feiern wir im Himmel: hier freuen sich alle.

Ich wünschte, jeder hätte den Mut, sich mit seinem himmlischen Schutzengel zu unterhalten, den Ich ihm gegeben habe.

Er soll über alles mit ihm reden und im Glauben gewiss sein, dass Meine Engel auf jede Bitte antworten. Nicht mit Worten – auch wenn das vorkommt, wie du weißt - sondern durch den Hauch des Engels, der den Menschen leitet.

Dein Schutzengel wacht Tag und Nacht über dich: er ist dein Schutzschild gegen das Böse, wenn du bereit bist, auf ihn zu hören. Er liebt dich von ganzem Herzen und hat einzig dein Glück im Sinn.

Die himmlischen Engel sind schön, wunderbar schön... denn in ihnen ist nur Liebe. Sie sind eine außergewöhnliche Gabe Gottes für die Menschen.

Ich würde verherrlicht, wenn jede Seele sich dieses Freundes bewusst wäre, den Ich ihr gegeben habe. Doch oft bleibt er unbeachtet und wird abgelehnt.

Ja, Mein Kind, Satan hat das Böse überall ausgesät, und es ist ihm gelungen, die Geister so sehr zu verdunkeln, dass sie überhaupt nicht mehr an die Schutzengel glauben.

Du aber sollst Meine Botschaft mit Liebe weitergeben, Kind, dann segne Ich dich. Ja, Kind, auch das ist eine Dorne in Meinem Herzen: dass die Menschen die Hilfe Gottes ablehnen...

Geh. Ich segne dich, und mit dir alle Seelen reinen Herzens, die Meine Liebe begreifen.

3. Jesu schmeckte wie Karton

Meine Mutter erzählte mir, dass ich schon als drei- oder vierjähriges Kind das Verlangen zeigte die heilige Kommunion zu empfangen und ich erinnere mich daran, mit welcher freudiger Erwartung ich zur ersten heiligen Kommunion ging und mit was für einer großen Enttäuschung ich zur Kenntnis nahm, dass Jesus wie Karton schmeckte. Er verbag sich vor mir! Dies war wohl der Moment, in dem ich mich innerlich von der katholischen Kirche entfernte und in der Teenager-Zeit lehnte ich mich massiv auf gegen jeden Kirchbesuch. Meine armen Eltern mussten sich einiges anhören, wenn sie mich aufforderten die Heilige Messe zu besuchen. Trotzdem bestanden sie darauf, dass wir Kinder in den Gottesdienst gingen. Meine Geschwister und ich wussten aber diesen elterlichen Befehl zu umgehen. So spielten wir während der Zeit der Heiligen Messe im neben der Kirche liegenden Jugendraum Tischtennis und wenn die Zeit der Predigt gekommen war, ging eines von uns in die Kirche um zu sehen, wer predigte. Wieder zu Hause zurück erzählten wir dies unseren Eltern und täuschten so einen Kirchbesuch vor. Mich langweilten diese Gottesdienste und ich mied sie wenn irgend möglich. Heute renne ich in die Heilige Messe, weil ich Jesu Gegenwart so stark fühlen darf!

4. Ich habe drei jüngere Brüder

Mein jüngster Bruder heißt Stefan und kam, als ich zehn Jahre alt war, zur Welt. Ich erinnere mich daran, wie mein damals sechsjähriger Bruder Gregor, unter dem Stubentisch, inbrünstig auf den Knien um einen Bruder betete. Zutiefst empfand ich dieses kindliche Gebet in meinem Herzen. Ich war einfach besonders angerührt. Und wir erhielten ein Brüderchen!
Nach ein paar Monaten stellte der Arzt fest, dass Stefan schwer behindert ist. Er konnte nicht ohne Hilfe und Training selber aufsitzen. Es war ein Samstagabend, meine Eltern gingen zur Vorabendmesse und ich passte auf Stefan auf. Er lag bei mir im Bett und plötzlich ist er mit zirka

eineinhalb Jahren selber aufgesessen. Ich werde nie die Freude vergessen, die ich damals empfunden hatte und ich konnte es kaum erwarten, es meinen Eltern mitzuteilen!

Für jeden Entwicklungsschritt brauchte Stefan therapeutische Hilfe und meine Mama wäre mit den noch anderen drei Kindern überfordert gewesen, wenn wir Geschwister nicht mitgeholfen hätten. Da ich die Älteste war, habe ich oft für Stefan gesorgt und auch auf meine jüngeren Brüder aufgepasst. Einmal gingen meine Eltern sogar in die Ferien und vertrauten mir meine Geschwister an. Ich wurde eine kleine, zweite Mama in unserer Familie, besonders für Stefan und ich liebte ihn sehr.

Diese Situation hat mich geprägt und auch vorbereitet für mein eigenes Kind, das mit seinen Beeinträchtigungen viel an Opferbereitschaft und Einsatz von mir abforderte. Wenn ich meine Kindheit betrachte, bin ich berührt, wie Gott in Seiner Liebe mich so auf eine schwere Prüfung in meinem künftigen Leben vorbereitete. Auch bei Johannes, meinem jüngsten Sohn, merkten wir erst im Kindergartenalter, dass etwas nicht normal war und von da ab begann sich die Therapiespirale zu drehen und auch ich musste, wie meine eigene Mutter, mit ihm von einer Therapie zur anderen gehen und der Alltag war oft aufreibend.

Auch meine Brüder wurden davon geprägt und auf je eigene Weise entwickelten sie eine soziale Ader und beide, Urs wie Gregor, helfen mir heute mit Stefan, und er ist ein wunderbares Verbindungsglied zwischen uns Geschwistern, auch wenn jedes seine eigenen Wege geht.

5. Meine Jugendzeit

Als Teenager hatte ich eine tiefe Sehnsucht nach Liebe und ich erinnere mich daran, wie ich oft alleine mit meinem Velo aufs offene Feld fuhr und den herrlichen Sonnenuntergang betrachtete, der in mir eine Ahnung von Unendlichkeit und Weite, von einer anderen Welt hervorrief. Ein Staunen über die Schönheit der Natur, das meine Seele zu Gott hinzog, unbewusst geheimnisvoll.

Als vierzehnjähriges Mädchen lehnte ich mich massiv gegen meine Eltern auf. Zahlreiche Auseinandersetzungen prägten den Alltag. Ich wollte nicht mehr in die Kirche gehen, lieber wollte ich zu den Partys meiner Kameraden gehen, denn ich erhoffte das Glück beim anderen Geschlecht. Ich erinnere mich an einen Jungen in unserer Nähe, der hatte so schöne, hellblaue Augen und langes, gewelltes, blondes Haar. Ich wusste, um welche Zeit er von der Schule nach Hause kam und ich richtete es immer so ein, dass ich ihn traf. Dann redeten wir an der Straßenecke lange miteinander über alles Mögliche. Wir haben auch zusammen Schoggitaler verkauft und während wir die Treppe hinunterhüpften, berührte seine Hand sacht die meine und ich war bis ins Innerste elektrisiert. Ich war total verliebt. Als ich dann nach Hause kam und in den Spiegel blickte, leuchteten meine Augen so stark, dass ich mit Wasser versuchte, dieses Leuchten aus meinen Augen zu waschen, damit meine Eltern diese Liebe ja nicht entdeckten! Meine Mutter hatte nämlich panische Angst, dass ich eines Tages mit einem ungewollten Kind nach Hause kommen könnte und kontrollierte mich darum ständig, denn sie hatte in ihrer Familie das Drama eines unehelichen Kindes miterlebt.

Heute verstehe ich dieses Verhalten meiner Mutter und bin ihr dankbar, dass sie mich so stark gewarnt hatte, denn dies hielt mich zurück, mich auf eine intime sexuelle Beziehung mit einem Jungen einzulassen. Doch als junges Mädchen suchte ich nach dem Glück und das Kribbeln, wenn ich einem Jungen, der mir gefiel begegnete, war verheißungsvoll. Die Versuchung eines fast jeden jungen Menschen! Wie viele junge Frauen werden ungewollt schwanger und treiben dann ihr Ungeborenes ab. Als ich später im Operationssaal arbeitete, war ich ungewollt Zeugin davon. Ich werde nie das blutige Bild des zerstückelten Embryos vergessen. Einfach grauenhaft!

6. Das Massaker an den Unschuldigen

Heute handelt Meine Lehre von den Kindern und von der Gabe, die Gott den Menschen schenkt, wenn Er ihnen gewährt, kleine Menschen in Liebe zu empfangen.

Ja, du bist dir ganz sicher, Mein Kind, dass die Empfängnis eines Kindes ein unfassbares Wunder ist... aber viele Menschen haben die Schönheit dieser Gabe Gottes zerstört und dieses Geschenk durch ihren Egoismus, ihre Unreinheit und ihre Verderbtheit beschmutzt.

(Ich segne dich und sage dir: Ehre sei Jesus, dem Sohn Mariens. Du sollst im Frieden schreiben, selbst wenn Meine Worte für deine Ohren hart sind. Ich werde dir helfen, auch bei diesen Worten, die deine Sichtweise verletzen, Meine Heiterkeit zu bewahren.)

Das Kind bekommt bei seiner Empfängnis im Schoss seiner Mutter von Gott das Leben geschenkt. Es sollte für seine Eltern eine Quelle von Liebe und Glück sein: das sollte so sein, ist es aber oft nicht...

Gott schenkt den Kindern das Leben und vertraut sie den Eltern in Liebe an; aber die Eltern schenken das Leben oft, so oft mit Hass, Mein armes Kind. Glaubst du, dass Gott nicht fürchterlich beleidigt wird durch die Art, wie die Menschen auf Seine Liebe antworten?

«Sie wissen nicht, was sie tun», sagst du Mir, oh Mein so unschuldiges Kind... Ich aber sage dir: Gott erleuchtet die Demütigen immer.

Doch der Stolz, der Egoismus, die Unkeuschheit und alle Laster, die von Satan kommen, haben das Herz der Menschen erfüllt und sie zu Mördern gemacht. Ja: Mörder kleiner, unschuldiger Wesen, die von Gott geliebt werden.

Oh du Mein Kind, jedes Baby, das empfangen wird, bekommt schon bei seiner Empfängnis eine Seele. Und deshalb hat diese Seele das Recht zu lieben und zu leben. Mit welchem Recht ermächtigen sich die Menschen, sie umzubringen?

Das ist in Meinen Augen grauenhaft...

Ich segne dich und sage dir: der Völkermord an Tausenden von Kindern ist eine der größten Sünden der Menschheit. Gott wird in Kürze Gerechtigkeit schaffen, Meine geliebte Blume, denn Er hat zwar den Menschen mit seiner Freiheit erschaffen, aber Er hat ihm verboten zu töten.

Ja, es wird Gerechtigkeit geben, damit das Massaker an den Unschuldigen aufhört, und damit dein Jesus der Liebe und deine himmlische Mutter Maria nicht länger weinen müssen, weil die Menschen dieser Welt ihnen so viel Kummer bereiten.

Ich will, dass jeder Mensch, der dieses Werk liest, Mir sein Herz schenkt und das Böse sühnt, wenn er es getan hat. Ich werde ihm vergeben, wenn er es tief in seinem Herzen bereut. Diese Reue muss sich schnellstens in der Seele guten Willens zeigen, denn es ist Zeit...

7. Ich habe den Mann fürs Leben gefunden

Ich denke jetzt an eine Situation zurück, wo ich als zwanzigjährige Schwesternhilfe im Schwesternhaus wohnte. Ich arbeitete im Operationssaal und lernte dort zwei Männer kennen, die ich sympathisch fand. Ich lud jeden ahnungslos in mein Zimmer ein und dachte nichts Böses dabei. Doch beide näherten sich mir nur mit der Absicht, mit mir schlafen zu wollen. Ich war ein naives, unerfahrenes Mädchen und ich weiß bis heute nicht, wie ich es schaffte nicht vergewaltigt zu werden. Ich finde es schön zu denken, dass mein Schutzengel mich beschützt hatte. Ein gewaltiger Schrecken blieb.

Trotzdem suchte ich weiter nach dem großen Glück und mit zwanzig Jahren begegnete ich zum ersten Mal meinem zukünftigen Mann in einer freikirchlichen, evangelischen Jugendgruppe in Neuchâtel. Das war Liebe auf den ersten Blick! Dieser große, schlanke, freundliche Mann mit den vielen Lachfältchen im Gesicht ließ mein Herz höher schlagen. Ich suchte nur noch den Kontakt zu ihm und wusste in meinem Herzen: Diesen Mann will ich heiraten! Ich setzte all meine Eroberungskünste ein, um meinen Angebeteten zu gewinnen und schlussendlich ließ er sich überzeugen und er meinte: «Wenn eine Frau so leidenschaftlich um mich wirbt, muss das eine ernsthafte Liebe sein!» Am 19. Mai 1977 haben wir uns in der Saron, einer Chrischona Gemeinde, verlobt.

Meine Eltern wollten unbedingt, dass wir katholisch heirateten und es brach ein heftiger Konflikt aus zwischen uns und ihnen. Das bewog mich, einen mit unserer Familie befreundeten Priester aufzusuchen, und mit ihm das Problem zu besprechen. Er war sehr lieb und einfühlsam auf uns eingegangen. Was mir am meisten in Erinnerung blieb, war, dass er die Eucharistie verteidigte! Die Protestanten glauben nicht an die Realpräsenz Jesu Christi, für sie ist das Brot des Lebens nur ein Symbol und mein Mann war ja ein Protestant.

Wenn ich das rückblickend betrachte, kann ich den stets wiederkehrenden Ruf Christi an meine Seele durch die Eucharistie erkennen und ich erröte, wenn ich sehe, wie sehr ich ihn überhört hatte. Meine Eltern waren tief betrübt, als wir am 13. August 1977 in der evangelischen Freikirche heirateten und unser bewusstes Ja-Wort vor Gott sprachen. Sie wollten gar nicht an unsere Hochzeit kommen, sind dann aber zum Glück doch noch gekommen.

Endlich glaubte ich, das große Glück gefunden zu haben. Doch dieses Gefühl hielt nicht lange an, denn ich wollte von meinem Mann unbewusst, unendlich geliebt werden, ich suchte sehr viel Schutz und Geborgenheit. Doch kein Mensch und sei es der beste Ehemann, kann die Seele eines anderen erfüllen, und ich habe einen lieben Ehemann, der mir fast jeden Wunsch erfüllt! Weil ich von Kindesbeinen an selber nicht genügend Liebe erfahren hatte, war ich auch nicht fähig, meinen Mann selbstlos zu lieben.

Meine Eltern haben sicher ihr Möglichstes getan, um uns vier Kindern ein gutes Zuhause zu schaffen. Aber sie konnten uns nur so viel Liebe geben, wie sie selber erhalten hatten. Mein Vater musste die Scheidung seiner Eltern erleben und wuchs deshalb teilweise im Waisenhaus auf. Meine Mutter war aus existenziellen Gründen gezwungen, sehr früh im Laden ihrer Eltern mitzuarbeiten. Ihr Vater, mein Großvater, war Hausierer und deshalb nur wenig daheim. Die ganze Last der sechs Kinder, des Geschäftes und des großen Hauses lag auf den Schultern ihrer Mutter, meiner Großmutter. Man kann sich leicht vorstellen, dass in dieser Situation für die Bedürfnisse der Kinder wenig Zeit blieb.

Da meine Eltern praktizierende Katholiken waren, gab ihnen der Glaube einen gewissen Halt. Das Sakrament der Ehe beschützte ihre Beziehung und die sonntägliche Heilige Messe, sowie der Kontakt mit anderen Christen gaben ihnen die nötige Kraft und Hilfe für das Leben. Doch sie blieben ihr Leben lang Suchende und in ihrem Inneren verletzt, da sie die wahre Liebe, Jesus Christus, nicht ganz gefunden hatten.

8. Das Sakrament der Ehe

(...) Jetzt sage Ich dir: Das Sakrament der Ehe ist keine sinnlose Einrichtung Meinerseits. Es ist genauso ein Sakrament wie die Taufe und zieht die Hilfe Gottes auf die Familie herab, die sich vor Ihm verbindet.

Die Gnade Gottes wird jedem Heim geschenkt, das sich in und für Gott verbindet. Sie ist eine Gabe des Ewigen für jene, die Ihm ihre Familie übergeben, damit sie wächst, zur Heiligkeit und zum ewigen Glück gelangt.

Deshalb will Ich, dass jede Familie, die Mich liebt, sich in Meinem Namen verbindet. Das wünsche Ich, um euch zu retten, ihr Seelen, die Ich so sehr liebe. Lehnt das Sakrament der Ehe nicht ab, das Ich euch aus Liebe zu euch geschenkt habe! Glaubt, dann werdet ihr die Früchte erkennen, die Ich euch in eurem von Gott gesegneten Bund schenke. (...)

9. Ich lernte eine Freikirche kennen

In der evangelischen Jugendgruppe in Neuchâtel lernte ich ein engagiertes, missionarisches Predigerehepaar kennen, das bald nach Zürich in die Saron, eine Chrischona-Gemeinde, dislozierte. Mein Mann und ich gingen daraufhin in diese Freikirche, wo wir für einige Jahre eine christliche Familie, ein neues Zuhause fanden. Jeden Sonntag besuchten wir die Predigt und ich lernte so das protestantische Gedankengut kennen und verlor noch mehr den Bezug zur katholischen Kirche. Das Wort Gottes war sehr wichtig und ich fand es schön, mit anderen die Bibel zu lesen und darüber zu diskutieren.

Doch trotz lieber, christlicher Menschen, die oft voller Eifer und Begeisterung für Jesus waren, blieb mein Herz unerfüllt. Ich liebte Jesus, konnte Ihn aber nicht fühlen und die Sakramente fehlten, so blieb der Glaube für mich kraftlos und trotz allem Eifer irgendwie lau. Meine Seele blieb unerfüllt. Ich suchte die Liebe und fand sie dort nicht.

10. Die verschiedenen Religionsgemeinschaften

(...) Keines Meiner Lämmer wird vergessen werden. Ich bin für jeden Menschen da, aus jeder Rasse, Kultur und Religion: für Mich seid ihr «eins»: Ich liebe euch alle.

Jetzt wirst du Mir mitten unter den Heiden und den Christen dienen. Ich will sie an Mein Herz ziehen, wer immer sie seien. Ob sie katholisch, orthodox, protestantisch oder moslemisch sind, Ich liebe sie alle mit der gleichen Liebe.

Ich achte die Tradition eines jeden; deshalb sollt ihr nicht sagen: Er ist nur der Gott der Katholiken. Obwohl Ich Meine Herde Petrus (dem Papst) anvertraut habe, obwohl Ich immer wieder sage, dass die katholische Religion in Meinen Augen die einzig wahre ist, komme Ich dorthin, wo ihr steht und nehme euch an, wie ihr seid. Ich mache keinen Unterschied nach den

Religionen. Ich schaue nur auf euer Herz und bitte es, Mich zu lieben.

Ich will euch unter einem einzigen Hirten versammeln, aber was Ich vor allem will, ist eure Liebe, eure Reinheit des Herzens, euren guten Willen.

Alles Andere ist vergebens, wenn ihr Anstrengungen unternehmt, aber Mir nicht euer Herz schenkt.

Ich segne euch, die ihr Mir treu seid, ob ihr Christen oder Moslems seid, wenn ihr nur die Liebe in euch bewahrt.

11. Mein erstes Kind

So begann die unbewusste Suche nach dem Glück von neuem und ich begann eine Sehnsucht nach einem Kind in mir zu entwickeln, weil ich hoffte, ein eigenes Kind könnte mein Dasein glücklich erfüllen. Ich hatte die Ausbildung als Krankenschwester abgeschlossen und arbeitete gerade ein Jahr auf der Gemeindepflege, als ich mit meinem ersten Kind schwanger wurde. Ich war froh, dieser Arbeit entfliehen zu können, denn ich war in der Ausbildung wie danach oft überfordert. Der Einsatz für die Kranken beanspruchte alle meine Kräfte und nach der Arbeit war ich oft völlig erschöpft. Ich fühlte mich auch viele Male fachlich überfordert, wenn ich zum Beispiel schon als junge Schwesternschülerin über Mittag alleine auf der Abteilung Dienst hatte. Ich erinnere mich an eine Situation, wo ich als Schülerin aus Versehen eine falsche Infusion bereitstellte. Zum Glück sah dies eine Kollegin, sonst wäre ich zur Mörderin geworden. Wieviel himmlischen Schutz hatte ich doch schon in meinem Leben, ohne dass mir dies bewusst geworden wäre! Ich bin überzeugt, Gott hat mit seinen Engeln über mir gewacht.

Zudem befriedigte mich die Situation im Spital mit den Patienten nicht, denn es war keine Zeit für die Kranken da. Wie nötig hätten doch die Leidenden eine Krankenschwester gebraucht, die ihnen mit offenem Herzen zuhört, sie versteht, tröstet, doch ich musste ständig von einem Patienten zum anderen rennen. Ein Stress sondergleichen. Mein Herz konnte so nicht glücklich sein.

So freute ich mich auf mein erstes Kind. Mitte Schwangerschaft besuchte ich mit meinem Mann ein Konzert in der Thomas-Kirche. An diesem Ort wurde für mich ganz klar, dass unser Kind, wenn es ein Knabe würde, Thomas heißen sollte. Es war eine tiefe innere Gewissheit. Die ambulante Geburt verlief normal, außer dass ich dabei ziemlich viel Blut verlor, was zur Folge hatte, dass ich sehr geschwächt wurde. Als mein Mann und ich nach all den Schmerzen bei der Geburt den ersten, unschuldigen Schlaf unseres Sohnes Thomas betrachteten, der ruhig in seinem Bettchen schlief, fühlte ich ein Glück in meinem Herzen, wie ich es noch nie so stark empfand. Da war ein übergroßer Friede im Zimmer und der Himmel war uns ganz nahe. Die Unschuld dieses Säuglings – unser Kind! – brachte etwas so Reines, Schönes, das mich einfach selig sein ließ. Ein Geschenk des Himmels! Etwas später kam die Ambulanz und fuhr uns nach Hause. Ich, mit einer Infusion am Arm auf der Bahre, denn ich war zu geschwächt. Unsere fröhliche Haushebamme erwartete uns und half mir bei den ersten Stillversuchen und wickelte auch den Kleinen. Sie montierte unverzüglich die Infusion ab und meinte lachend, so würde ich mich nur krank fühlen. Als sie gegangen war, fing ein neues Leben für mich und meinen Mann an. Unser kleiner Thomas hielt uns unermüdlich auf Trab, weil er oft weinte und herum getragen werden wollte. Er beruhigte sich nur an meiner Brust oder im Snugli. Ich konnte kaum mehr richtig schlafen, weil der Kleine manchmal alle Stunden weinte und nach mir verlangte. Je länger je mehr wurde mein eigenes Kind für mich zum Alptraum, denn es brachte mich, die ich von der Geburt her sowieso geschwächt war, an den Rand der Erschöpfung. Nie im Leben habe ich mir das Kinderglück so vorgestellt!

Fast ein Jahr dauerte dieser Zustand an, bis ich Hilfe fand bei einer Therapeutin am Alfred Adler Institut. Sie riet mir, das Kind schreien zu lassen, bis es selber einschlafen würde. Wir versuchten es. Das war das erste Mal sehr hart und ich habe sehr gelitten dabei. Doch beim zweiten Mal schlief Thomas schon viel schneller selber ein und beim dritten Mal ging es schon ganz ohne schreien! Endlich konnten wir alle wieder schlafen und waren dementsprechend wieder bei Kräften, gut gelaunt und zufriedener und ich konnte meinen kleinen Schatz genießen und hatte Freude an ihm.

12. Ich begann mich für Esoterik zu interessieren

Das Verhängnisvolle, das aus dieser Situation resultierte, war, dass diese Therapeutin, die ich eigentlich sehr sympathisch fand, mir eine Reinkarnationstherapie anbot. Weil sie mir mit Thomas so viel geholfen hatte und weil ich hoffte, mich dadurch besser verstehen zu können, ließ ich mich darauf ein. Zugleich fing ich eine teilzeitliche Ausbildung als psychologische Beraterin am Alfred Adler Institut an, da mich die Situation, den ganzen Tag alleine mit meinem Kind zu sein, zu langweilen begann. Diese Ausbildung förderte in mir einen Hochmut, für den ich mich heute zutiefst schäme. Ich fühlte mich mit all diesem psychologischen Wissen sehr gescheit und den normalen Leuten überlegen. Die Reinkarnationstherapie ließ meine Eitelkeit noch größer werden, da ich verschiedene sogenannte «frühere Leben» von mir sah und mir auch noch spirituell darauf etwas einbildete. Ich nahm die Gefahr nicht wahr und interessierte mich immer mehr für Esoterik und entfernte mich so vom christlichen Glauben, wie ihn das Evangelium lehrt.

13. Ich kam in Kontakt mit niedrigen Geistern

Eines Tages lernte ich eine Frau kennen, die übernatürliche Kräfte besaß. Sie nannte diese Kräfte «Heilkräfte», die sie durch ihre Hände ausstrahlte. Ich nahm mit anderen zusammen an einer dieser Ausstrahlungen teil. Ich sehe diese Frau heute noch, wie sie mit weißen Kleidern angetan, in der Stube einer Bekannten stand, die voller Menschen war, die Arme ausbreitete und in dieser Position zirka eine Stunde verweilte. Während dieser Zeit spürte ich verschiedene Wärmesensationen an meinem Körper und mein Kopf wurde von einer unsichtbaren Kraft bewegt. Ich war so fasziniert, dass ich eine Privatsitzung mit dieser «Heilerin» vereinbarte.

In dieser Sitzung «strahlte» sie für mich aus und meine Hände wurden dabei ganz heiß. Dabei eröffnete sie mir, dass ich jetzt diese Kraft auch bekommen hätte und ebenso heilen und ausstrahlen könnte wie sie! Weil das alles so unerklärlich war, glaubte ich, dass diese Kraft Gott sei. Und ich machte mich auf den Weg mit diesem neuen «Geschenk».

Ich probierte die Kräfte aus und ich entdeckte dabei, dass wenn ich eine Frage stellte, diese Kraft meinen Kopf entweder in Richtung ja oder nein bewegte. So konnte ich alles fragen und erhielt «göttliche» Antwort, wie ich meinte! Dass es auch dämonische Kräfte gibt, das wusste ich damals nicht. Nun, ich sollte sie kennenlernen:

Mit unserem ersten Kind brauchten mein Mann und ich eine neue, größere Wohnung. Während wir zügelten, musste einiges ausgemistet werden. Ich begann innerlich diese geheimnisvolle Kraft zu befragen und so kam es, dass wir viele kostbare Dinge wegwarfen. Zum Beispiel hatten wir unsere Hochzeitsfeier auf Kassette aufgenommen und die Kraft bewegte meinen Kopf zu einem: Nein! Das brauchst du nicht mehr! Für Gott sollte ich alles loslassen. Ich war bereit, alles für meinen Gott herzugeben. Die drei Abfallcontainer vor unserem Haus füllten sich und ich sah zu meinem großen Schrecken, wie die Nachbarn aus den Containern unsere privaten Sachen mit nach Hause nahmen. Immer noch gingen mir die Augen nicht auf und ich füllte weitere Container.

Eine Freundin, die auch diese Kraft besaß, telefonierte mir ab und zu. Da erzählte ich ihr von dieser Wegwerfaktion und auch, dass die Murmeln von der Kugelbahn sich im Kinderzimmer von alleine bewegten. Sie war alarmiert und kam sofort zu uns nach Hause und sagte, wir sollten augenblicklich mit dem Befragen aufhören und nichts mehr wegwerfen. Einige Dinge konnten wir wieder aus den Containern zurückholen, was wir in der Nacht taten, weil wir uns so schämten.

Es gibt also auch böse Geister, die einem ganz schön an der Nase herum führen können. Diese Erfahrung werde ich wohl nicht so schnell vergessen.

14. Ich eröffne eine Praxis

Nach der Ausbildung zur psychologischen Beraterin eröffnete ich eine Praxis für Lebensberatung. Zusätzlich hatte ich einige Kurse an verschiedenen Orten über das Geistheilen besucht und auch verschiedene Hellseher und Medien, und ich war fasziniert, mit der geistigen Welt, die ich mit Gott verwechselte, in Verbindung zu kommen.

Mit der Zeit war es mir möglich, mich innerlich auf meine Patienten einzustellen und ich konnte dann ihre Beschwerden an meinem eigenen Körper fühlen. Dies beeindruckte die Leute, die zu mir kamen, natürlich sehr. Für meine Seele war das Gift, weil der Stolz in mir immer größer wurde. Wenn «ich heilte» und diese «Kraft» auf die Hilfesuchenden ausstrahlte, fühlten die Menschen Wärme und andere Sensationen. So meinte ich, die Heilkraft arbeite auf diese Weise an der Gesundung der Patienten. Ich konnte diese «Heilkräfte» weitergeben, sodass gewissen Leuten diese Kräfte auch zur Verfügung standen. Ich bot auch Seminare zu diesem Thema an.

Wenn ich an diese Zeit zurückdenke, erröte ich in meinem Innern über so viel Blindheit. Der Hochmut macht blind!

Ich begann mich auch auf geistige Helfer einzustellen und mich auf sie zu stützen, ohne zu unterscheiden aus welchen Bereichen diese Geister kamen. Ich meinte es seien Engel, dabei verkehrte ich mit Dämonen, die meinen Geist immer mehr vernebelten. Das Perfide daran war, dass diese niedrigen Geister viele mir tief vertraute christliche Elemente verwendeten und mich so glauben ließen, dass ich mit Gott arbeitete.

Ich verschlang viele Bücher über alle möglichen esoterischen Themen und verstrickte mich immer mehr in einen undurchsichtigen Dschungel. Mein Herz suchte nach dem Glück und ich fand es nicht!

15. Falsche, unechte Heilungen

Weil Ich euch so viel geschenkt habe, bringe Ich euch auch die Heilung. Heilung für eure Seelen, für eure Herzen, die von den Sünden und den Leiden verletzt sind.

Ihr müsst an Mich glauben, der Ich die Liebe bin. Ihr müsst an Meine barmherzige Liebe glauben, die sich nie ändert.

Doch um Heilung in der Tiefe zu erlangen, müsst ihr bereit sein, alle eure Sünden zu bereuen. Denn sie behindern die Heilung eures Wesens. Sie bringen so viel Gift und Leiden in euch. Werdet klein, werdet wie Kinder, kommt und bereut euren Mangel an Liebe: Dann werde Ich dieses Böse von euch entfernen können, das die Heilung aufhält.

Freut euch, wenn Ich vor Liebe brennende Seelen zu euch sende – Meine Werkzeuge, die sich auf dieser Erde ganz Meinem Herzen übergeben haben (seien es Priester, Ordensleute oder Laien). Denn durch die Liebe dieser Seelen kann Ich euch Leben und Heilung schenken.

Begreift doch, dass nur die Liebe eure übergroßen Wunden heilen kann, die in euren Seelen geblieben sind.

Haltet euch von denen fern, die behaupten, euch durch Gaben zu heilen, die nicht von Mir kommen. Denn diese Menschen können euch durch eine scheinbare körperliche Heilung täuschen, die eurer Seele aber ein weiteres Leiden bringt.

Wessen Herz nicht in Liebe zu Mir, Jesus Christus, brennt, wer nicht ganz in Meiner Kirche lebt und Meinem Petrus (Johannes Paul II.) gehorcht, wer nicht in der Demut, dem immerwährenden Gebet, der vollkommenen Hingabe an Meinen heiligen Willen wächst, kann euch keine echte Heilung bringen, die von Gott kommt.

Betet also, damit ihr in dieser Zeit erleuchtet werdet. Denn viele wollen euch täuschen. Wer betet, geht nicht in die Irre.

Wer liebt, wird bewahrt. Habt also keine Angst, sondern bittet um die Erleuchtung des Heiligen Geistes.

Um welche Heilung sollt ihr inständig flehen? In erster Linie um die Heilung eures Herzens, denn nur durch Meine Liebe, die in euch ausgegossen wird, werdet ihr leben. Bittet dann um die Heilungen, die ihr wünscht, und vertraut Meiner Barmherzigkeit und Meiner Weisheit. Gebt euch in jedem Augenblick Meinem heiligen Willen hin: So werdet ihr Ruhe und Freude finden...

Ich segne euch, die ihr Mich aufnehmt.

16. Ich bekomme ein zweites Kind

In dieser Zeit wuchs in mir der Wunsch nach einem zweiten Kind heran. Da ich auch «medial» malte, habe ich mehrere Zeichnungen gemacht, auf denen ich klar erkennen konnte, dass ein zweites Kind zu mir kommen wollte. Ich glaubte ja noch an die Reinkarnation und die Seelenwanderung.

Nach einigen Monaten des Wartens wurde ich wieder schwanger. Mit diesem Kind hatte ich viele außerordentliche Empfindungen religiöser Natur während der Schwangerschaft. Es war auch sehr berührend zu sehen, wie mein erstes Kind, Thomas, das damals fünf Jahre alt war, immer ein Zeichen von seinem Brüderchen im Mutterleib empfing, wenn ich es am Abend zu Bett brachte. Wenn der Kleine seine Händchen auf meinen dicken Bauch legte, strampelte das Ungeborene und grüßte meinen Buben so. Das waren freudige, schöne Momente, gesunde Momente!

Ich hatte eine mehr oder weniger problemlose Geburt und gebar einen zweiten Sohn zu Hause bei mir in der Stube: Johannes. Dieses Kindlein verhielt sich ganz anders als mein erstes Kind. Es schlief sehr viel und wenn es wach war, schaute es aufmerksam umher und war mit wenig zufrieden. Ich musste diesen Jungen nicht andauernd herumtragen, damit er glücklich war, sondern ich konnte ihn in den Kinderwagen legen und unter einen Baum stellen und die vom Winde bewegten Blätter genügten ihm, um sich zu beschäftigen. Im ersten Lebensjahr hatte ich oft das Gefühl, dass ich gar kein zweites Kind habe, sowenig Arbeit verursachte dieser Kleine. Für mich war das eine sehr schöne Zeit, denn ich fühlte mich der Situation gewachsen und das Kind machte mir viel Freude. Wir waren eine normale Familie.

In besonderer Erinnerung sind mir die Taufe von Johannes und das Vorgespräch mit dem evangelischen Pfarrer. Er schlug vor, das Kind doch katholisch taufen zu lassen und es katholisch zu erziehen. Ich wollte das nicht, weil ich die katholische Kirche ablehnte. Wie weh tut mir diese Entscheidung heute. Ich verhinderte so, dass meine beiden Kinder die erste heilige Kommunion feiern konnten und natürlich mit dem katholischen Glauben in Kontakt kamen, der heute für mich und meinen jetzt bald dreißigjährigen Sohn Johannes Quelle des glücklichen Lebens geworden ist. Da wir unser Kind erst mit sieben Monaten zur Taufe brachten, war unser kleiner Schatz sehr wach, als der evangelische Pfarrer, während eines ökumenischen Gottesdienstes in der katholischen Kirche, unser Kind taufte. Leider weiß ich den Text des Taufritus nicht mehr, doch Johannes lallte genau zur richtigen Zeit sein «Ja»! Alle lachten und ich empfand eine innere Berührung, die mir von Gott kam.

17. Weißt du, warum ich die Kinder liebe?

Weißt du, warum Ich die Kinder liebe? Ja, weil ihr Herz wahrhaftig ist. Es sehnt sich nach der Liebe und steht Satan von Natur aus fern. Ich spreche mit dir über die kleinen Kinder, die noch nicht vom Bösen verschleiert sind.

Das sage Ich dir, damit du begreifst, dass jeder Mensch mit einem kindlichen Herzen geboren wird und sich erst beim Heranwachsen dem Bösen hingibt, wenn er erst einmal die Stimme der Versuchung vernommen hat und sich aus freiem Willen darauf einlässt.

Kleine Kinder haben ein reines Herz, weil sie selig in der Liebe zu dem Menschen leben, der sich um sie kümmert; und diese Liebe genügt ihnen zum Leben. Doch dann entfernen sie sich nach und nach von der familiären Liebe, die sie umgibt. Entweder weil diese Liebe nicht groß genug ist, oder weil ihre Schwäche ein Einfallstor für die Versuchung wird: sie sind zu schwach, um das Böse abzuweisen.

Doch schau, meistens sind die Kinder, die «auf die schiefe Bahn geraten», deshalb schwach, weil die Familie nicht imstande war, ihnen den geistigen Ausgleich zu geben, den jede Seele zum Leben braucht.

Es geht dabei nicht um materiellen Reichtum und um das Verwöhnen, glaube Mir. Denn die Armen (und sogar sehr Armen) sind oft besser in ihrem Herzen, weil sie begreifen, dass sie ihr Glück in der Familie und in Gott finden; und sie wissen, dass dies für ihr Herz und ihr ganzes Wesen viel bereichernder ist, als im Überfluss zu schwimmen, der oft von Gott entfernt.

Die Familien sind oft durchaus verantwortlich für die Zukunft ihrer Kinder... auch wenn manchmal eine gute Erziehung nicht genügt, um eine Seele auf dem rechten Weg zu bewahren.

Aber in der Regel hat ein Kind, das mit Liebe im Schoss der Familie und in der Liebe Gottes erzogen wird, ein recht ausgeglichenes Wesen und erlangt die nötige seelische Stabilität, um den Prüfungen die Stirn zu bieten.

Deshalb ist der Familienverband so entscheidend: denn er schenkt der Welt entweder liebende und gesunde, oder verdorbene Wesen.

Leider ist die Familie deines Zeitalters ziemlich krank: Satan ist es gelungen, in den Familien alles auf den Kopf zu stellen. So kommt es, dass die Kinder, wenn sie erwachsen geworden sind, nicht mehr wissen, woher sie kommen und wofür sie leben. Warum? Weil sie keine Liebe erfahren haben, die sie leiten und nähren könnte. Sie sind dem Dämon und seinen Versuchungen ausgeliefert worden, und niemand hat ihnen offenbart, dass Gott sie liebt und sie aus Liebe und für die Liebe erschaffen hat. Daher sind diese jungen Menschen «orientierungslos», leichtfertig, einsam und gründen selbst wieder Familien, die gar keine sind, weil sie nie gelernt haben, wie eine wahre Familie aussieht, die in Gott vereint ist.

Ich spreche eindeutige Worte, weil die Welt in ihr Verderben läuft. Aber Ich bin wahr; und abgesehen von ein paar wenigen Familien, die ihr Bestes tun, um als Familie zu leben, stellen die anderen Verbindungen von Menschen, die zur selben Familie gehören, keine Familie dar.

Ich gebe dir diese Botschaft, damit die Menschen, die diese Zeilen lesen, sich bewusst werden, dass die Zerstörung der Familien eine Geißel dieser Zeit ist, und dass sie diese Situation mit Liebe wieder umkehren müssen für jene, die auf dem falschen Weg sind. Es sind so viele, Mein Kind...

Ich segne dich und schenke dir Meinen Frieden.

18. Die Familie, die vor Gott lebt

(...) Ich werde jeder Familie Meine göttlichen Gnaden schenken, die mit Mir verbunden ist. So habe Ich es immer mit den Familien gemacht, die nach Mir verlangen und Mich suchen.

Ich sage dir dies für die Familien deines Zeitalters, die die Pflicht haben, vor Mir, dem allmächtigen Gott, den Bund der Ehe zu schließen, wenn es ihnen möglich ist. Darum bitte Ich euch, weil Ich euch Menschen dieser so finsteren Zeit helfen will.

Ich bin in jeder Familie gegenwärtig, die Mir, Jesus Christus, ihr Herz schenkt und Ich werde ihr helfen, in Meinem Herzen rechtschaffen und in Liebe zu leben.

Dies sage Ich dir, um die Zögernden und Lauen davon zu überzeugen, dass Gott alles vermag in einer Familie, die glaubt, und die Er liebt.

Ich segne dich, weil du an all die Familien denkst, die aus einer zweiten Ehe oder manchmal noch mehr hervorgegangen sind...

Und Ich sage dir: Ich werde aus unendlicher Liebe und Barmherzigkeit auch in jeder dieser Familien gegenwärtig sein, die wegen dieses Dramas der Scheidung in deiner Zeit also nicht durch das Sakrament der Ehe vor Mir verbunden sein können.

Ich bin gegenwärtig, wenn diese Familien von ganzem Herzen bereuen und Mir ihr Leben der Liebe und der Barmherzigkeit aufopfern. Und ich werde ihnen mit der göttlichen Gnade beistehen, die Ich ihnen von neuem schenken werde, wenn sie auf ihr Herz hören. Ich beschütze sie.

Ja, Mein Kind, Ich bin Liebe und Barmherzigkeit und Ich sage dir noch einmal: Ich werde den reumütigen Seelen ewig vergeben. Ich werde sie in Mir leben lassen und sie in Zärtlichkeit und Güte in den Himmel führen.

Verherrliche Mich, Mein Kind, und arbeite von ganzem Herzen, um Meine Worte des Lebens schnell an die Seelen dieser Zeit weiterzugeben, damit die Familien wieder zu Familien werden, und damit die Selbstzerstörung der Menschen aufhört. Denn Ich werde die Familien, die in Mir, Jesus Christus atmen und leben wollen, vor allem Bösen bewahren. Ich werde sie in Meiner Liebe führen und die schwere Schmach wieder gutmachen, die Satan der Gesellschaft zufügt. Er ist überglücklich, in so vielen Familien Zustimmung zu seinem verheerenden Wirken zu finden, weil diese Familien nicht einmal daran denken, dass Gott ist und ewig sein wird.

Ich will, dass die Familie wiedergeboren wird und aus diesem langen Alptraum erwacht, der sie zur Selbstzerstörung geführt hat, weil sie ohne Gott leben wollte.

Ich segne dich noch einmal und sage dir: Ich werde die gefährdeten Familien umsorgen, wenn sie Mich aufnehmen wollen, und Ich werde sie mit Meiner Liebe erfüllen, damit sie wiedergeboren werden und als Familie in Gott glücklich sind.

19. Die Familie und die Aufgaben von Mann und Frau

Ich gebe dir heute eine Lehre, die für die Menschen dieser Welt bestimmt ist.

Gott hat den Menschen erschaffen, um ihm die Erde zu geben, damit er sie in Liebe nützt und sich sorgfältig um sie kümmert. Dann hat Er ihm die Frau gegeben, damit er in Liebe mit ihr eins wird und Kinder zeugt.

Aber ursprünglich sollte nur der Mann mit der ihm eigenen Konstitution, die Gott ihm gegeben hat, die Erde bearbeiten. Die Frau sollte sich ihrer Familie und ihrem Heim hingeben und sich um einfachere Aufgaben kümmern, die ihrer Gesundheit und ihrer weiblichen Verfassung besser entsprechen. Wenn der Mensch die natürliche Ordnung der Dinge aus Liebe zu seinem Schöpfer und seinem Nächsten beibehalten hätte, gäbe es jetzt nicht so viel Schaden und trostlose Familien, in denen der Mann keine Arbeit hat.

Wenn der Gewinn sich nicht mehr am Notwendigen orientiert, sondern das Notwendige (an Menge) übersteigt, entstehen vielfältige Probleme. Denn manche haben nicht genug und andere versuchen, in ihrem Hochmut und ihrem Wunsch nach Reichtum noch mehr zu bekommen.

Wenn die Armen dann schlecht bezahlt werden und ihre Familie nicht mehr ernähren können, sind sie gezwungen, ihre Frau zur Arbeit zu schicken, so dass sie nicht mehr zu Hause sein kann und nicht mehr genug Zeit für ihre Kinder hat.

Dann bringt Satan die Frau leicht dazu, hochmütig zu werden und dieselbe Arbeit anzustreben wie der Mann, um sich nicht unterlegen zu fühlen.

So entstehen die ungeheuren Schäden, unter denen deine Gesellschaft zurzeit leidet, und die ständig wachsende Arbeitslosigkeit. Mein Kind, Ich verstehe auch, dass viele Frauen deiner Zeit arbeiten müssen, um sich nicht zu einsam zu fühlen, wenn die Kinder in der Schule sind, und sie ohne Ziel für ihren Alltag in räumlich begrenzten Verhältnissen leben. Es liegt Mir völlig fern, die Ehefrauen einsam und fern von jedem menschlichen Zuspruch und jeder Freundschaft in ihr Heim zu verbannen. Doch schau, Ich wäre so glücklich, wenn die Frauen, die kein Geld brauchen, um für den Unterhalt der Familie aufzukommen, auf ihre bezahlte Arbeit verzichten würden, die eine andere Familie glücklich machen könnte...

Du sagst Mir: es gibt Frauen, die sich seelisch nur in einer beruflichen Tätigkeit entfalten können... Ich antworte dir: Ich will die Frau nicht daran hindern, sich im Rahmen einer nützlichen und gesunden Tätigkeit zu entfalten, wenn ihr das Spass macht. Aber Ich flehe euch an, übertreibt es nicht. Ihre Familie darf nicht unter einem Stundenplan leiden, der sie ständig von

zu Hause fernhält. Und wenn sie keine Not hat, soll sie ehren-
amtlich arbeiten. Es gibt auf der Welt so viel Gutes ehrenamt-
lich zu tun, Mein Kind...

Schau, die Mütter kleiner Kinder, die nicht gezwungen sind zu
arbeiten, sollten zu Hause bleiben und sich um ihre Kleinen
kümmern. Und wenn die Kinder dann im Schulalter sind, soll-
ten diese Mütter ihre Zeit damit ausfüllen sich von ganzem Her-
zen den Bedürfnissen der Armen zu widmen. Dann würde in der
Gesellschaft, in der du lebst, kein so großer Schaden entstehen.

Ich segne jede Seele, die Meine Botschaft versteht und versucht,
sie im Schoss ihrer Familie zu leben.

(Ja, Kind, das ist eine Botschaft auch für die Frauen, wenn du
willst! Aber dennoch ist der Mann für dieses ganze Chaos ver-
antwortlich, weil er den Wunsche seines Gottes nicht geachtet
und falsch verstanden hat.

Deshalb habe Ich dir gesagt, dass diese Lehre den Männern
gilt, damit sie begreifen und sich weiterentwickeln.)

Nach diesem Abstecher über das Thema Familie möchte ich
weitererzählen über mein Leben.

Es kam eine Zeit, wo mein Leben mich langweilte. Ich fühlte
mich leer, unausgefüllt und oft einsam, alleine mit meinen
Kindern zu Hause. So begann die Suche nach dem Glück von
neuem.

20. Der Mann mit der Afrofrisur

So ging ich für eine Woche nach Deutschland in eine Fas-
tenwoche, die eine «spirituelle» Psychologin anbot. Dort
lernte ich eine Frau kennen, die mir von einem Guru in Indien erzählte, der behauptete Gott zu sein. Sie erzählte von

Wundern, Lichtmeditation, spirituellen Gesängen usw. Mein Interesse war geweckt. Sie führte mich in ihre Küche, wo sie ein Bild von Sai Baba, so hieß dieser Guru, aufgehängt hatte. Ein Mann mit Afrofrisur und einem magnetischen Blick aus braunen Augen schaute mich an. Die ganze Woche missionierte sie mich mit Begeisterung, bis ich beschloss, mit einer Gruppe von Anhängern in seinen Ashram mitzufliegen, der in Südindien lag.

Ich ließ meine Familie für drei Wochen zurück und flog 1994 mit vielen Fragen und Ängsten beladen nach Indien. Ich war noch nie alleine so weit weg. Diese Tatsache ängstigte mich sehr, doch mein Durst nach Wahrheit, mein Durst nach Gott war größer als alles andere. Was für ein Land war dieses Indien! Als erstes erschreckte mich die Armut der Menschen, die in Slums wohnten zutiefst, diese grauenhafte Armut der Menschen, die auf der Strasse hausten. Alle diese vielen Bettler, die an jeder Ecke zu finden waren, bedrohten mein Herz und ich fühlte unsägliches Mitleid mit diesem Elend.

Nach einer abenteuerlichen Reise per Taxi kamen wir im Ashram an. Es war gerade Darshan-Zeit. Das heißt; die Zeit, wo man den Guru sehen konnte. Er sass auf einem rotsamtenen Thron und schaute geistesabwesend, Zeichen in die Luft schreibend, auf die zu seinen Füßen sitzenden, zahlreichen Jünger. Seine auffallende Frisur war noch üppiger anzusehen als auf dem Bild, das ich von ihm gesehen hatte. Die Leute himmelten diesen Menschen an, ja sie sassen mit betenden Händen ehrfürchtig da. Ich war schockiert! Das sollte Gott sein?!? Dann ging dieser menschliche Gott durch die vielen Jüngerreihen und materialisierte Vibuthi für seine Anhänger. Das war einfache Asche! Man erzählte mir, dass er auch Ringe, Uhren, Halsketten und andere Dinge aus der Luft zaubern konnte, dass er Leute geheilt hätte, ja sogar Tote auferweckt.

Am Abend waren alle in ausgelassener, fröhlicher Stimmung in den kahlen Zimmern, die mit einem Ventilator ausgestattet waren, da es sehr heiß war. Das Bett mussten wir uns selber, draußen vor dem Ashram, in den «Läden» kaufen.

Jeden Tag musste man stundenlang in Reihen sitzen und auf den Guru warten, der dann in seinem orangen, langen Gewand lächelnd, ganz langsam durch die Menge ging und Briefe von den ihn anbetenden Jüngern einsammelte, die ihm entgegengestreckt wurden. Sehr bald wurde ich von dieser religiösen Atmosphäre eingenommen und Sai Baba begann eine Faszination auf mich auszuüben. Er hielt auch spirituelle Vorträge, die ins Englische übersetzt wurden und man sang Bhajans zu seiner Ehre und der Ehre verschiedener hinduistischer Götter.

Heute kann ich kaum mehr nachvollziehen, wieso mich das alles so faszinierte. Tausende aus allen Herren Ländern verehrten diesen kleinen Inder mit Afrofrisur als Avatar (= körperliche Manifestation eines Gottes). Die Leute, die dorthin kamen, waren wie ich Suchende, oft sehr liebe Menschen, die das Gute wollten.

Sai Baba verkündete, dass alle Religionen gut seien und er strebte die vollkommene Einheit aller Weltreligionen an, wobei er sich selbst als Avatar, ins Zentrum stellte. Er behauptete, dass die ganze denkbare Macht des Weltalls in seiner Hand konzentriert ist. Er redete oft von der im Menschen innewohnenden Göttlichkeit, und dass der Mensch sich nach den fünf menschlichen Werten – der Wahrheit, rechtes Handeln, Friede, Liebe und Gewaltlosigkeit – ausrichten soll. Sai Baba verkündete die Lehre vom Karma und der Reinkarnation. Das bedeutet, dass dem Menschen das Schicksal zugeordnet ist, das er durch die guten und bösen Taten des jetzigen und der vorherigen Leben verdient hat.

Folglich hatte der Mensch sich durch eigene Anstrengungen selber zu erlösen.

Er baute auch ein großes Spital für die Armen und einige andere soziale Einrichtungen, regte zu SEVA an, das heißt selbstloser Dienst am Mitmenschen.

Ich versuchte meinen christlichen Glauben, der durch die Esoterik schon sehr verbogen war, mit all dem, was da gelehrt wurde, zusammen zu bringen. Schlussendlich ließ ich mich von dieser Sai Baba Spiritualität ganz vereinnahmen und ging sieben Mal in diesen Ashram, besuchte die Sai Treffen in Zürich und sang das OM, den Sound des Universums.

An eine kurze Begegnung, die ich heute als Anruf Christi an meine Seele begreife, mag ich mich besonders erinnern: Ich wartete draußen vor dem schönen Tempel Sai Baba's mit vielen anderen Frauen auf den Einlass zum Darshan. Da steuerte ein junger Mann zielbewusst auf mich zu, schaute mich an und sagte eindringlich, nur zu mir: *«Jesus Christus ist der Weg, die Wahrheit und das Leben, niemand kommt zum Vater außer durch IHN!»* Ich war so überrascht, dass ich nichts entgegnen konnte und schon war er wieder verschwunden. Als ich mich wieder gefasst hatte, war mein herablassender Kommentar: «Das ist bestimmt so ein missionarischer Freikirchler, der nicht über seinen Tellerrand hinaussieht!» Dabei dachte ich an diesem Ort sehr oft an Jesus und tief in meinem Herzen fühlte ich einen Schmerz, den ich aber wieder beiseiteschob. Wie sehr ist Jesus mir immer wieder nachgelaufen, hat nach mir gerufen und ich war taub!

Ich war so fasziniert von Sai Baba, dass Ich auch meine kleine Familie mit hinein zog und wir reisten mehrmals mit den Kindern nach Indien, was bei meinem älteren Jungen bis heute eine ablehnende Haltung allem Religiösen gegenüber zur Folge hatte, denn er fühlte sich dort nicht ganz wohl. Die Leute, die wir kennen lernten, die Sai Devotees, wurden unsere Freunde und wir gingen an alle Treffen, die veranstaltet wurden. So verlor ich meinen einfachen, christlichen Glauben immer mehr. In meinem Inneren wurde es dunkel. Depressionen begannen mich zu quälen. Ich hatte das Leben satt, war unzufrieden und unausgefüllt in meinem Innersten.

Sai Baba ist 2011 verstorben. Jesus Christus ist nach Seinem Kreuzestod auferstanden und ist in meinem Leben bis heute tief spürbar gegenwärtig. Was hätte ich gemacht, wenn ich im 2011 noch eine Sai Devotee gewesen wäre, und mein Gott gestorben wäre? Wie bin ich froh, dass ich zum wahren Gott gefunden habe!

21. Ich erlebte viele dubiose Dinge

Eines Tages kam an eines dieser Bhajan-Abende ein junger, überaus hübscher Mann mit langen, gewellten, dunklen Haaren. Ich sass hinter ihm: Er sang wunderschön und sein Lachen betörte mich, denn es ging etwas Besonderes von ihm aus. Später erfuhr ich, dass dies auch ein Guru sei. Mein Interesse war geweckt.

Ich wurde zu einem Treffen mit ihm nach Basel eingeladen. Dort sass er auf einem Plüschstuhl, der mit Blumengirlanden geschmückt war und bewegte seine bloßen Zehen grazil und sichtlich so, damit er bewundert würde. Ich durchschaute das sofort, doch er war so jung, gerade vierundzwanzig Jahre alt, dass ich das entschuldigte, denn er hatte viele übernatürliche Fähigkeiten, die mich anzogen. So zum Beispiel, fiel er plötzlich auf die Knie und schaute mit einem strahlenden Blick nach oben: Er sagte, dass er die

Jungfrau Maria sehe und sie ihm Botschaften gebe. Das war alles so natürlich und echt anzuschauen, dass ich nicht auf die Idee gekommen wäre, dass daran etwas nicht gut sein könnte. Erst später fand ich heraus, dass die sogenannten Botschaften von der Mutter Gottes aus verschiedenen anderen, echten Maria Erscheinungen genommen wurden und leicht abgeändert wurden.

Ebenso behauptete er, die Stigmata, das heißt, die Wundmale Christi zu haben und ich sah seine «blutenden» Hände und das «Blut von der Dornenkrone» auf seinem Kopf. Da ich eine tiefe Liebe zu diesem Menschen empfand, litt ich sehr und es verband mich intensiv mit dem Leiden Christi.

Erst einige Jahre später erfuhr ich auf einer Pilgerreise vom Car-Chauffeur, der ein seriöses katholisches Busunternehmen hat, dass sein Bruder die «blutgetränkten» Tüchlein dieses jungen Gurus, mit dem er eine Pilgerreise machte, ins Labor geschickt hatte. Der Befund: da war keine Spur von Blut!!!

Er feierte auch die Heilige Messe in privaten Häusern, obwohl er kein geweihter Priester war und animierte einige seiner Jünger Hostien zu stehlen, denn er ging mit ihnen oft in die katholische Kirche zur Feier der Eucharistie. Ich habe einmal gesehen, wie ein junger Anhänger beim Kommunionsempfang die Hostie in seiner Tasche versteckte. Der Priester hat das wahrgenommen und ist ihm nachgerannt. Dieser Mann warf dann den Leib Christi auf den sandigen Boden ausserhalb der Kirche und verscharrte ihn, sodass der Priester ihm nichts beweisen konnte. Als ich das gewahr wurde, war ich sehr schockiert und der Guru kam kurz darauf später zu mir und sagte, die Mutter Gottes sei ihm erschienen und habe ihm gesagt, er dürfe das nicht tun. Ich war so blind, dass ich glaubte, der Himmel erziehe diesen jungen Hindu zum rechten christlichen Verhalten!

Ich fuhr auch mehrmals in seinen Ashram und erlebte viele dubiose Dinge. So zum Beispiel, dass in seinem Tempel, wo zahlreiche verschiedene Muttergottes-Statuen standen, die ihm reiche Devotees schenkten, eine Statue Bluttränen weinte. Ich sah nie flüssiges Blut, immer nur trockenes. Doch ich war so naiv, dass ich das alles glaubte.

Ich besuchte auch sein Haus, in dem er aufwuchs, und seine Mutter, eine einfache, sympathische, etwas traurige Frau, zeigte mir sein Kinderzimmer, das voller farbigem Vibuthi angefüllt war. Vibuthi ist Asche, die aus dem Nichts materialisiert wird. Die Möbel, die Hindustatuen, alles war bedeckt mit farbigen Vibuthi. Das wurde uns als Wunder präsentiert. Dieser junge Mann hatte eine sehr starke Ausstrahlung, mit der er viele Menschen magnetisch anzog und in seinen Bann nahm.

Wenn ich mir heute diese Erlebnisse durch den Kopf gehen lasse, verstehe ich mich selbst nicht mehr. Wie konnte ich nur all diesen Gurus nachlaufen? Wie konnte ich so blind sein?

Die Mächte der Finsternis sind in unserer Zeit sehr präsent. Der Teufel mit seinen Dämonen herrscht überall und er verbreitet, Irrtum, Verwirrung, Lüge. Und ich muss an die Bibelstelle denken, wo es heißt: *«Denn wir haben nicht gegen Menschen aus Fleisch und Blut zu kämpfen, sondern gegen die Fürsten und Gewalten, gegen die Beherrscher dieser finsteren Welt, gegen die bösen Geister des himmlischen Bereichs.»* (Ep 6,12)

In der folgenden Botschaft erklärt Jesus wie man echte Himmelsboten von unechten unterscheidet:

22. Unterscheidung der Geister

Für viele sind die Botschaften, die Ich Meinen erwählten Seelen diktiere, schlechte Botschaften. Und zwar, weil der Mensch alles mit seinem Verstand analysieren will, anstatt mit Glauben zu beten. Viele lehnen die himmlischen Botschaften ab, weil sie Mein Wort nicht verstehen und den Heiligen Geist ablehnen, der sie erleuchten könnte.

Ich habe euch jedoch Waffen zurückgelassen, mit denen ihr euch gegen den Bösen verteidigen könnt, der Mich nachzuäffen versucht: Wer von Mir kommt, predigt einen auferstandenen und verherrlichten Christus und schickt die Seelen zur Kirche, damit sie sich von den Sakramenten und dem Gebet nähren. Aber ihr zweifelt sogar an diesen Zeichen. Daher könnt ihr Mich nicht verstehen.

Es gibt falsche Propheten: Sie äffen Mich nach und tragen keine guten Früchte. Sie tragen weder Liebe noch Erbarmen noch Demut in sich. Ihr könnt sie leicht an ihren Lügen erkennen. Aber ihr müsst beten...

Geliebte, führe die Seelen zum Gebet, damit sie an das glauben, was Ich euch durch Meine Boten schenke, und damit sie fähig werden zurück zu weisen, was nicht von Mir kommt.

Arbeite, damit auf dieser verfinsterten Erde Licht werde.

Ich segne dich.

23. Ich fahre nach Medjugorje zu Maria

Nun, diese letzte Begegnung mit einem Guru vermittelte mir das Wissen, dass die Mutter Gottes an verschiedenen Orten der Welt erscheint und zum Gebet, Umkehr und Busse aufruft. So ging ich mit einer Pilgergruppe nach Medjugorje.

Während wir im Bus dorthin fuhren, betete ein älterer Pater den Rosenkranz vor. Er betete ihn auf eine Art und Weise, die mich tief berührte. Maria kam mir ganz nahe! Später erfuhr ich, dass dieser Pater auch Erscheinungen der Mutter Gottes hatte und es ist ein lebenslanger Kontakt daraus geworden.

Als wir in Medjugorje ankamen, tauchte ich in einen unendlich weiten, tiefen, sanften Frieden ein. Der ganze Ort schien mir erfüllt von diesem ausserordentlichen Frieden. Wie anders war es hier als in den Ashram's dieser Gurus! Am Abend erschien die Mutter Gottes. Diese göttliche Mama kam dann auch zu mir und hüllte mich in ihre liebliche Zärtlichkeit ein. Diese Liebe war unbeschreiblich süß und dauerte lange an. Das war etwas so überirdisch Wohltuendes, dass es mich tief tröstete.

Ich habe diese Begegnung in einem Zeugnis niedergeschrieben, das ich hier einfügen will:

24. Maria, die Mutter Jesu

Gerade jetzt bin ich vor meiner himmlischen Mutter gekniet und sie hat mich in ihre Arme genommen und mir ihre friedvolle, wärmende Liebe geschenkt. Wie oft tröstet sie mich, wenn ich Schwieriges zu ertragen habe!

Das erste Mal habe ich Maria in Medjugorje während einer Erscheinung zutiefst erfahren: Ich saß in der Kirche mitten in den verschiedenen Sprachen den Rosenkranz betenden Menschen. Die Kirche war voll besetzt. Auch in den Gängen saßen oder knieten die Menschen dicht gedrängt. Als die Zeit der Erscheinung gekommen war, wurde es mäuschenstill und alle knieten nieder, um auf Maria zu warten. Nur ein schönes Geigenspiel war zu hören.

Plötzlich öffnete sich für mich der Himmel und Maria eilte leichtfüßig zu mir und beugte sich unendlich liebevoll über mich und schenkte mir ihre zarte beseligende Umarmung. Diese Süßigkeit Mariens war unbeschreiblich, sehr rein, voller himmlischer Weiblichkeit. Ich kam mir neben ihr schwerfällig und erdig vor, während sie eine wunderbare Reinheit, die duftete, verströmte. Ich habe die ganze Zeit, bis ich ins Bett ging, in den sanften Armen Mariens geruht und ich konnte deutlich den Unterschied zwischen ihr und Jesus wahrnehmen. Ich habe mich wie im Himmel gefühlt und dieser wunderbare Frieden hat mich so sehr eingehüllt, dass ich die tausenden von Pilgern nicht mehr wahrgenommen habe. Diese liebliche Reinheit, die sich so durchlässig, leicht und unirdisch angefühlt hatte, war das Unbefleckte Herz Mariens!

Nach dieser Erfahrung war ich total verliebt in Maria und ich sehnte mich stark nach ihr. Da schenkte sie mir von neuem ihre tief Geborgenheit und Frieden schenkende Liebe. Maria nützte meine Verliebtheit aus, indem sie mich noch tiefer in das Herz Jesu trug. Jesus ließ mich so begreifen, welches große Geschenk Er der Menschheit in dieser wunderbaren Mutter vom Kreuz herab gegeben hatte und ich liebte Jesus noch inniger dafür.

Dies war die schönste Erfahrung, die Jesus mir in Medjugorje gemacht hatte: Seine himmlische Mutter spüren zu dürfen. Seitdem suche ich jeden Tag die Nähe Mariens und heute darf ich täglich ihr liebliches Lächeln «sehen» und ihre mütterliche Umarmung empfangen.

Beschämt denke ich an all die Jahre zurück, in denen ich Maria keine Bedeutung zumaß und sie links liegen ließ, indem ich mir die protestantische Ansicht zu eigen machte, dass wir Maria nicht brauchen. Wenn die Menschen nur begreifen könnten, wie sehr Maria uns liebt, und dass es ihr einziges Bestreben ist, uns ganz nahe zu Jesus zu bringen! Mutter, lass mich dir helfen den Menschen das Herz für dich und Jesus zu öffnen. Wie liebe ich dich Maria! Und wie liebe ich dich Jesus!

Nach dieser wunderbaren Begegnung mit Maria beschloss ich nach vielen inneren Kämpfen und Gebet, meine Praxis aufzugeben, um mich zurückzuziehen. Ich spürte, dass ich Jesus mein ganzes Leben im Gebet weihen musste. Dies tat ich dann auch im Februar 2001, wo ich ganz alleine mit Jesus, Ihm in aller Einfachheit mein Leben zu Hause übergab.

25. Das Rosenkranzgebet

Als ich den Rosenkranz zum ersten Mal in meinen Ferien in einer kleinen Privatkapelle hörte, war ich entsetzt. Diese Menschen rasselten dieses Gebet ohne Liebe, mechanisch, ganz schnell herunter. Intuitiv fühlte ich eine große Abwehr gegen ein solches Beten. Als ich etwas später erfuhr, dass Maria, unsere himmlische Mutter, täglich das Rosenkranzgebet von uns Menschen erbat, wehrte ich mich ziemlich stark gegen ein solches Ansinnen. Jesus jedoch führte mich Schritt um Schritt behutsam zu diesem Gebet. Er riss alle Widerstände ein allein durch Seine tief spürbare Liebe.

Heute bete ich jeden Tag den Rosenkranz mit einer tiefen Freude ganz und gar von der zärtlichen Liebe Jesu genährt. Ich könnte mir nicht mehr vorstellen ohne dieses Gebet zu leben, so sehr erfüllt mich Jesus dabei.

Beim Rosenkranzgebet betrachte ich an der Hand Mariens das Leben meines innig geliebten Herrn. Dabei schenkt mir Jesus jedes Mal eine neue Erkenntnis Seiner übergroßen

Liebe zu uns, was meine Liebe zu Ihm stetig vergrößert. Ebenso zeigte Er mir die Liebe Mariens zu uns Menschen, die ich bis jetzt nicht gekannt habe. Er ließ mich erkennen, wie sehr Maria Miterlöserin ist und wie wir alle in ihre Fußstapfen treten können, indem wir unser persönliches Kreuz in Liebe annehmen.

Wenn ich den Rosenkranz gebetet habe, werde ich still in meinem Innern und das ist das schönste und tiefste Gebet, weil dann die Gegenwart Jesu sehr stark ist und ich würde dann am liebsten nie mehr aufhören ohne Worte zu beten!

26. Ich wollte nur noch Jesus kennenlernen

Ich hatte einen unsäglichen Durst nach Liebe und Geborgenheit und diesen Durst benutzte Jesus, um mich an sich zu ziehen. Wie machte Er das konkret?

Im Sommer 2001 lernte ich die Botschaften der Zärtlichkeit Jesu kennen, die Jesus Françoise, einer französischen Mutter, übermittelte. Diese Botschaften erfüllten mich vom ersten Moment an und gaben mir ein Brot zu essen, das ich all die Jahre hindurch gesucht hatte: Es war das Brot des Lebens – Jesus Christus selber – der sich mir schenkte. Er ist die Liebe, die Versöhnung, Er ist der Weg, die Wahrheit und das Leben, Er ist der Frieden und das konnte ich spüren! Ich verschlang diese Bücher wie eine Verhungernde und langsam begann mein übergroßes Verlangen nach Liebe und Geborgenheit gestillt zu werden durch die spürbare Gegenwart Jesu.

Diese Bücher (*Umkehr der Herzen*, Parvis-Verlag und *Jesus kommt wieder in Herrlichkeit*, Hovine-Verlag) ergriffen mein Herz so stark, dass ein brennender Durst nach der zärtlichen

Liebe Jesu mich erfasste. Ich weinte Tag und Nacht nach Jesus meinem Erlöser und das Leiden in dieser Zeit war in meinem Herzen sehr groß. Heute weiß ich, dass es eine tiefe Läuterung meiner Seele war, die ich zu ertragen hatte. In den heiligen Sakramenten löschte Jesus diesen verzehrenden Durst mit Seiner Liebe immer wieder von neuem. Doch ich mag mich gut erinnern, wie Jesus mir den ganzen Tag durch Seine spürbare Liebe schenkte, jedoch am Abend, wenn ich ins Bett gehen wollte, entzog Er mir Seine spürbare Nähe. Dies war ein fürchterliches Leiden und es hielt mich viele Nächte in Tränen wach. Jeden Morgen gegen sieben Uhr schenkte Er sich mir zurück und tröstete mich mit Seinem unvergleichlichen, göttlichen Trost.

Dieses Geschehen dauerte etwa drei Jahre. Jahre der Läuterung, der Reinigung. Ich musste dabei oft ans Fegefeuer denken: Welches Leiden nicht ganz bei Gott sein zu können und in dieser schmerzlichsten Sehnsucht nach Ihm zu brennen, ohne dass diese Sehnsucht gestillt würde! Der Durst nach Gott ist eine große Gnade, jedoch auch ein Leiden, das man bereit sein muss anzunehmen, damit Jesus das Herz ganz für sich einnehmen kann.

Jesus begann mich zu formen. Zudem räumte Er behutsam mit den esoterischen Gottesvorstellungen auf. Alles, was sich in all den Jahren als religiöse Überzeugung in mir festgesetzt hatte, entfernte Er durch die *Wahrheit des Evangeliums*. Er ließ mich nach und nach, auf sehr feinfühlige Weise, meine Sünden erkennen: Ich hatte einen sterblichen Menschen als Gott verehrt und Jesus, den wahren Gottmensch, den ich als Kind und junge Frau liebte, auf die Seite gestellt. Wenn ich dann in tiefer Reue zur Beichte ging, überschüttete mich Jesus mit einer wunderbaren

Zärtlichkeit, die es auf dieser Welt nirgendswo zu spüren gibt. Diese Liebe stellte alles in den Schatten, was ich je an Glücksgefühl erlebt hatte! Wer dies erfahren will, muss sich auf eine lebendige Beziehung mit Jesus Christus einlassen, der der Sohn Gottes ist. Kein Guru, noch ein spiritueller Meister kann eine solche göttliche Liebe vermitteln, auch wenn sie davon reden.

Gott ist keine formlose Energie, eine Schwingung mit der man sich mit OM Gesängen verbinden kann. Nein, Er ist ein lebendiges Gegenüber, der eine dreifaltige Gott: Gott Vater, Gott Sohn, Gott Heiliger Geist, der uns unendlich zärtlich liebt. Gott Vater liebt uns so sehr, dass Er Seinen einzigen Sohn gesandt hat, der für uns am Kreuz gestorben ist, um unsere Sünden zu sühnen. Jedes Mal, wenn ich ein Kreuz betrachte, strömt Jesu spürbare Liebe in mein Herz. Er hat mich gerettet aus all dieser Esoterik, die ein Religionsersatz ist, zu dem auch Yoga gehört, das ich auch kennenlernte und das heute so modern geworden ist.

Wer einmal die Klarheit des Heiligen Geistes und die Reinheit des Herzens verspürt hat, würde die christliche Religion nie mehr gegen eine andere Religion eintauschen wollen. Bei Jesus ist alles einfach und klar, da ist nichts Abgehobenes. Er lehrt die zehn Gebote als Richtschnur für ein gutes Leben und vor allem die Liebe zu Gott und zum Nächsten.

«"Welches Gebot ist das erste von allen?" Jesus antwortete: "Das erste ist: Höre, Israel, der Herr, unser Gott, ist der einzige Herr. Darum sollst du den Herrn, deinen Gott, lieben mit ganzem Herzen und ganzer Seele, mit deinem ganzen Denken und mit deiner ganzen Kraft. Als zweites kommt hinzu: Du sollst deinen Nächsten lieben wie dich selbst. Kein anderes Gebot ist größer als diese beiden."» (Mk 12,28-31)

27. Jesus offenbart mir Seine Liebe in der Eucharistie

Ganz besonders hat Jesus mir Seine Liebe in der Eucharistie offenbart. Als ich das zum ersten Mal erlebte, weinte ich vor Glück. Ich erinnere mich an diesen Tag, wie an meinen Hochzeitstag.

Ich hatte schwere Sorgen und wusste nicht, wo ich Hilfe finden könnte. Da ging ich in die katholische Kirche, die in unmittelbarer Nähe war und die ich schon seit langem nicht mehr besucht hatte. Ich ging zur Maria-Statue und zündete dort eine Kerze an. Eine andere Frau war auch da und sprach mich an. Sie wies mich darauf hin, dass in wenigen Minuten eine Heilige Messe gefeiert würde und sie fragte mich, ob ich nicht bleiben wolle? Wie lange war es her, seit ich eine Heilige Messe besucht hatte, weil ich die katholische Kirche abgelehnt hatte! Nun, in diesem Moment willigte ich ein und blieb. Als dann die Leute zur heiligen Kommunion gingen, ging ich einfach auch, denn ich wusste nicht, dass man im Stand der Gnade sein musste, um den Herrn empfangen zu dürfen. Kaum hatte ich die heilige Kommunion empfangen, da spürte ich eine zarte Umarmung, die voller Liebe und Frieden war und mir die Tränen in die Augen trieb. Eine selige Wonne überflutete mich und das Gefühl: Du bist total geliebt. Nie im Leben hatte ich je so etwas erlebt und es war genau das, was ich all die Jahre gesucht hatte: DIE WAHRE LIEBE: JESUS CHRISTUS! Und während ich dies jetzt aufschreibe, lässt mich Jesus wieder diese unbeschreibliche Zärtlichkeit Seines Herzens fühlen und ich bin so tief berührt, dass ich wieder weinen muss angesichts dieser großen Liebe, die so wenige Menschen kennen. Er lässt mich dabei auch spüren, welche Sehnsucht Sein unendlich liebendes Herz verzehrt, den Menschen Seine Liebe zu schenken: Dir! Der du gerade dieses Buch liest!

Nach diesem Erleben zog es mich erneut in die Heilige Messe. Ich wusste nicht, dass es täglich eine Heilige Messe gibt. Doch dies fand ich schnell heraus. Als ich das nächste Mal wieder die heilige Kommunion empfing, da durchdrang mich Jesus wieder mit dieser unbeschreiblichen Zärtlichkeit und Wärme und so ist es bis heute geblieben, siebzehn Jahre bereits! Natürlich erlebe ich das nicht jedes Mal haargenau gleich, denn die Liebe Gottes ist unendlich facettenreich. Doch ich spüre fast immer die Gegenwart Jesu in der Eucharistie.

«Jesus sagte zu ihnen: Amen, amen, ich sage euch: Wenn ihr das Fleisch des Menschensohnes nicht esst und sein Blut nicht trinkt, habt ihr das Leben nicht in euch. Wer mein Fleisch isst und mein Blut trinkt, hat das ewige Leben und ich werde ihn auferwecken am Jüngsten Tag. Denn mein Fleisch ist wahrhaft eine Speise und mein Blut ist wahrhaft ein Trank. Wer mein Fleisch isst und mein Blut trinkt, der bleibt in mir und ich bleibe in ihm. Wie mich der lebendige Vater gesandt hat und wie ich durch den Vater lebe, so wird jeder, der mich isst, durch mich leben. Dies ist das Brot, das vom Himmel herabgekommen ist. Es ist nicht wie das Brot, das die Väter gegessen haben, sie sind gestorben. Wer aber dieses Brot isst, wird leben in Ewigkeit.» (Joh 6,53-58)

28. Was ich erlebe in der Eucharistiefeier

Dieses nachfolgende Erlebnis habe ich im Jahre 2006 aufgeschrieben: Seit einiger Zeit gehe ich ab und zu in die Frühmesse in die Maria Lourdes Kirche. Jedes Mal, wenn ich diese Kirche betrete, werde ich eingehüllt von einer wunderbaren Liebe, die ich voller Wärme in meinem Herzen spüre. Wenn ich mich dann zu Jesus vor den Tabernakel knie, verstärkt sich dieses Gefühl innig geliebt zu sein und ich empfinde eine stille Freude, eine tiefe Geborgenheit und einen sanften Frieden.

Bei Maria in der Grotte erfüllt mich ein beseligendes Glück, das mich intensiv nährt. So von Jesus und Maria vorbereitet, besuche ich die Heilige Messe. Dabei erlebe ich, dass der Himmel sich auf die Erde senkt. Jesus bereitet mir ein wunderbares, glanzvolles Fest. Obwohl an dieser Heiligen Messe meistens nicht mehr als drei bis acht Leute teilnehmen! Doch dies scheint Jesus nicht die Freude zu nehmen sich für uns ganz hinzugeben. Wie sehr muss Er uns lieben, dass Er sich uns in einer solch glückseligen Freude im Heiligen Messopfer gibt. Ich darf diese unbeschreibliche Freude spüren. Darf den Himmel erahnen in diesem seligen Licht, das Er mir schenkt in diesem tiefen Herzensfrieden, der über mich kommt. Wie gerne gehe ich zu diesen heiligen Frühmessen, wo ich Jesu Liebe zutiefst erfahren darf.

Wenn Jesus mich mit dieser stillen Freude, die voller Liebe ist, erfüllt hat, fließt sie in mir über und ich muss dieses Glück weiterschenken und sei es nur in einem liebevollen Lächeln, das Jesus in mir einem Mitmenschen schenkt. Diese Freude Jesu begeistert und ich fühle ein wunderschönes Bedürfnis in größter Einfachheit zu lieben. Wie oft durfte ich so ein Licht anzünden im Herzen eines traurigen Menschen. Ich bin nicht sonderlich liebesfähig, aber die starke Gegenwart Jesu in mir ist mächtiger als all meine Unfähigkeit und so lehrt mich Jesus langsam aber sicher mich auch den Mitmenschen zu verschenken. Dies schenkt so viel Frieden in mein Herz, das wiederum überfließt in Dankbarkeit für meinen Herrn.

29. Die Heilige Messe

Ich segne dich. Ehre Mich, indem du jeden Tag zur Heiligen Messe gehst, wenn du kannst. Meine Liebe zu dir ist so groß, dass sie sich dir jeden Tag ganz schenken will. Du sollst die Messe kennenlernen: sie ist der Ort der Heiligung der Seelen, an dem Ich reiche Gnaden ausgieße. Du sollst mit Glauben kommen.

Wenige Seelen schenken Mir ihr Herz während der Heiligen Messe. Sie schauen nicht auf Mich. Dabei hat die Liturgie den Sinn, euch zu lehren, auf Mich zu schauen. Aber ihr schaut einen toten Gott an, denn ihr habt keinen Glauben; ihr seid lau und entfernt euch von Mir.

Ihr sollt lernen, euch während der Messe mit der ganzen Kirche zu vereinen. Die Gesamtheit der Gläubigen kommt dabei an Meinen Tisch, um Mich zu empfangen. Dann werde Ich euch mit Mir vereinen.

Ihr sollt während der Messe demütig und gesammelt sein: Ich bin mitten unter euch: ihr sollt eure Blicke und eure Worte Mir allein vorbehalten. Ihr sollt Mich nicht vergessen, indem ihr schwatzt oder euch zur Schau stellt... Ich bin da und höre euch zu; Ich schaue euch an und versuche, euer Herz in das Meine zu nehmen. Lernt, auf Mich zu schauen.

Während der heiligen Eucharistie bin Ich mit Meinem Leib und Meinem Blut ganz gegenwärtig unter euch: ihr sollt bereit sein, Mir euer ganzes Wesen zu schenken in dem Moment, in dem der Auferstandene kommt und euch Sein Leben schenkt. Empfangt Meinen Leib, empfangt Mein Blut und seid euch dabei bewusst, dass ihr Mich als Gott empfangt. Schenkt Mir euer reines Herz, damit Ich Mich darin ausruhe, wenn Ich in euch einziehe. Läutert euer Herz, bevor ihr Mich empfangt: kommt nicht mit einem geteilten und von Sünden befleckten Herzen, denn dann verletzt ihr Mich grausam.

Wenn ihr Sünden in euch tragt, sollt ihr Mich durch das Sakrament, das Ich euch geschenkt habe, um Vergebung bitten. Aber kommt nicht befleckt zur Messe...

Durch die Heilige Messe schenke Ich Mich euch jeden Tag, wenn ihr wollt. Ihr könnt euren Gott täglich empfangen. Doch dafür müsst ihr erst einmal nach Mir verlangen, denn das Verlangen ist Liebe. Wenn ihr kein Verlangen nach Mir habt, so sollt ihr Mich darum bitten, dann werde Ich euch das Verlangen nach Gott schenken.

Recht wenige kennen die Bedeutung der Heiligen Messe: sie ist aber das Heil der ganzen Welt... Macht euch klar, was für ein Geschenk Ich euch gemacht habe, indem Ich in dieser Weise zu euch komme...

Ihr sollt Meine heiligen Gebote halten, und um sie zu halten, sollt ihr Mich empfangen, denn darin besteht eure ganze Kraft. Ihr sollt an Jenen glauben, der euch das Leben schenkt, dann werdet ihr Gnadenwunder erleben.

Ihr sollt Mich in eurem Herzen während der heiligen Kommunion hören. Schweigt, um Mich kennenzulernen und Mich zu verstehen: dann wird die Gnade in euch einziehen.

Und schließlich sollt ihr Mich bewahren, wenn ihr hinausgeht. Vergesst Mich nicht: Ich bin in euch. Verweilt in dem anbetenden Schauen, um die Gnaden aufzunehmen, die Ich euch geschenkt habe. Verlasst Mich nicht.

Ich segne dich, Mein kleines Kind: Ich habe dich herangebildet, damit du Mich auf diese Weise empfängst. Lass Mich dich noch mehr formen, damit du Mich noch mehr fühlen kannst. Ich segne dich. Bewahre immer ein reines Herz.

30. Jesus zog mich in die Beichte

Nachdem Jesus mich mit diesem Gnadenregen in die katholische Kirche brachte, zog Er mich unwiderstehlich in die Beichte. Er zeigte mir behutsam meine Sünden auf. Nicht von einem Tag auf den anderen, sondern Er deckte mir schrittweise meine Verfehlungen auf. Ich erkannte immer deutlicher mein Elend und wie sehr ich auf Seine Barmherzigkeit angewiesen bin. Dies hatte zur Folge, dass mein Hochmut langsam zusammenstürzte und dies zum Humus für die Demut wurde, die ich immer mehr lieben lernte. Je kleiner ich wurde, je mehr kam mein Kinderherz zum Vorschein und ich wurde eine kleine Seele von Jesus, ein Kind Gottes. Ich lernte meinem Gott immer mehr zu vertrauen.

31. Die Läuterung meiner Seele

Nachdem Jesus mir Seine Liebe in äußerster Zärtlichkeit geoffenbart hatte, begann Er meine Seele behutsam zu läutern. Dies tat Er in liebevoller Barmherzigkeit. Trotzdem war dies ein schmerzlicher Prozess, denn wer erkennt schon gerne seine Fehler, seine Schwachheit, seine Unvollkommenheit. Mein wohl größter Fehler war der Hochmut, den ich aber ohne das Licht des Heiligen Geistes nicht erkennen konnte. Mit größter Sanftheit deckte Er meine Irrtümer, meine Lieblosigkeit, meinen Egoismus auf und zog mich dabei mit Kraft an Sein vergebendes Herz. Wie oft hat Jesus mich überflutet mit Seiner Zärtlichkeit, wenn ich wie zerstört am Boden lag ob meiner Unfähigkeit, die sich in so vielen Facetten äußerte. Er lehrte mich mein Elend anzuerkennen und anzunehmen. Jedes Mal, wenn ich strauchelte, zog

Er mich mit Macht in die Beichte. Dort wartete Er mit Seiner ganzen aufmerksamen, barmherzigen Liebe auf mich.

Der Gedanke, einem Menschen, einem Priester, meine Schuld enthüllen zu müssen, erfüllte mich zu Anfang mit viel Angst, Scham und Bauchweh. Jedes Mal kostete es mich eine große Überwindung hinzugehen und mein Herz klopfte bis zum Hals. Wie war mein ganzes Wesen bis ins Innerste erschüttert, wenn ich dann im Beichtstuhl Jesus Selbst begegnete. Die Persönlichkeit des Priesters war nicht mehr so wichtig, denn Jesus ließ mich fühlen, dass Er, Jesus Christus, da ist und dem Priester eingab, was ich gerade brauchte. Ich konnte dabei feststellen, wenn ich in aufrichtiger Reue einen Fehler mehrmals in die Beichte gebracht hatte, dass er nach und nach verschwand.

Jesus schüttete eine unglaubliche Heilung durch das Sakrament der Versöhnung über meine tief verletzte Seele aus. Dies war umso erstaunlicher für mich, da ich mich jahrelang einer Psychotherapie unterzogen hatte und auch eine psychotherapeutische Ausbildung absolvierte, ohne dass ich daraus echte, tiefgreifende Heilung empfangen hätte. Erst jetzt begriff ich, wie krank die Seele und der Leib durch die Sünde wurde. Immer mehr Licht erfüllte nun mein Wesen und ich konnte vieles in meinem Leben sonnenklar erkennen.

Jesus hat nicht einfach jeden Fehler aus meinem Leben entfernt, aber Er schenkte mir die Befreiung von schwerwiegenden Ängsten und einem schlimmen Lebensüberdruss. Löste mich von unguten Verstrickungen. Heilte mich von tiefen Verletzungen und schenkte mir ein neues Leben in Seinem Frieden und Seiner Freude. Ich könnte mir mein Leben ohne das Sakrament der Versöhnung nicht mehr vorstellen, weil ich jedes Mal wieder neue Gnaden geschenkt bekomme von Jesus. Er schenkte mir auch eine wunderbare Reinheit, die ich als etwas tief Beglückendes empfinde, sodass ich mich oft fühle wie ein kleines, unschuldiges Kind in den Armen Jesu. Dank sei Dir Jesus für Deinen Kreuzestod, der uns die Vergebung der Schuld und ein neues, reines Herz schenkt im Sakrament der Versöhnung!

32. Schwierigkeiten beim Beichten

Ich gehe seit Jahren regelmäßig zur Beichte zu einem Beichtvater, den Jesus für mich ausgewählt hat. Ich liebe dieses Sakrament der Versöhnung, weil ich jedes Mal erleben darf, dass sich die Gnade in meinem Leben erneuert und ich so dem Herrn immer näher komme: was vor allem selige Freude und eine stark spürbare, zärtliche Liebe von Jesus für mein ganzes Wesen bedeutet. Ich kann dann nicht anders als diesen inneren Jubel über die Heilung meiner ganzen Person und diese göttliche Liebe weiter zu schenken, sodass meine Nächsten von Christus auch tief berührt werden.

Nun, es gibt auch Schwierigkeiten beim Beichten. Weil ich immer wieder in die gleichen Sünden falle, schäme ich mich dermaßen über meine Unfähigkeit mich zu bessern, dass ich manchmal am liebsten nicht zur Beichte gehen möchte. Dann greift Jesus immer ein! Wie? Heute – ich sitze gerade vor dem Beichtstuhl und warte auf meine Beichte – hat Er mich überflutet mit einer glückseligen Freude, dass meine Schwächen und Fehler angesichts einer dermaßen großen Glückseligkeit verschwinden! Ich fühle mich so unendlich angenommen und geliebt von meinem Jesus, dass meine Fehler ganz unwichtig werden. Und wenn ich wieder falle, richtet der Herr mich auf und reinigt mich durch dieses großartige Sakrament der Versöhnung.

Wer sich auf die Beichte einlässt, kann die Fülle der Liebe entdecken, die der Herr jedem schenken will. Während ich dies schreibe, lässt mich Jesus glühen vor Liebe und fast zerspringen vor Glückseligkeit. Danke Jesus für all Deine Gnade!

33. Empfangt die Sakramente

Wer Mich isst, wird das ewige Leben haben. Wer Mich in der heiligen Eucharistie mit reinem Herzen empfängt, ist dazu bestimmt, im Reich Gottes zu Mir zu kommen.

In dieser kommenden Zeit, die schon da ist, wird man euch sagen: «Es lohnt sich nicht, oft zu einem Priester beichten zu gehen, man erhält die Lossprechung gemeinsam während der Messe»; oder: «Es lohnt sich nicht, oft zur Kommunion zu gehen: das bringt nichts.»

Nun, Ich sage euch: «Wenn ihr aus Meinem Wort leben wollt und den Heiligen Geist in euch behalten wollt, so müsst ihr regelmäßig bei einem heiligen Priester beichten und Mich jeden Tag empfangen, wenn ihr könnt.» So werdet ihr ein reines Herz bewahren, und die Weisheit und die Liebe werden in euch wohnen.

Nein, es ist nicht vergeblich, einmal pro Monat zu beichten, denn Ich gebe Meine Gnaden im Übermaß in diesem auserwählten Augenblick, in dem Ich euch wieder ein reines Herz gebe. Darin werdet ihr die Kraft schöpfen, noch weiter zu gehen. Nein, es ist nicht vergeblich, Mich jeden Tag zu empfangen, weil Ich dadurch in euch lebe und euch vor dem Bösen bewahre. Ich vermittle Mich eurem Herzen in Meiner unendlichen Liebe; und ihr, die ihr Mich aufnehmt, werdet glücklich und heilig wie Ich es bin.

Empfangt also die Sakramente, die Ich euch gegeben habe, und betet, dass ihr sie immer zur Verfügung habt, denn es wäre der Tod, wenn es keinen Priester mehr gäbe, der sie spenden kann. Ich segne dich, die du Mich so tief aufnimmst, kleines Kind. Lebe ständig aus Mir.

34. Eucharistische Anbetung

Je länger ich mit Jesus den Weg gehe, desto mehr verstehe ich, dass er mich glücklich, kindlich sorglos und froh haben will. Wie viele Leiden sind einfach aus meinem Leben verschwunden, weil sie Jesus geheilt hat. Wo sind diese Dunkelheit, diese Depressionen in meinem Herzen geblieben? Dieser schreckliche Lebensüberdruss? All die vielen Sorgen? Nun, ich habe täglich meinen Gott in der Eucharistie angebetet und geliebt, denn da verspüre ich die Gegenwart Gottes besonders stark und dies tue ich bis heute. Ich habe mich von Jesus lieben lassen, wie nur Er es kann. Oh wunderbare Quelle der Eucharistischen Anbetung: dort fließt das Wasser des Lebens, das deinen Durst stillt und dich heilt!

Vor zirka achtzehn Jahren lernte ich in der katholischen Kirche die Eucharistische Anbetung kennen. Ich erinnere mich gut, wie sehr ich mich dahin gezogen fühlte, wie quälend lang zwei Stunden Anbetung sein konnten, wenn ich Jesus nicht wahrzunehmen vermochte. Ich konnte meine Gedanken nicht still halten und meine Konzentration vermochte ich nur kurze Zeit auf Jesus zu richten. Trotzdem ging ich immer wieder alle Wochen hin. Nach und nach begann mir Jesus Seine spürbare Gegenwart zu schenken während der Anbetung. Da ging das Beten viel leichter und immer mehr begannen meine Gedanken zu schweigen und ich erhielt von Jesus das Geschenk der inneren Stille. Je tiefer die Stille in mir ist, je stärker kann ich Jesus in Seiner ganzen Liebe spüren. So kam es, dass die Fähigkeit zur Kontemplation wuchs und ich die Erfahrung machen durfte, was es heißt mit Jesus vereinigt zu werden, ganz einzutauchen in Seine tief nährende, zärtliche Liebe. Er durchdrang mich immer mehr während dieser Anbetungsstunden und ich fühlte mich danach oft wie trunken von Seiner Liebe. Ich entdeckte auch, dass Jesus so mein ganzes Wesen heilte und erneuerte. Mein Herz wurde weiter und ich konnte immer länger in diesen Strahlen der Liebe aushalten. So kam es, dass mein Bedürfnis nach stundenlanger Eucharistischer Anbetung sehr stark wurde und ich Jesus auf diese Weise tief kennen lernen durfte. Wie viele Stunden, unzählige Stunden, schenkte Jesus mir Sein Licht durch die Anbetung der heiligen Eucharistie. Ein Licht, das mich bis ins Innerste erfüllte und glücklich sein ließ.

Jesus erlaubte mir auch Sein Kreuz während der Eucharistischen Anbetung kennen zu lernen. Dies geschah auf vielfältige Weise. So zum Beispiel «nagelte» Er mich manchmal auf diese harten Holzbänke der Kirche, indem Er mich mit Seiner Liebe fest hielt, so dass es mir unmöglich war meinen Leib zu bewegen, obwohl ich das gerne getan hätte. Ich fühlte mich wie am Kreuz. Dieses harte Holz zerschnitt mein Fleisch und quälte meine Knochen. Wie muss Jesus am Kreuz für uns gelitten haben! Erst in diesem Leiden begriff ich ein klein wenig Seine übergroße Liebe zu uns. Oft erlebte ich auch diesen verzehrenden, unendlich schmerzlichen Durst nach unserer Liebe, den Jesus in Seinem Herzen erduldet wegen der Lauheit von so vielen Christen. Wie viele Tränen habe ich deswegen geweint: Ein Meer von Tränen!

35. Betet Mich im Allerheiligsten an

Komm näher zu Meinem Herzen und lausche Meinen Geheimnissen...

Wenn du jemanden liebst, möchtest du Zeit mit dem geliebten Wesen verbringen. In seiner Gegenwart lebst du auf, weil die gegenseitige Liebe aufleben lässt.

Wenn eine Seele Mich – wirklich – liebt, wünscht sie, Mich die ganze Zeit anschauen zu können. Und je mehr sie Mich betrachtet, desto mehr dürstet sie danach, Mich noch mehr kennen zu lernen.

Dann offenbare Ich Mich der Seele, die Mich sucht, indem Ich ihr Mein Herz und alle darin enthaltenen Schätze zeige.

Wenn die Seele in dieser leidenschaftlichen Liebe zu Meinem Herzen heranwächst, dann hat sie Durst, Mich im Allerheiligsten anzubeten, das Ich bin. Denn sie wird dann von Meiner glorreichen, liebenden Gegenwart durchdrungen.

Blume, Ich will mit euch sein. Ich will euch durch die Eucharistische Anbetung in einem für euch unvorstellbaren Ausmaß nähren.

Ich bin die Liebe, die sich euren Augen zeigt. Auf diese Weise werde Ich zurückkommen.

Aber ihr müsst Mir helfen, denn viele Meiner Diener lassen Mich allein, eingesperrt im Tabernakel.

So wage es mit Begeisterung für Mich einzutreten, kleines Kind...

Wage es, Meinem Volk zu sagen, dass die innige Vertrautheit mit Meinem Herzen durch die Eucharistische Anbetung erworben wird.

Wenn ihr in Stille in Meiner Gegenwart verharrt, werdet ihr Mich kennenlernen.

36. Krankheit, Leid und Schmerz

Seit meinem 14. Lebensjahr litt ich an allmonatlich wiederkehrenden, starken Kopfschmerzen, die normalerweise drei Tage dauerten, manchmal auch zweimal im Monat. Keine Therapie konnte mir helfen dieses Leiden zu lindern. Mit Jesus bekam ich ein ganz neues Verhältnis zu dieser Krankheit. Einmal, es war in Medjugorje, hatte ich einen heftigen, stundenlangen Migräneanfall, dass ich glaubte, diese starken Schmerzen nicht mehr aushalten zu können. Da sah ich plötzlich das schmerzerfüllte Antlitz Jesu vor mir und Sein dornengekröntes Haupt. Die Nägel, die Ihn ans Kreuz hefteten, bohrten sich schmerzlich in meine Hände und das Leiden war unbeschreiblich. Jesus einte sich mit mir in Seinem Schmerz und nahm ihn mir nicht weg! Diese Nacht bleibt mir unvergesslich und ich möchte sie nicht noch einmal erleben und doch möchte ich sie nicht missen, denn ich begriff etwas von der übergroßen Liebe, die Jesus beseelt haben musste, als Er für uns starb. Eine solche Erfahrung machte ich mehrmals in meinem Leben!

Meistens jedoch lindert Jesus meine Schmerzen, wenn ich Ihn darum bitte. Ich bin kein Held des Leidens. Die geringste Unpässlichkeit bringt mich zum Jammern. Diesem Umstand trägt Jesus Rechnung, indem Er mir immer hilft, wenn ich Schmerzen zu ertragen habe.

Zum Beispiel überkamen mich eines Abends immer heftiger werdende Zahnschmerzen. Trotzdem konnte ich noch ins Bett gehen und schlafen. Gegen 1.30 Uhr weckten mich bohrende Zahnschmerzen auf. Mein ganzes Zahnfleisch war schmerzhaft entzündet und ich wusste weder ein noch aus vor Schmerzen. Da fiel ich weinend vor Jesus nieder und bat Ihn inständig mir zu helfen. Ich nahm ein bisschen Heilwasser von Maria aus Lourdes und strich es mir aufs kranke

Zahnfleisch und den schmerzenden Zahn. Unerklärlicherweise fand ich den Schlaf wieder und am Morgen waren alle Schmerzen verschwunden!

Das Schlimmste bei körperlichen Schmerzen ist, dass ich oft die Gegenwart Jesu verliere. Und so erlebe ich, was Jesus selbst erlebt hat, als Er im äußersten Schmerz schrie: «Vater, warum hast du mich verlassen?» Dies muss das allerschlimmste Leiden für Jesus gewesen sein. Er hat es für uns erduldet aus Liebe! Welchen Erlöser haben wir in Jesus Christus! Ich möchte zum Schluss hinzufügen, dass ich heute erlebe, dass Jesu liebende Gegenwart so stark sein kann, dass sie alle Schmerzen zu tilgen vermag. Doch es liegt in Seinem Ermessen, wie viel Er in Seiner Weisheit einer Seele zu tragen gibt. Jesus lehrte mich jedes Leiden anzunehmen, das Er für mich zulässt, und dass Er zärtlich Rücksicht nimmt auf meine Unfähigkeit Schmerzen zu ertragen.

Danke Jesus für die Erfahrung des Leidens, weil es mir Deine gewaltige Liebe für mich und alle Menschen geoffenbart hat. Wie liebe ich Dich Jesus! Danke himmlischer Vater, dass Du Dir Deinen liebsten Sohn vom Herzen gerissen hast, um Ihn uns zur Erlösung für unsere Schuld dahinzugeben. Wie sehr musst Du die ganze Menschheit lieben! Lass uns Dich in Deinem geliebten Sohn, Jesus Christus, mit einem brennenden Herzen lieben! Amen.

37. Die Reinigung meiner Seele geht weiter

Zu Anfang meiner Hinwendung zu Jesus Christus führte ich ein Tagebuch, in das ich meine Gespräche mit Ihm aufschrieb. 58 Bücher füllte ich innerhalb von viereinhalb Jahren. Ich habe alles mit Jesus besprochen, was mich beschäf-

tigte: die Vergangenheit – die Gegenwart – die Zukunft, und
Er war immer spürbar anwesend und ich konnte Seine Ant-
wort fühlen, die dann in einer starken inneren Stimme zum
Ausdruck kam und ich schrieb nieder, was ich hörte. Es war
eine außerordentlich zärtliche, feinfühlige und einfühlsame
Begleitung meines Jesus.

Ich liebte es, alles zu analysieren und ich hatte das als psychologische Beraterin zum Beruf gemacht. Zu Anfang ging
Jesus auf diese Lebensart ein, doch mit der Zeit ließ Er mich
verstehen, dass es nicht nötig ist, soviel nachzudenken und
alles zu zerpflücken, um Gott näher zu kommen. Er räumte
diese Denkart aus und ersetzte dieses Bedürfnis, meine Person besser verstehen zu wollen mittels Analyse, mit Seiner
Liebe, die eine immer größer werdende innere Stille in mir
herstellte. Schlussendlich versiegte diese starke Stimme in
mir und damit mein Bedürfnis zu schreiben. Ich verstand
Jesus ohne Worte und je stiller es in meinem Inneren war,
desto stärker war die Präsenz Gottes und ich hatte kein Bedürfnis mehr um mich selber zu drehen. Ich wollte nur noch
lieben: Gott und meinen Nächsten.

38. Jesus entfernt meine Geräuschkulisse

Seit meiner Kindheit liebte ich die Musik. Besonders in der
Jugendzeit war sie ein Mittel, um meinen Gefühlen, Sehn-
süchten und Wünschen Ausdruck zu verleihen. Wenn ich
nach Hause kam, war der erste Griff in die «Musikkiste».
Dann tanzte ich mit meinen Gedanken und Gefühlen davon
in eine unrealistische Welt, wo es schön und gut war.

In den späteren Jahren war die Musik mein ständiger Begleiter. In meiner Esoterikzeit hörte ich oft Meditationsmusik

und dazu zündete ich Räucherstäbchen an. Auch liebte ich die klassische Musik von Mozart und Beethoven. Es war immer eine Geräuschkulisse in meiner Wohnung, denn mit der Musik schaffte ich eine besondere Atmosphäre.

Als ich dann mit Jesus Tagebuch zu schreiben anfing, hatte ich immer einen gewissen Sound im Hintergrund laufen. Mit der Zeit spürte ich, dass Jesus wollte, dass ich ihn ausmache. Am Anfang habe ich den CD-Player widerwillig abgestellt und mit der Zeit habe ich begriffen, dass ich ganz in der Stille mit Jesus sein soll. Jesus wollte mich selber erfüllen und dies war etwas ganz anderes als die Emotionen, die die Musik hervorriefen! Da war kein auf und ab mehr der Gefühle, sondern ein tiefer stiller Friede, in dem ich Jesus klar verstehen konnte. Es war eine wunderbare Klarheit und eine himmlische Reinheit in meinem Inneren.

Ich mag mich an ein sehr eindrückliches Erlebnis erinnern. Mein Kopf war voller Musik und Gedanken und plötzlich war es, wie wenn jemand einen Radio, der auf Volllautstärke dröhnt, abstellt, und eine totale Stille erfüllte mein ganzes Wesen. So machte mich Jesus darauf aufmerksam, wie viel Lärm in meinem Inneren herrschte. Seitdem bin ich bemüht, diesen inneren Lärm zum Schweigen zu bringen. Ich habe sehr viel Hilfe von Jesus dafür erhalten und mit der Zeit ist es völlig still in mir geworden und ich habe kein Bedürfnis mehr, Musik, Radio, Fernsehen oder Internet zu konsumieren. Selbst fromme Sendungen ziehen mich nicht mehr an, da die Gegenwart Jesu die schönste Sendung ist, die man sich vorstellen kann!

39. Die Gnade der inneren Stille

Meine Kinder, bittet Mich um die Gnade der inneren, tiefen und dauerhaften Stille, denn nur in dieser Stille könnt ihr Meinem Heiligsten Herzen begegnen.

Seid nicht dauernd so geschäftig. Ihr müsst euch unter Meinen zärtlichen Blick stellen und euch voll und ganz Meinen Händen überlassen, damit Ich euch nähren kann.

Tausend Gedanken, Sorgen, Befürchtungen und Aufruhr bewegen euch unablässig. Und anstatt in Meinem Herzen zur Ruhe zu kommen, lauft ihr weiter in alle Richtungen und lasst euch vom inneren Aufruhr immer weiter treiben.

(...)

Wenn eure Seele und euer Geist ständig von Lärm umgeben sind, wie soll Ich dann in euch einziehen? Ihr könnt nicht auf Mich schauen, wenn ihr ständig so herumhetzt.

Die Sammlung erlangt ihr nur durch die Stille. Jeder muss den Aufruhr zum Schweigen bringen, der ihn erregt, und Mich um diese Gnade bitten. Jeder muss auf Mich schauen und allein mit Mir sein, um in Meinem Heiligsten Herzen Meiner innigen Vertrautheit zu begegnen. (...)

40. Wie Jesus meine Seele formte

Jesu Gegenwart war so präsent, dass Er mich in meinem Alltag spüren ließ, wenn etwas nicht gut war. Oft gehorchte ich diesen liebevollen Hinweisen nicht und ich erinnere mich noch schmerzlich daran, wie meine Wohnung ein Mal fast niederbrannte, weil ich nicht auf Ihn hören wollte.

Ich war nämlich so verliebt in Jesus, dass ich täglich viele Stunden vor dem Tabernakel saß und dabei begann meine

Familie zu vernachlässigen, sodass die Kinder ihre Mahlzeiten selber aufwärmen mussten. Dabei vergaß eines meiner Kinder drei Mal die Herdplatte abzustellen und das Essen verbrannte und verkohlte jedes Mal in der Pfanne. Dichter schwarzer Rauch erfüllte die Wohnung und ein fürchterlicher Gestank hing in der Luft. Einmal kam es fast zu einem Brand. Mein Beichtvater verbot mir daraufhin weiterhin am Abend in die Kirche zu gehen! Jesus ließ es zu, damit ich lernte, nicht nur Seine Liebe zu empfangen, sondern sie auch weiter zu schenken.

Das soll eine zärtliche Formung meiner Seele von Jesus gewesen sein? Allem Anschein zum Trotz war es das, denn Jesus tröstete mich Tag für Tag mit Seiner süßen Liebe über diese Ereignisse hinweg, die wochenlang einen üblen Geruch hinterließen. Und so machte er es immer! Wenn ich sündigte, überschüttete Er mich mit Seiner Zärtlichkeit, was mich dazu brachte, die Sünde nach und nach zu lassen und in die Beichte zu rennen, wo Er mich wieder aufrichtete.

Ein anderes Beispiel wie Jesus mir die Liebe beibrachte:
Ich hatte ein schwieriges Verhältnis mit meinen Schwiegereltern. Ich liebte sie nicht und sie liebten mich auch nicht. Doch Jesus wollte, dass ich sie liebte! Wie hat Er das angestellt? Er zog mich in die stille Eucharistische Anbetung, füllte mich dort mit Seiner beglückenden Zärtlichkeit auf und dann schickte Er mich mit diesem großen Frieden zu meinen Schwiegereltern auf Besuch! Er liebte sie so durch mich. Es war einfach wunderbar, denn ich litt viel weniger und mit der Zeit empfand ich sogar selbst Liebe für sie und das Verhältnis besserte sich.

Mit Seiner Zärtlichkeit erreichte Jesus bei mir jedes Ziel. Ich musste nur lernen sie anzunehmen, mich auf diese

Weise von Ihm lieben zu lassen. Je mehr ich der Stimme Jesu in meinem Inneren Gehör schenkte und vertraute, je mehr wurde mein Leben mit Licht und Freude erfüllt.

Ein weiteres Beispiel wie Jesus mich formte:
Als ich in Frankreich in den Ferien war, stürzte ich am Meeresstrand der Länge nach hart auf den felsigen Boden hin. Ich bekam im ersten Moment fast keine Luft mehr und ein heftiger Schmerz durchzuckte meinen Ringfinger, an dem ich meinen Jesusring trug, den Jesus mir in Medjugorje geschenkt hatte. Sonst blieb ich erstaunlicherweise völlig unverletzt, nicht die kleinste Schramme war zu sehen! Jedoch dieser Finger schwoll dick an und schmerzte sehr und es brauchte mehr als ein Jahr, bis der Finger wieder die Normaldicke erreicht hatte und ich den Jesusring über den Finger streifen konnte.
Warum erzähle ich dies? Nun, kurz vor dieser Reise hatte ich aus Wut und Auflehnung den Ring mehrmals demonstrativ ausgezogen! Das missfiel meinem Herrn sehr und die Reaktion des Beichtvaters bestätigte dies. Doch ich fand seine Ansicht übertrieben und nahm mein Verhalten auf die leichte Schulter und sah es als ein Spiel, als ein kindliches Kräftemessen mit Gott an. Nun, Jesus ließ diesen Unfall zu, um mir unmissverständlich klar zu machen, dass es bei Ihm keine Scheidung gibt, wenn er sich einmal mit einer Seele vermählt hat! Er selber ist ja so wunderbar treu, dass Er mich noch nie im Stich gelassen hat und Er ersehnte das auch von mir.

41. Ich verlor meine Freunde

Diese totale Hinwendung meines Herzens zu Jesus Christus kostete mich einige Freundschaften, die mir sehr teuer waren. Es war schmerzlich zu sehen, wie meine Freunde meine tiefe Umkehr zu Gott, mein leidenschaftlich entzündetes Herz für Jesus, nicht mehr verstanden und sich von mir trennten. Mir hatte sich eine neue wunderbare Welt mit Jesus Christus eröffnet, das Evangelium wurde der Maßstab meines Lebens und ich liebte die katholische Kirche. Dies verursachte zum Teil heftige Diskussionen und ich musste erkennen, dass meine Freunde meine Erlebniswelt nicht mehr nachvollziehen konnten. Meine Entscheidung Jesus Christus mein ganzes Herz zu schenken, Ihn an die erste Stelle meines Lebens zu setzen, konnte der Verlust meiner Freunde nicht ins Wanken bringen. Ich gehörte Gott und so verlor ich meine Freunde!

Meine Beziehung zu meinem Ehegefährten veränderte sich dadurch auch. Doch Jesus verstand es, uns behutsam zu führen. In den ersten Jahren hatte ich meine Erlebnisse Tag für Tag mit meinem Mann geteilt, sodass er genau wusste, was sich in meinem Herzen abspielte. Das war wunderschön und unsere Beziehung bekam eine tiefe geistliche Dimension. Es gab dann eine Zeit, wo Jesus mich bat, meine Erlebnisse mit Ihm für mich zu behalten, denn Er wollte, dass jeder von uns die tiefste Beiziehung mit IHM pflegt, und dass nicht mehr der Ehepartner die erste Stelle im Herzen einnimmt, denn wir hatten eine sehr enge Bindung zueinander. Als dann Jesus von mir die Reinheit des Leibes erbat, habe ich mit meinem Mann darüber gesprochen und wir haben beide in aller Freiwilligkeit Gott das Gelübde geschenkt, wie Bruder und Schwester zusammen zu leben, aus Liebe zu Gott. Ich bekam eine ganz neue Liebe zu meinem Mann und ich sah vor allem seine Seele und wollte mit ihm einen Weg der Heiligkeit gehen.

Meine Entscheidung für Jesus Christus hat auch die Beziehung zu meinen Eltern verändert. Die Beziehung zu meiner Mutter war leider nicht ungetrübt und ich fühlte mich von ihr oft weder verstanden noch geliebt. Als ich dann Jesus mein Leben übergab und Er mein Leben mit Seiner Zärtlichkeit erfüllte, hatte ich das tiefe Verlangen meine Eltern zu lieben. Doch zu meinem Erstaunen lehnten sie meine Liebe ab, obwohl sie doch auch Katholiken waren. Dies war sehr schmerzlich für mich, denn ich liebte meine Eltern trotz all der Verletzungen.

Ich erinnere mich an ein Telefongespräch mit meiner Mutter, wo sie mir wegen einer gewissen schwierigen Familienangelegenheit versuchte, Vorwürfe zu machen und in mir Schuldgefühle zu erzeugen. Da kam Jesus mit Seiner ganzen schützenden Liebe in mein Herz, sodass ihre Worte mich nicht berühren konnten. Sie konnte mich nicht mehr manipulieren, weil ich Jesus ganz gehörte! Ich wollte nur noch den Willen Gottes tun, keinen anderen mehr. Das missfiel und erregte sogar Zorn. Doch ich blieb standhaft, denn der Wille Jesu zu tun gibt mir Freude und Glück, wie nur Er es schenken kann.

Eines Tages begegnete ich einer Frau, die ich traurig in der Kirche sah und ich ging spontan zu ihr hin, um sie zu trösten. Daraus entstand eine wunderbare Freundschaft und wir trafen uns fast jeden Tag in der Kirche und redeten danach über alles, was uns beschäftigte. Wir verstanden uns ausgezeichnet und wir waren beide feurige Katholikinnen.

Ich merkte gar nicht, wie ich begann, diese Freundschaft an erste Stelle, vor Jesus, zu stellen, bis ich eines Tages erschrocken feststellte, dass ich lieber mit ihr nach Hause fuhr, um mich mit ihr auszutauschen, anstatt meinen Gott anzubeten! Ich realisierte auch, dass dies meinem Gott missfiel, denn Er wollte, dass Er der Erste in meinem Herzen blieb.

Die Umstände haben sich dann in meinem Leben so verändert, dass ich keine Zeit mehr hatte allein mit ihr zusammen zu sein und so pendelte sich diese Beziehung wieder auf ein Normalmaß ein. Ich wusste, Jesus wollte mich ganz, und mit der Zeit erkannte ich die Gnade in all diesen mühsamen Lebensveränderungen, die mich hinderten, tiefe menschliche Freundschaften zu pflegen. Heute suche ich nicht mehr die Liebe und das Verständnis in menschlichen Beziehungen, sondern bei Gott, und ich möchte jedem nur noch die Liebe Gottes bringen, damit das gleiche Glück auch im Herzen meiner Mitmenschen geboren werden kann.

42. Die vollkommene Nachfolge Jesu

Wenn das Herz des Menschen Mich in der Anbetung glühend liebt, gieße Ich Mich ganz und gar in ihm aus und erfülle es mit Meinen Gnaden und Meiner Liebe. Wer in einer schrankenlosen Leidenschaft für Mich alles von Mir annimmt, dem offenbare Ich grenzenlos Mein Heiligstes Herz...

Du sagst Mir: «Doch wie viele werden bereit sein, sich Gott derart auszuliefern...?» Kleine Seele, ziemlich wenige akzeptieren alles. Aber viele werden Mir nach dieser Zeit der Reinigung nachfolgen und folgen Mir schon jetzt. Immer mehr werden entflammt werden wie du und Mir dann nach und nach alles übergeben.

Ich kann Mein Heiligstes Herz in solchem Maß nur dem schenken, der Mir sein Leben ganz und gar übergibt und jede menschliche Liebe – zu wem auch immer – an die zweite Stelle setzt.

Du weiß genau, dass jene, die Mir ihr Leben übergeben, eine neue Liebe zu ihrem Ehepartner und ihren Kinder erhalten.

Ich habe einige Seelen berufen, Mir vollkommen und mehr als andere nachzufolgen, weil Ich sie besonders liebe: Zum Beispiel Meine Diener, die Priester, die Ordensleute, einige Laien, bevorzugte Seelen. Jeder hat die Freiheit, auf Meine Vorliebe zu antworten: Du siehst doch, wie manche dieser Seelen edle Freundschaften an die erste Stelle setzen. Doch dann leidet Mein Herz...

Nimm das Evangelium und lies:

«Wenn jemand zu Mir kommt und nicht Vater und Mutter, Frau und Kinder, Brüder und Schwestern, ja sogar sein Leben gering achtet, dann kann er nicht Mein Jünger sein. Wer nicht sein Kreuz trägt und Mir nachfolgt, der kann nicht Mein Jünger sein.» (Lk 14,26-27)

Françoise, «gering achten» heißt hier, dass man Mich jedem Mann, jeder Frau, jedem Kind vorziehen muss. Begreife doch, dass es nicht darum geht, nicht mehr zu lieben, sondern Meinen Willen an die erste Stelle zu setzen.

Siehst du, wie sehr deine Liebe zu deiner Familie verwandelt wurde? Das kommt daher, dass du Mich an die erste Stelle gesetzt hast, dass du Mich mehr als jeden anderen liebst und vor allem anderen Meinen Willen tust. Du hast nicht beschlossen, den Wünschen der Deinen zu gehorchen, sondern in erster Linie den Meinen, weil du weißt, dass Ich in Meiner unendlichen Weisheit auf die gerechtfertigten Wünsche deiner Verwandten antworten kann und die weniger gerechtfertigten beiseite lasse.

Deshalb herrscht Liebe in deiner Familie. Ich sage dir jedoch: Nicht alle werden das verstehen, denn die Menschen lieben Mich nicht genügend, um Mich an die erste Stelle zu setzen und auf diese Weise ihren Verwandten manchmal zu missfallen...

Die Menschen wollen zu sehr von ihren Ehepartnern, ihren Kindern, ihren Freunden, ihrer Familie anerkannt und geliebt werden. Daher sind sie nicht bereit, Mir zu gehorchen, auch wenn das ihren Angehörigen missfällt.

Schau, unter dem Vorwand der Nächstenliebe – aber in Wirklichkeit aus Angst, sich Mir ganz und gar auszuliefern – bestimmt der Mensch sein Leben, wie es ihm passt, und seine Freundschaften, wie er es für gut hält.

Françoise, seinen Ehepartner und seine Kinder lieben heißt nicht, ihren Willen zu tun – das weißt du genau. Du weißt, dass man seine Familie nur innig lieben kann, wenn man in erster Linie Gott anbetet und Seinen Willen tut.

Manche werden dir vielleicht sagen, dass es ein Mangel an Nächstenliebe ist, wenn man nicht allen Wünschen seiner Angehörigen entspricht. Darauf sollst du antworten, dass die Nächstenliebe darin besteht, Gott zu gehorchen, der genau weiß, was Er tut...

Wenn Ich also eine Seele, die Ich besonders liebe, in Meine Nachfolge rufe (eine geweihte Seele, eine Priesterseele oder eine bevorzugte Seele...), so bitte Ich sie, auch ihre menschlichen Freundschaften aufzugeben, um Mir nachzufolgen. Nur wenn die Seele Meinen Weg annimmt, wird sie das Glück und eine noch tiefere Liebe zu ihren Brüdern finden.

Du sagst Mir, dass jungverheiratete Paare einander in ihrem Herzen oft an die erste Stelle setzen, noch vor Mir. Sicher, diese Liebe ist gut, aber du weißt genau, dass sie wachsen muss, wenn es wirklich Liebe sein soll. Und die Liebe kann nur wachsen, bis sie der Liebe entspricht, die Maria und Josef einander entgegenbrachten, wenn sie Gott an die erste Stelle setzt, noch vor dem geliebten Wesen...

Wenn ein Geschöpf seinen Ehepartner mehr liebt als Mich, wird es hier auf Erden nicht das wahre Glück finden: Das sage Ich dir.

Geh nun, kleine Geliebte. Ich freue Mich über die Liebe und über den übergroßen Frieden, die in deinem Heim herrschen, weil du bereit warst, Mir vollkommen nachzufolgen.
Und Ich sage jenen, die wegen eines schwierigen Ehepartners ein Kreuz zu tragen haben: Gehorcht in erster Linie Gott. Liebt Ihn mehr als jedes andere Wesen, dann wird niemand euch euer Glück und euren Frieden rauben können. Außerdem werden auf diese Weise viele Gnaden auf eure Familie in Schwierigkeiten ausgegossen.

43. Jesu tägliche Begleitung bis in jede Einzelheit hinein

Dass Gott einen Menschen zu jeder Zeit sieht, das wusste ich schon seit meiner Kindheit. Doch dass Er an jedem kleinsten Gedanken und auch an der unbedeutendsten Gefühlsregung Anteil nimmt und darauf antworten will, das begriff ich erst durch diese intensiv spürbare Begleitung von Jesus in meinem Alltag.

Da stehe ich in meiner Küche und koche für meine kleine Familie das Abendessen. Dabei lässt mich Jesus zutiefst wahrnehmen, dass Er bei mir in der Küche steht. Ich habe ein schönes Bild vom barmherzigen Jesus, das Er uns durch die heilige Schwester Faustyna geschenkt hat, in der Küche aufgehängt. Durch dieses Bild lächelt Er mich ganz lebendig an. Seine wachen, gütigen Augen sprechen zu mir auch ohne Worte. Dabei lässt Er mich Seine ganze Liebe spüren.

Er hilft mir auch ganz konkret beim Kochen. Finde ich das Salz nicht und schaue ich Ihn dann etwas verzweifelt an, dann lässt Er es mich sogleich finden. Weiß ich nicht, was ich kochen soll, schenkt Er mir eine Idee. Das Einzige, was ich zu tun habe, ist auf Ihn zu schauen. Dann hilft Er mir bis in die kleinste Banalität hinein. Verschütte ich die Milch auf den Boden, weil ich in Eile nervös und unaufmerksam bin, richtet Er mich in einer liebevollen Umarmung wieder auf und lässt mich Sein Lächeln sehen, das mir sagt: «Es ist nicht so schlimm Mein Kind!»

Manchmal vergesse ich mich, während ich konzentriert arbeiten muss und ich versinke in meine Gedanken. Doch plötzlich lässt mich Jesus erkennen, dass Er Anteil nimmt an meinem Denken. Zum Beispiel, wenn ich gerade etwas Trauriges denke, lässt Er mich Seine Wundmale ganz sanft spüren, um mir auf diese Weise zu sagen: «Ja Kind, dies ist ein Kreuz» und ich kann nur staunen, wie sehr Er meinen Gedanken folgt, ohne dass ich sie bewusst mit Ihm geteilt hätte!

Dies erlebe ich sehr oft, so wie auch gerade jetzt! Ganz unvermittelt hat Er mich mit Seiner sanften Wärme überschüttet und mir zu verstehen gegeben, dass ich Ihn nicht vergessen soll, auch wenn ich über Ihn schreibe! Er verlangt immer wieder meine liebende Aufmerksamkeit. Er hat es gerne, wenn wir Ihm einfach zu verstehen geben, dass wir Ihn lieben, denn Er liebt uns so sehr in jedem Augenblick! Jesus lehrte mich auf diese Weise Ihn nie zu vergessen und in einem unablässigen, wachen Gebet zu leben. Er durchdringt meinen Alltag ganz: Hilft mir beim Einkaufen, ist sich nicht zu schade mit mir auch die Toiletten zu putzen, indem Er mir einfach Sein Lächeln oder auch Seine Liebe in meinem Inneren schenkt, während ich dieser Tätigkeit nachgehe.

44. Ich führe dein Leben

Ich segne dich. Lass Mich immer handeln, denn Ich ordne alles für dich. Es genügt, wenn du dich Mir hingibst und Mir vertraust; dann führe Ich dein Leben bis in die geringsten Einzelheiten hinein.

Das kann Ich genauso für jede andere Seele tun und sie den ganzen Tag über führen: Es genügt, wenn sie auf Mich hört und unter Meinem Blick lebt...

Ich bitte die Seelen, die Ich so führe und bewahre, um eine beständige Liebe, weil Ich sie auserwähle und sie mit Meinen Gnaden erfüllen will. Sie müssen nur an Meine Gnaden glauben und dürfen sie nicht ablehnen, indem sie glauben, dass Ich sie ihnen nicht geben will.

Meine Gnade gilt jedem, weil Ich jeden unendlich liebe. Meine Lieblinge (jene, die sich ganz innig nach Mir sehnen) werden sie ihr Leben lang entdecken: sie wird nie aufhören. (...)

45. Jesu Humor in meinem Alltag

Wie oft darf ich auch den unvergleichlichen Humor Jesu in meinem alltäglichen Leben erfahren. Ich will ein kleines Beispiel erzählen: Ich schreibe sehr gerne mit Jesus, weil ich Ihn dabei so glückselig verspüren darf. Dabei vergesse ich meistens, dass ich zwischendurch auch meinen Haushalt erledigen sollte. Doch Jesus vergisst es nicht! Unvermittelt unterbricht Er den Fluss des Schreibens und fordert mich auf mit Ihm in die Waschküche zu kommen, um meine Wäsche heraufzuholen und aufzuhängen. Dieser Aufforderung folge ich ziemlich freud- und lustlos, da ich tausend Mal lieber mit Jesus schreibe.

Doch Jesus vermag mir mein Lächeln wieder zurück zu schenken. Wie Er das macht? Nun in diesem Fall hat Er, während ich den schweren Waschkorb hinauf schleppte, mir plötzlich sanft Sein Kreuz auf die Schulter gelegt und mich ordentlich zum Schwitzen gebracht und ich konnte nicht anders als daran zu denken, welches schwere Kreuz Er für uns im Schweiße und Blute Seines Angesichtes getragen hat. Dabei erkannte ich, wie leicht doch meines war und ich konnte nur lächeln über mich, dass ich wegen so einer Kleinigkeit meine Freude verliere. Ich wusste, dass es Jesus in mir war, der lächelte über Sein schwaches Kind und mich so auf humorvolle Weise tröstete. Gerade in diesem Moment hat Jesus Seine Gegenwart unvermittelt verstärkt, indem Er mich die Glut Seiner Liebe spüren lässt. Dies ist so stark, dass ich nicht mehr weiter schreiben kann und Er ruft mich ins Gebet. Auf diese Weise hilft Er mir in jedem Augenblick das zu tun, was Er von mir will. Dies macht mich so glücklich und froh. Danke Jesus!

46. Die vielfältigen Zeichen der Gegenwart Jesu Christi

Bevor ich wusste, was ich jetzt schreiben soll, hat sich Jesus an meine linke Seite gesetzt, sodass ich Ihn so real spüre, als würde sich ein Mensch in Liebe an mich lehnen. Dabei gibt Er mir das Gefühl, sich in meiner Stube auf meinem alten Sofa vorzüglich zu erholen. Dazu schenkt Er mir das Empfinden einer wunderbaren Wärme auf der linken Seite meines Leibes, sodass ich mich von Ihm zutiefst geliebt und mich ganz in Seinem Frieden geborgen fühle. Jetzt schenkt Er mir noch Seine Seitenwunde sanft zu spüren, sodass ich weiß, dass Er, Jesus Christus, bei mir ist.

Als ich das zum ersten Mal erlebte, suchte ich nach der Quelle dieser Wärme. Ich weiß noch gut, wie ich die Nachttischlampe ausgeschaltet hatte, weil ich meinte, dass sie mich wärmte. Doch diese besondere Wärme nahm bei ausgeschaltetem Licht nicht ab. Oder ich sass auf meinem alten Sofa und dachte, die gepolsterte Seitenlehne produziere dieses Gefühl. Mit der Zeit akzeptierte ich diese starke Empfindung Seiner leiblichen Gegenwart an meiner Seite. Denn wo ich mich auch befand, schenkte Er mir diese zärtlich wärmende Gegenwart immer wieder aufs Neue.

Ein weiteres Zeichen Seiner Liebe ist, dass ich Seine Wundmale täglich mehrmals voller Zärtlichkeit, manchmal auch schmerzhaft in meinem Leib fühle. Zum ersten Mal spürte ich Seine Wundmale in meinen Händen, als ich vor zirka zwanzig Jahren die Geschichte über Therese Neumann, die das Leiden Christi an ihrem eigenen Leib jeden Freitag erlebte, las. Ich war zutiefst beeindruckt von dem, was die Resl, so wird diese Seele liebevoll genannt, mit ihrem Heiland erlebte. Sie war so eins mit Jesus, dass sie sogar Seine Wundmale sichtbar an ihrem Leib trug. Ihre kindliche Liebe, ihre aufrichtige Einfachheit im Umgang mit Jesus beeindruckten mich. Am meisten jedoch wurde ich von dem Leiden unseres Erlösers berührt. Doch dann vergaß ich diese Erlebnisse wieder im Laufe meines Lebens.

Ein weiteres Zeichen Seiner Liebe erlebe ich jeden Morgen. Um mich zu wecken, fasst Er mich liebevoll an meinen Händen und zieht mich aus dem Bett. Da ich mich oft schwer damit tue mein warmes Bett zu verlassen, muss Jesus mir manchmal nachhelfen. Dies tut Er voller zärtlichem Humor. Zum Beispiel, indem Er mich ein wenig in meinen Fuß sticht, genau dort, wo Ihn die Nägel grausam durchbohrt haben. Ein anderes Mal erlebte ich, wie eine Zeit lang jeden Morgen eine kleine Kompostfliege zur rechten Zeit um meine Ohren surrte. Manchmal überflutet mich Jesus schon im Bett mit Seiner wunderbaren, süßen Liebe und tröstet mich über die Tatsache hinweg, dass ich aufzustehen habe. Jesus ist voller humorvollen Erfindergeist, wenn es darum geht Seinem geliebten Kind die Lebensgeister wieder einzuhauchen. Während ich all dies aufschreibe, staune ich selber darüber, mit welcher Zärtlichkeit Jesus mich behandelt. Ich hätte mir bis vor kurzem so etwas nicht einmal vorstellen können!

Was mir auch oft am Tag zuteilwird, ist Seine glühende Umarmung, die so vieles heilt. Jedes Mal, wenn ich in der Kirche vor dem Tabernakel knie, empfange ich dieses Geschenk. Am Anfang habe ich mich sehr geniert vor dem Tabernakel hinzuknien, denn bei uns in der Kirche ist das nicht gerade üblich. Doch Jesus führte mich nach und nach zu dieser Liebeshaltung vor Seiner Eucharistischen Gegenwart. Je mehr ich es wagte Ihm so meine Liebe zu erweisen, je stärker empfing ich Seine Umarmung. Dies ist etwas unbeschreiblich Schönes, sodass ich jetzt sehr gerne vor Jesus knie und mir es egal ist, was die Leute dabei von mir denken. Wer einmal in den Armen Jesu geruht hat, möchte nie mehr diese Arme verlassen! Mit dieser liebevollen Umarmung hat Er auch schon manchen Ärger einfach weggeschmolzen oder mich über etwas Trauriges hinweg getröstet.

Die Liebe Jesu ist so nuancenreich, dass es mir schwer fällt sie zu beschreiben. Diese Liebe geht auf alles ein, was mich beschäftigt und bewegt. Ihr entgeht absolut nichts. Sie tröstet mich über jedes Wehwehchen hinweg. Besänftigt und heilt jeden Kummer und sei er noch so klein. Ich erlebe diese liebevolle Zuwendung in jeder Minute meines Lebens. Jesus umarmt mich auch gerade jetzt, als wollte Er mir sagen: «Ich bin glücklich, dass du es wagst von Meiner Zärtlichkeit Zeugnis abzulegen».

47. Wie Jesus meine Zweifel beseitigte

Am Anfang meiner besonderen Begegnung mit Jesus war ich voller Zweifel, ob all diese Erlebnisse auch wirklich von Ihm kommen. Doch Jesu Geduld und Langmut ist unübertrefflich. Mit einer Engelsgeduld baute Er Tag für Tag an meinem Vertrauen zu Ihm. So sagte Er mir zum Beispiel kleine Dinge voraus, die sich dann erfüllten. Ich weiß noch gut, wie Er mir zu Anfang versprach, dass ich nie mehr eine katholische Kirche besuchen würde ohne Seine Umarmung zu empfangen. Ich konnte dieses Versprechen nicht recht glauben. Doch als es tatsächlich so war, dass ich jedes Mal, wenn ich eine katholische Kirche betrat, von Ihm in Seine Liebe gehüllt wurde, wuchs mein Vertrauen zu Ihm.

Am meisten beeindruckte mich Seine nie versiegende, barmherzige Liebe zu mir. Wie oft misstraute ich Ihm. Wie oft strauchelte ich und rannte Ihm davon, wenn ich etwas nicht verstand. Doch Er näherte sich mir beharrlich, voller äußerster Behutsamkeit und Feinfühligkeit und gewann so mein Herz und mein Vertrauen.

Fast jeden Morgen war ich voller Furcht, weil ich Angst hatte, Er würde mich mit Leiden überschütten zur Sühne für diese verdorbene Menschheit und weil ich viele Fehler machte, für die ich mich schämte. Er aber schenkte mir nur zärtliche Liebe und Vergebung. Es dauerte vier Jahre bis ich endlich verstand, dass Jesus mir nur Liebe und Barmherzigkeit geben wollte und dass das Leiden stets ein Teilen Seines Leidens war. Gerade jetzt lehnt Er Sein dornengekröntes Haupt an meine Schulter und hüllt mich ganz mit Seiner Liebe ein. Er lässt mich dies zart spüren und tut mir nicht weh dabei und doch fühle ich Seine Dornenkrone, die Ihm selbst so wehtat.

Ein anderes Geschenk war dieser immer beständiger werdende, tiefe Herzensfrieden und eine stille Freude. Ein sicheres Zeichen, dass all diese Erlebnisse von Gott stammten! Jesus lehrte mich auch stets den Heiligen Geist anzurufen, um nicht in die Irre zu gehen. Dafür schenkte Er mir in einem wahren Liebesfeuer drei schöne Gebete:

48. Gebete zum Heiligen Geist

Heiliger Geist,
reinigendes Liebesfeuer
durchglühe mein Herz
und mache es noch hingegebener
meinem innig geliebten Gott gegenüber.

Lass mich den dreifaltigen Gott
in tiefster Liebesglut anbeten,
sodass ich kleines Nichts geheiligt werde
und Du immer heftiger in mir erglühst.
Deine göttliche Liebe entflamme mein kleines,
menschliches Herz
und mache es zu einem lodernden Liebesfeuer,
das in die Welt strahlt.

Heiliger Geist,
du herrliches Feuer der Liebe
höre niemals mehr auf in mir zu brennen,
damit mein Gott in mir verherrlicht werde
bis in alle Ewigkeit.
Amen.

* * * *

Heiliger Geist,
Mein bester Freund und treuester Helfer
komm eilends tief in mein kleines, armes Herz
und bereite meinem Gott darin eine
reine, heilige Stätte.

Komm Heiliger Geist,
bereite Deinem geliebten Kind Flügel
und behüte und bewahre es von allem Bösen.

Komm Heiliger Geist
und entzünde mein kleines, menschliches Herz
in neuer Liebesflamme
zu meinem so sehr geliebten Gott.

Komm Heiliger Geist,
sei mein ständiger Begleiter,
sei mir ein sicherer Führer und liebevoller Tröster.

Komm Heiliger Geist,
gieße all Deine Gnade
in mein hungriges Herz hinein
Und tröste mich mit Deiner ständigen, spürbaren Gegenwart.
Amen.

* * * *

Komm Heiliger Geist
mit Deinem mächtigen Liebeswehen
in mein armes, menschliches Herz
und durchglühe meinen Geist
mit Deiner unendlichen, zärtlichen Liebe.

Ergieße Dein wunderbares Licht
in meine nach Dir dürstende Seele,
leite und tröste mich.
Du herrlicher ewiger Geist der Liebe,
umfange Dein Kind in Deiner gütigsten Liebe
bis in alle Ewigkeit.
Amen.

* * * *

Mit der Zeit verstand ich, dass es der Heilige Geist ist, der mir Jesu Gegenwart so stark vermittelt. Danke Heiliger Geist!

49. Erfahrungen mit dem Tod

Im Jahre 2005 verstarb meine Schwiegermutter unerwartet. Am gleichen Abend als sie starb, war ich in der Kirche vor dem Tabernakel am Beten und mich umfing ein größerer Friede, als ich es gewohnt war. Bevor ich nach Hause ging, hatte ich ein sehr intensives Bedürfnis für meine Schwiegermutter bei Maria zu beten. Ich stand dabei vor der wunderschönen Marienstatue und es ergoss sich eine Ruhe und ein Frieden in mein Herz, wie ich es ganz selten erlebte.

Kaum war ich zu Hause, klingelte das Telefon und wir erhielten die Nachricht vom plötzlichen Tod meiner Schwiegermutter. Weil ich tief aufgefüllt war mit einer wunderbaren, friedvollen Ruhe, konnte ich meinen Mann, der seine Mama sehr liebte, trösten und Halt geben und wir beteten zusammen einen Rosenkranz für sie und meinen fassungslosen Schwiegervater.

Die Woche darauf, als wir die Vorbereitung für die Beerdigung treffen mussten, erlebte ich ein schmerzliches Fegefeuer in meinem Inneren, wie ich das noch nie erlebt hatte. Als ich in der Nacht auf die Toilette gehen musste, sah ich Helene, meine verstorbene Schwiegermutter, im Gang stehen und sie bat mich um Verzeihung.

Seit diesem Erlebnis hat mir Jesus das Charisma geschenkt manchmal zu spüren, in welchem Bereich sich ein Verstorbener befindet, im Himmel, im Fegefeuer oder in der Hölle. Wenn die Seele im Fegefeuer ist, bete ich inständig für sie und lasse Heilige Messen für sie lesen, weil das die größte Hilfe für die Seele ist. Jesus schenkt mir dieses Wissen immer unvermittelt. Neugierde befriedigt Er nicht! Und ich weiß dann einfach, dass diese arme Seele Gebet benötigt.

Nach dem Tod meines geliebten Vaters im Jahre 2010 spüre ich oft, während ich in der Heiligen Messe für ihn bete, die schmerzhaften Wundmale Christi in meinem Leib und ich weiß dann, dass mein armer Vater noch viel Gebet und Läuterung braucht, bis er in den Himmel eingehen darf. Doch ich weiß, dass er gerettet ist, denn nach seinem tagelangen, schlimmen Todeskampf hat mir Jesus einen überirdischen, göttlichen Frieden ins Herz gegeben, als ich mit meinen Angehörigen am Totenbett saß. Zweimal konnte ich die Anwesenheit meines verstorbenen Vaters stark wahrnehmen und ich musste weinen, weil er sich bei mir bedankte.

Im November 2014 verstarb auch meine Mutter und in ihrer Todesstunde war ich gerade in der Heiligen Messe und betete inständig für mein Mami. Als ich dann die Beerdigung vorbereitete, stieß ich auf eine Schachtel mit Liebesbriefen meiner Eltern, die meine Mutter aufbewahrt hatte. Sie schrieb meinem Vater, dass sie gerne einen *Maxli mit Kraushaaren* gehabt hätte und sie hatte den brennenden Wunsch in ihrem Herzen, dass dieser Maxli ein Gottgeweihter werde: ein Priester. Dieser Maxli war dann ich, ihr erstes Kind! Mich hat dies sehr berührt, da ich mein Leben ganz Gott geweiht habe. Ich bin zwar keine Nonne geworden, aber mein Leben gehört ganz Gott, was sich meine Mutter so sehr gewünscht hatte. Leider konnte sie diese Zusammenhänge nicht sehen, denn sie war meinem Weg gegenüber verschlossen.

Meine Mutter hatte als junge Frau einen tiefen, traditionellen, katholischen Glauben gelebt, den sie mir auch weitergegeben hat, aber dieser Glaube hat sich im Laufe ihres Lebens stark verweltlicht. Ich spüre in meinem Herzen sehr deutlich, dass ich viel beten soll für meine Mutter, die ich trotz allem liebe.

Leider kommen die meisten Seelen, die Jesus mir gezeigt hat, in den Reinigungsort, einige weiß ich auch in der Hölle und wenige schon im Himmel.

50. Das Fegefeuer

«Es ist manchmal ein schrecklicher Leidenszustand. Und doch ist das Fegefeuer ein Zeichen Meiner Barmherzigkeit, die jenen noch einmal die Vergebung anbietet, die die Erde verlassen, ohne Mich in den Mittelpunkt ihres Lebens gestellt zu haben.

Doch siehst du, der Ort der Läuterung ist von einem glühenden Feuer erfüllt, das kompromisslos alles verbrennt, was die Sünde in der Seele hinterlassen hat. Manchmal leiden diese Personen schreckliche Schmerzen, entsetzliche Ängste, ohne dass sie das Leiden eindämmen können, solange das Böse nicht verbrannt ist.

Manche Seelen sind so tief im Fegefeuer und manchmal so allein, dass sie weder verstehen, was sie machen, noch wo sie sind. Und das ist möglich, weil diese Seelen die Gnaden mit Füßen getreten haben, die sie auf der Erde bekommen haben. Sie haben Mein Gesetz der Liebe nicht beachtet und sind in immer tiefe-

re Finsternis gefallen, da sie Meinen Heiligen Willen abgelehnt haben. Wer hier auf Erden nicht nach der Wahrheit sucht, entfernt sich zudem vom Licht und versinkt in der Finsternis.

Und doch ist das Fegefeuer Barmherzigkeit Gottes, der den Seelen erlaubt, ihre Schuld zu sühnen und lieben zu lernen. Aber es ist Feuer, und wenn die Seelen im Zustand der Sünde hier auf Erden sterben und ihr Leben praktisch ohne Gott geführt haben, sinken sie manchmal in einen Bereich des Fegefeuers, der der Hölle nahe ist. Sie sehen das Licht nicht, sind manchmal ohne Verbindung mit anderen Seelen und warten unter Leiden darauf, dass Seelen auf der Erde beten und Messen für ihr Heil lesen lassen.

Blume, die Menschen eurer Zeit sehen nicht mehr, in welchem Maß sie Sünder sind. Der Hochmut nimmt ihnen die Sicht und das Leben. Wenn du sehen würdest, wie viele Seelen sich in diesen Zustand des Fegefeuers stürzen, wo sie ersticken, und wie viele zur Hölle gehen.

Begreifst du, dass es dringend notwendig ist, mit den Seelen zu sprechen, um sie zu retten? Sogar so viele Priester glauben nicht mehr an das Fegefeuer noch an die Hölle, und zu Tausenden verlassen die Seelen die Erde und gelangen in einen Zustand schrecklichen Leidens.

So hilf Mir. Ich bin der Gott der Liebe und Ich will Meine Lämmer retten. Ich brauche starke und mutige Diener, um die Wahrheit auszurufen.» (...)

51. Wie Stefan in unsere Familie kam

Ich möchte eine Episode aus meinem Leben erzählen, die ich mit dem Herzen Jesu machen durfte und die bis heute positive Auswirkungen für alle Beteiligten hat.

Im Jahre 2010 ist mein Vater verstorben und meine betagte Mutter konnte Stefan, meinen Bruder, der schwer behindert ist, nicht mehr zu sich nach Hause nehmen, da sie fast blind war. Diese Tatsachen haben Stefan in einen schwierigen Gesundheitszustand gebracht, der für alle Beteiligten beängstigend war. Ich sehe heute noch die verzweifelten Betreuer vor mir. Man dachte an einen Hirntumor oder sonst etwas Schlimmes. Der Arzt wurde eingeschaltet, doch er wusste auch nicht mehr wie weiter. Da hat er mich und meinen Mann in die Sprechstunde eingeladen, in der Hoffnung, dass wir als nächste Angehörige ihm Hinweise geben könnten, denn Stefan konnte nicht reden.

Ich werde diesen Abend beim Arzt nicht so schnell vergessen. Wir haben geredet und geredet... und plötzlich schaute der Doktor mich fest an und fragte: «Frau Jucker, wären sie bereit, Stefan für eine Woche zur Beobachtung zu ihnen nach Hause zu nehmen?» Meine erste Reaktion war «NEIN!», denn ich fühlte mich völlig überfordert. Doch ich hatte keine Zeit dieses starke «Nein!» auszusprechen, denn ich spürte im gleichen Augenblick eine intensive, liebevolle, wunderbare Umarmung, die jeden Widerstand in mir zusammenbrechen ließ und ich wurde mit einer Zärtlichkeit erfüllt, die nicht von dieser Welt war. Ich schaute hilfesuchend meinen Mann an und fragte ihn: «Kannst du eine Woche im Geschäft frei nehmen, um mir zu helfen mit Stefan?» Er schaute mich an und sagte spontan: «Ja, ich werde es versuchen.»

Diese Woche mit dem schwer angeschlagenen Stefan hat mein ganzes Leben auf den Kopf gestellt. Meine Familie begann eine starke Liebe für Stefan zu entwickeln, sodass wir fähig wurden zu begreifen, dass Stefan ein neues Zuhause brauchte, um gesund zu werden. Wir haben uns einmütig entschlossen, von da an Stefan jedes Wochenende und in den Ferien zu uns zu nehmen, das bedeutete zirka fünf Monate im Jahr. Zudem empfing er oft die Krankenkommunion und dabei strahlte sein Gesicht vor Freude! Jetzt ist Stefan wieder kerngesund und so fröhlich!

Wenn er ein Kruzifix sieht oder eine Muttergottes-Statue, beginnt sein Gesicht zu leuchten und er wirft Jesus oder Maria seine Küsse zu. Er kann kein einziges Wort sprechen, außer eines, das er mit viel Anstrengung und Konzentration herausbringt: «*JESUS*»! Ich bin überzeugt, dass Stefan die Zärtlichkeit vom Herzen Jesu und Mariens spürbar empfängt.

Willst du wissen, WER das war, der so übernatürlich eingegriffen hat in mein Leben? Es war Jesus Christus, der die Liebe ist und der Friede! Er hat mir äußerst liebevoll geholfen, loszulassen von einigen Aktivitäten, die mir sehr lieb waren, um mich ganz um Stefan kümmern zu können. Es war nicht immer einfach für mich so angebunden zu sein. Aber, wenn ich Stefan ansehe, wie glücklich er ist, und meine Familie, die dadurch gereift ist, dann ist mein Herz voller Freude, Dankbarkeit und im Frieden.

Nach einer tiefgreifenden Läuterung meines ganzen Wesens kam eine neue Zeit. Jesus rief mich in das Werk der Zärtlichkeit, das Er 1994 durch Françoise begann. Wie machte Er das?

52. Jesus ruft mich ins Werk der Zärtlichkeit

Seit dem Jahre 2001 kenne ich die Botschaft der Zärtlichkeit Jesu und bin von ihr angezogen wie die Biene vom Nektar der Blumen.

Alle Bücher von Françoise, die Jesus Christus ihr diktiert hat, habe ich mehrmals gelesen und sie verschlungen, dabei hat mich Jesus durch Seine sanfte beseligende Zärtlichkeit, die Er mich tief spüren ließ, betört.

Als Françoise im Jahre 2001 für einen Vortrag nach Sursee kam, wollte ich natürlich auch hingehen. Sie legte mir und der ganzen Familie die Hände auf beim Heilungsgebet. Dass Jesus uns dabei für Sein Werk der Zärtlichkeit weihte, wusste ich nicht. Ich hatte noch einen langen Weg der Reinigung zurückzulegen, bis ich den Ruf Gottes hörte.

Ich mag mich gut erinnern, wie die französischen Geschwister in einem der ersten Mitteilungshefte deutschsprachige Arbeiter für den Weinberg des Herrn suchten: Menschen, die bereit waren die Quartalshefte ins Deutsche zu übersetzen, zu gestalten und zu versenden. Ich dachte, da gibt es sicher genug Mitglieder, die dafür geeigneter sind als ich. Ich hatte nämlich keine Ahnung von diesen Dingen. Nun der Herr hatte andere Pläne....

Im September 2005 erschien eine Notifikation vom Bischof von der Diözese von Meaux, in der er die Übernatürlichkeit der Botschaften von Jesus Christus nicht anerkannte, die Françoise erhalten hatte, und später wurde ihr sogar verboten weitere Vorträge zu halten. Dies erschütterte mein Herz dermaßen, dass ich nicht anders konnte, als Jesus in diesen Botschaften, die mir das Leben zurückgaben, glühend und mit viel Liebe im Herzen zu verteidigen, indem ich diesem Bischof einen Brief schrieb, den mir ein Priester ins Französische übersetzte. Es war ein wunderbares Zeugnis über das Wirken der Zärtlichkeit Gottes in meinem Leben, das ich in einer solch glutvollen intensiv spürbaren Gegenwart Gottes schrieb, die nicht zu beschreiben ist.

Nun, meine französischen Geschwister, das Team von Françoise, waren so berührt davon, dass sie dies auch den deutschsprachigen Mitgliedern zukommen lassen wollten. So übersetzten sie mein Zeugnis für das Quartalsheft vom Französischen zurück ins Deutsche, da sie nicht wussten, dass ich es original auf Deutsch geschrieben hatte.

Als ich «mein Zeugnis» bekam, war ich schockiert, denn ich erkannte es nicht wieder, so schlecht war es übersetzt. Der Herr hat es zugelassen, damit ich endlich begriff, dass ich mich um diese Mitteilungshefte für die Deutschsprachigen kümmern musste.

Mein Mann und ich nahmen uns der Sache an und so kam es, dass Jesus uns immer tiefer in dieses Werk der Zärtlichkeit einband und uns auf wunderbare Weise befähigte diese Arbeit auch zu tun und das ganze deutschsprachige Sekretariat aufzubauen. Das Schönste war für mich zu erleben, wie Jesus selbst uns immer wieder treu in jeder Einzelheit unterstützte.

Es mangelte nicht an Schwierigkeiten und ich war oft in einer Verfassung, in der ich am liebsten alles hingeschmissen hätte. Ich fühlte mich unfähig diese Arbeit zu tun, denn ich konnte nicht einmal den PC bedienen und hatte einfach keine Freude an jeglicher Büroarbeit. Nur die für mich außerordentlich spürbare Gegenwart Jesu hielt mich über Wasser, ja sogar in einer tiefen Freude und ermutigte mich voranzugehen und die mutige Beharrlichkeit meines Mannes, der oft bis Mittnacht, sogar mit Freude (!) am PC arbeitete, um ein Problem zu lösen. Mein ältester Sohn Thomas, der Informatiker ist, hat uns geholfen die Internetseite aufzubauen, was für uns eine besondere Freude war und wenn wir PC Probleme hatten, dann war er unsere Anlaufstelle.

Wenn ich zurückschaue, kann ich nur staunen, was der Herr mit uns aufgebaut hat und durch wie viele Anfeindungen des Teufels Er uns sicher geführt hat.

Ich stehe fester denn je verwurzelt in Seinem Werk der Zärtlichkeit und habe den Wunsch in meiner Seele, dass diese einfache, doch so tiefe Botschaft Jesu, die einem ganz nahe an das Herz Jesu führt, den Menschen bekannt und von den Menschen geliebt werde.

Françoise hat sehr viele Bücher von Jesus Christus diktiert bekommen. Was mir am meisten geblieben ist und ich tief lebe, ist folgendes: Ich bin *still* in meinem Herzen geworden und lebe jeden Tag in Einfachheit und inniger Vertrautheit mit Jesus und Maria, in großem Vertrauen und liebender Hingabe an meinen Gott. *Ich mache mir keine Sorgen mehr*, weil ich zutiefst erfahren habe, dass Jesus mir immer hilft, wenn ich es nur wage ganz klein zu sein und *selbstverständlich* darauf zu hoffen. Daraus schöpfe ich all mein Glück, weil ich so sehr erlebe, wie unendlich einfühlsam und zärtlich der Dreieinige Gott mich und die Anderen liebt und führt: Gott Vater, Sohn und Heiliger Geist und natürlich die Mutter Jesu, Maria, die mir viel geholfen hat dahin zu gelangen. Halleluja, gelobt sei Gott!

53. Brief an den Bischof von Meaux

Sehr geehrter Herr Bischof,
da ich gehört habe, dass Sie den übernatürlichen Charakter der Botschaften der Zärtlichkeit an Françoise in Frage stellen, sehe ich mich veranlasst Zeugnis abzulegen von dem, was ich von Jesus Christus durch diese Botschaften erhalten habe.

Vor viereinhalb Jahren begann ich diese Bücher «Umkehr der Herzen» und «Jesus kommt wieder in Herrlichkeit» zu lesen. Von der ersten Zeile an wurde ich tief ergriffen von der Liebe Jesu Christi und Er zeigte mir behutsam all meine Sünden, die ich im Laufe meines 45-jährigen Lebens begangen hatte. Ein brennender Durst nach der ständig spürbaren Zärtlichkeit Jesu Christi begann mich immer heftiger zu verzehren.

So führte mich Jesus in die römisch-katholische Kirche, wo Er mir beim Empfang der heiligen Kommunion Seinen tiefen Frieden und ein beseligendes Glück vermittelte, das ich bis heute in jeder Heiligen Messe empfange. Dies bewirkte, dass ich mich täglich zur Heiligen Messe hingezogen fühlte, denn Jesus erfüllt mich ganz und gar mit Seiner tief spürbaren Gegenwart, die voller zärtlicher Liebe ist.

Zugleich gab Er mir ein tiefes Verlangen nach der regelmäßigen Beichte, wo ich eine wunderbare, schrittweise Befreiung und Heilung von vielen Verletzungen und Verstrickungen fand.

Jesus zog mich auch mit Kraft zur Eucharistischen Anbetung. Dies tat Er, indem Er mich jedes Mal Seine tief nährende Liebe spüren ließ. Er schenkte mir die Gnade der Kontemplation, die sich immer mehr durch stundenlange Anbetung von Jesus Christus im Tabernakel und dem ausgesetzten Allerheiligsten vertiefte.

So durchdrang Er mich immer mehr mit Seiner tief spürbaren, glühenden Gegenwart, die auch bewirkte, dass ich Sein Kreuz zu spüren bekam: Jesus vermittelte mir Seinen brennenden, so schmerzhaften Durst, den Er nach uns Menschen verspürt und Seine schreckliche Einsamkeit in vielen Tabernakeln der Welt. Er zeigte mir auch, wie sehr die Lauheit vieler Priester Ihn verletzt. So kam es, dass ich in eine immer innigere Vertrautheit mit Jesus geriet, die mich völlig ausfüllt.

Die Liebe zu Ihm und Seiner römisch-katholischen Kirche wächst Tag für Tag und sie strömt auch auf meine

Mitmenschen über. Mein Ehegefährte war so beeindruckt von meiner sichtbaren Veränderung durch die Liebe zur Eucharistie, dass er als gläubiger Protestant zum katholischen Glauben konvertierte, ebenso mein jüngster Sohn.

Bis zum heutigen Tag intensiviert sich die ständig spürbare, zärtliche Gegenwart Jesu Christi in meinem Leben, indem ich einen beständigen, tiefen Herzensfrieden empfinde und eine wunderbare, stille Freude empfange. Ich erlebe, dass Jesus jede Einzelheit in meinem Leben regelt und mich immer mehr in Seine Liebe hüllt.

Das Kreuz fehlt nicht in meinem Leben. Aber Jesus versteht es, mich mein Kreuz in Frieden und Freude tragen zu lassen durch Seine ständig spürbare Liebe. Ich lese bis heute täglich in diesen Botschaften der Zärtlichkeit, die mich jedes Mal zutiefst mit Jesu Liebe nähren.

Ich könnte Ihnen noch von vielen weiteren Gnaden berichten, die ich durch diese Botschaften erhalten habe, doch dann müssten Sie noch lange weiter lesen. Ich bitte Sie in Liebe ihr Urteil nochmals im innigen Gebet zu Jesus zu überprüfen und danke Ihnen für Ihre Mühe zur Ehre unseres Herrn.

Mit freundlichen Grüßen und in der Liebe Christi mit Ihnen verbunden.

Hildy Jucker

54. Begegnungen mit Françoise

Im Jahre 2005 reiste ich mit meinem Mann nach Paris an die Generalversammlung der Vereinigung, wo Françoise einen Vortrag hielt. Ich erinnere mich an eine Ordensfrau, die Françoise anstarrte als wäre sie von einem anderen Planeten. Mir erging es ebenso. Ich beobachtete jede Bewegung und verschlang ihre Worte. Nach dem Vortrag kam sie auf mich zu, weil ihre Schwester sie gerufen hatte, mit der ich ein langes Gespräch hatte. Dabei sagte mir Françoise: «Du musst kleiner werden!» Ich verstand überhaupt nicht, was sie damit meinte. Später begriff ich, dass dies gleichbedeutend war wie: du musst demütiger werden!

Im Jahre 2006 organisierte ich mit meinem Mann einen Vortrag mit Françoise in Zürich. Ich werde diese Begegnung mit Françoise nicht so schnell vergessen.

Ich hatte schon am Vortag meine ganze Wohnung auf Hochglanz geputzt und stand tags darauf ganz früh am Morgen auf, um zu backen und das Essen vorzubereiten für alle Gäste. Für mich war es, wie wenn Jesus selbst zu Besuch käme und ich war aufgeregt und nervös, fast ein bisschen wie die Martha aus dem Evangelium. Mein Mann holte Françoise mit ihrer Schwester am Flughafen ab und als Françoise ankam und sie unten im Treppenhaus war, spürte ich eine außerordentliche Stille sich in mein Herz ergießen.

Es war das erste Mal, dass sie zu mir nach Hause kam. Ich hatte ein riesiges Buffet gemacht und als die Schwester von Françoise das sah, rief sie entsetzt aus: «Schau dir das an Françoise!» und ich merkte, dass es gar nicht nötig gewesen wäre, einen solchen Aufwand zu betreiben, denn da standen zwei ganz einfache Frauen vor mir, keine Heiligen. Weil ich Jesus in den Büchern von Françoise so stark gespürt habe, hatte ich eine ehrfürchtige Scheu vor Françoise und hatte sie dadurch in meinem Herzen überhöht. Meine Vergangenheit mit den Guru's hatte das Übrige dazu getan.

Ich lud zuerst alle zum Gebet ein, was Françoise freudig aufnahm. Ich spürte, wie sehr sie mit Jesus verbunden war und beim persönlichen Gespräch mit ihr strömte durch sie eine Süßigkeit, die ich selber noch nie auf diese Weise verspürt hatte. Sie war ein wunderbar durchlässiger Kanal für die Zärtlichkeit Jesu! Was mir auffiel war, dass sie nicht viel ass (und ich hatte ja reichlich aufgetischt!) und gar nicht so viel redete. Sie war einfach eine von uns, demütig und bescheiden. Nach dem Vortrag, den sie vor zirka hundertfünfzig Leuten hielt, half sie uns den Saal aufzuräumen und benahm sich in keiner Weise wie ein Star.

Nach diesem Vortrag bat ich Françoise um einen geistlichen Rat, denn ich wollte Jesus immer näher kommen. Ein paar Monate später schrieb sie mir einen Brief:

Liebe Hildy

Ich antworte etwas spät auf Deine Bitte nach einem «geistlichen Rat».

Du musst wissen, dass auf dem geistlichen Weg es Augenblicke gibt, vor allem während des Anfangs der tiefen Bekehrung, wo die Gegenwart Jesu sehr stark empfunden wird. Dies ist eine Zwischenphase.

Wenn Du aber weiter gehen möchtest, dorthin, wo Jesus uns alle führen will, ist es notwendig, dass Du dich aufgibst und nicht mehr danach zu empfinden suchst, was du begehrst. Es gibt eine Durchgangsphase, die Reinigung der Sinne heißt, und die wir annehmen müssen, um zu einer größeren Anschauung zu gelangen.

Nicht wir führen das geistliche Leben. Gott mit Maria ist es, der uns führt. Man muss daher annehmen, nicht mehr das, was uns geistlich widerfährt, zu betrachten, sondern uns in den Dienst Jesu in der Welt zu stellen, indem wir Sein Wort, Seine Liebe geben und indem wir ein ganz einfaches und in allen Bereichen (geistlich, gefühlsmäßig, körperlich) ausgeglichenes Leben führen.

Nur so wird Gott Dich zu einem größeren Licht erheben können.

Betrachte Maria in ihrem ganz einfachen Leben mit den Füßen fest «auf dem Boden», und folge ihr, nimm die Augenblicke, in denen Du nichts empfindest, in denen Du dich lau fühlst, und gib den anderen in diesen Augenblicken. So ruft Gott uns alle.

Denn, was Er gibt ist Seine Liebe: ein Strom, der durch uns hindurch muss, und den wir nicht aufhalten dürfen; so wird er immer fließen. Lass Dich durch Jesus gestalten, indem du das Evangelium im Alltag lebst, denn man muss in allen Bereichen ausgeglichen sein, damit Jesus sich mehr offenbart und wie Er es wünscht.

Liebe Grüße von
Françoise

Dieses Brieflein habe ich bis heute aufbewahrt, weil Françoise mir damit im geistlichen Leben einen großen Schritt voran geholfen hat.

Zwei Jahre später, im Juli 2008, reiste ich mit meiner Familie nach Plougasnou in die Bretagne. Dort hatte Françoise vor kurzem ein großes, altes Haus erworben, das Haus Mariens. Jesus hatte sie gebeten, dieses Haus zu kaufen, obwohl das Geld dafür nicht vorhanden war. In erstaunlich kurzer Zeit war der Kredit abbezahlt und das Haus gehört heute ganz der Vereinigung. Es ist dazu bestimmt Gäste aufzunehmen, die Durst haben nach Gott und später die Gemeinschaft «Herz der Zärtlichkeit Jesu Christi», die zu gründen Jesus Françoise aufgetragen hat. Die Mitglieder dieser Gemeinschaft sollen in einer innig vertrauten Beziehung mit Gott, im Lobpreis und in der Anbetung leben, ganz im Einklang mit der römisch katholischen Kirche. Das Haus soll jetzt ein Gebetshaus sein und steht unter dem Schutz «Maria Notre-Dame de France» und dem heiligen Erzengel Michael.

An diesem Ort hatte ich mehrere persönliche Begegnungen mit Françoise, die mir unvergesslich sind. Ich habe dort ihre Belastungen gesehen und in wieviel Aufregung sie all diese Anfeindungen ihrer Person und ihres Werkes brachte. Da stand einfach ein Mensch vor mir, der zutiefst litt.

Weiter beeindruckte mich die Atmosphäre im Haus Mariens. Die Anwesenheit Mariens war sehr stark spürbar, so stark, dass sie eines Morgens, als die zuständige Person für das Frühstück nicht auftauchte, mich aufforderte selber das Frühstück zu machen! Die Gottesmutter ist die sanfte Regentin dieses Hauses. In der kleinen Hauskapelle machte ich eine tiefe Erfahrung der Heiligkeit Jesu, wie ich sie auch noch nie gemacht hatte. Die Gnade in diesem Haus ist gross! Françoise bat mich dort, die Verantwortung für die deutschsprachigen Gebetsgruppen zu übernehmen. Sie war täglich anwesend und ist liebevoll auf die Probleme der Besucher eingegangen.

Die kleine, zierliche Frau trug eine große Last auf ihren Schultern und sie sagte jedes Mal, wenn ich sie fragte, wie es ihr gehe: Sie sei müde und erschöpft und ich konnte einen geheimen Schmerz in ihrem Gesicht lesen. Erst viel später, als der Band 10 von *Umkehr der Herzen* 2018 erschien, war mir klar, was der Schmerz von Françoise war: Jesus hatte ihr Sein Angesicht für mehrere Jahre verhüllt! Heute verstehe ich ihre Erschöpfung. Damals war ich etwas verwundert, denn die Botschaften waren so aufbauend und heilend und ich meinte, Françoise müsste deshalb stets voller Freude sein.

Für mich war es gut zu sehen, dass die kleine bevorzugte Lieblingsseele von Jesus eine einfache, wenig belastungsfähige Frau war. Ich konnte daraus die übergroße Liebe Jesu ablesen, die Er zu den Kleinen hat. Wie viele Gnaden hat Jesus Françoise geschenkt!

Allein die Tatsache, dass sie Ihn sehen, hören und spüren kann, machte mich eifersüchtig. Es brauchte viele Jahre der Reinigung bis ich begriff, dass Jesus mich genauso unendlich zärtlich liebt wie die kleine Françoise. Ja, dass Jesus JEDEN ganz besonders liebt und deshalb JEDEM viele Gnadengaben schenkt, die aber für jeden individuell zugeschnitten sind!

Die Begegnungen mit Françoise haben mich viel gelehrt. Heute habe ich einen natürlichen Kontakt mit ihr und ich durfte die Weisheit des Heiligen Geist in ihr entdecken und vor allem eine schöne Liebe, die versucht, einfach, ohne viele Worte, bei Problemen zu helfen. Jede Eifersucht ist verschwunden und ich bin sehr dankbar, dass ich sie kennengelernt habe und durch sie all die wunderbaren Botschaften der Zärtlichkeit von Jesus erhalten habe.

Ich habe lange gezögert, ob ich dieses Kapitel schreiben sollte, doch ich spürte von Jesus es zu tun, da es viele Menschen gibt, die beim Lesen der Bücher ähnliche Gefühle wie ich empfinden, ohne zu begreifen, dass JESUS ALLE GLEICH LIEBT. Wir alle sind Bevorzugte Jesu, wenn wir Ihn von ganzem Herzen lieben wollen. Wie schön ist das doch!

55. Gemeinschaft

(...) Bereite mit Mir die Gründungen für unsere Gemeinschaft vor. Du weißt, wie sehr die Kleinen, die sich zum Gebet in Liebe versammeln, segensreiche Quellen für die Welt sind...

Handle, und du wirst sehen wie Meine Gegenwart die Herzen erobern wird...

Ich werde dir die Seelen zeigen, die Ich Mir zu diesem Zwecke rufe... Beeile dich und du wirst Meine Herrlichkeit schauen...

Nimm das Haus an diesem friedlichen Ort, den Ich dir gezeigt habe und das man «dir» für die Gemeinschaft «anbietet». Dann bringe dort die Brüder und Schwestern unter, die davon angezogen und dazu auserwählt sind, Mich in der Anbetung, im Lobpreis und in der Hingabe Meines Herzens an die Welt zu verherrlichen.

Ich werde ihnen Meine heilige Gegenwart offenbaren, ihre Herzen erleuchten, ihre Knoten lösen und sie nach Meinem Bilde formen...

Geh. An die Arbeit...

Alles was du zu machen hast, zeige Ich dir.

Die Liebe in den Herzen wünsche Ich mir...

Der Heilige Geist möge dich in Seiner unvergleichlichen Milde leiten...

Eile mit Mir, da du von Eifer erfüllt bist!!! Ich verspreche dir: wir werden die verirrten Lämmer retten...

Trage die Weisheit, die Ich dir anbiete, in dir und werde immer strahlender, denn du bist bevorzugt, wie Ich dir dies gerne sage... für die Ewigkeit.

Priester werden dir bei diesem Werk helfen und Ich werde die Schritte derer lenken, die Ich dazu auserwähle und die Mich aufrichtig suchen...

Geh. Ich segne dich liebevoll. Möge das Licht, das Ich bin, durch dich die Kleinen trösten, die leiden...

56. Gemeinschaftshaus

(...) Und dann gründe schnell das Gemeinschaftshaus in der Bretagne, damit es ein Ort glühenden Gebetes werde, wo viele Gäste, die auf der Suche nach Meiner heiligen Zärtlichkeit sind, Aufnahme finden. Dies wird ein Ort tiefer Heilung werden.

Deine heilige Mama wird in vielen Seelen wirken, um sie aus dem Müll, der Verkommenheit, dem Verderben herauszuholen... Hilf ihr, gemeinsam mit vielen anderen, das von Mir Erbetene in Bewegung zu bringen. Lass dir bei allem helfen, Blume, damit du dir Zeit dafür reservieren kannst, Meine heilige Gegenwart im tiefen und wahrhaftigen spirituellen Leben anzubieten.

Führe die Seelen in Mein Herz, das das Herz des Einen und Dreifaltigen Gottes ist.

Ich segne dich liebevoll.

57. Der Weg von Johannes im Werk der Zärtlichkeit

Seit 2008 bin ich, Johannes, auf dem Weg des Glaubens und von Anfang an war ich durch meine Eltern vertraut mit den Botschaften der Zärtlichkeit, die Jesus Françoise diktiert hat. Seit ich mich entschieden habe, voll und ganz den Weg mit Jesus zu gehen, habe ich einen großen Durst nach Gott und nach Seinem Frieden gehabt.

Zu Beginn hat sich das so ausgedrückt, dass ich oft den Rosenkranz betete. Das machte ich sehr gern, weil ich so die Zärtlichkeit Mariens in meinem Herzen stark wahrnehmen durfte. Es gab für mich nichts Schöneres als Maria und Jesus in den Rosenkranzgeheimnissen zu betrachten. Ich habe jedes Wort vom Rosenkranz immer sehr bewusst gebetet. Beim *Gegrüßt seist du Maria* spürte ich Maria so lebendig, dass ich mich wie der Engel Gabriel fühlte. Diese Reinheit und Zärtlichkeit Mariens zu spüren ist wirklich etwas Wunderbares.

Im Jahre 2008 bin ich zusammen mit meinen Eltern nach Plougasnou ins Haus Mariens gegangen. An diesem Ort begegnete ich Françoise. Durch Françoise habe ich gelernt, dass ich auch dann oder sogar noch mehr in der spürbaren Gegenwart Gottes sein kann, wenn ich still vor Jesus bin und nicht immer den Rosenkranz bete. So lernte ich es sehr schätzen, still vor Jesus zu sein. Seine Gegenwart in der Stille ist tatsächlich etwas anderes als im mündlichen Gebet.

Als wir wieder nach Hause gefahren sind, habe ich eine Zeit durchgemacht, in der ich Jesus weniger gespürt habe. Eine Zeit der Reinigung meiner Seele und des Lernens, Vertrauen in Gott zu haben. Mein Glaube wurde dadurch jedoch nicht kleiner, sondern gefestigt durch die Sakramente, die ich regelmäßig empfing. Ich ging jeden Tag in die Heilige Messe und in die Anbetung, betete den Rosenkranz fast jeden Tag. Ich beichtete jede Woche, nicht aus Pflichtgefühl, sondern weil ich spürte, wie gut mir die Beichte, die Anbetung und die Heilige Messe tun. Ich hatte Sehnsucht danach.

Ich befasste mich intensiv mit den Botschaften von Jesus Christus an Françoise. Diese Botschaften haben vor allem mein Herz und mein ganzes geistliches Leben geprägt. Es gab wunderschöne Momente, in denen ich die Worte Jesu, die Françoise erhalten hatte, bis ins Innerste meiner Seele fühlen und verstehen konnte. Das Wesen von Jesus ist mir dabei so nahe gekommen, wie ich es sonst noch nirgends erlebt habe. So viel Glück und zartfühlende Liebe ist sehr schwer in Worte zu fassen.

Immer mehr spürte ich, dass ich diese so große Liebe, die ich vom Herrn empfangen hatte, nicht für mich behalten durfte, und in mir wuchs immer mehr das Bedürfnis auf kleine Art und Weise weiterzugeben, was ich erhalten habe.

Im Kloster, wo ich drei Jahre lebte, gab es viele Gäste, die gekommen und gegangen sind. Ich habe mit vielen Menschen über Jesus sprechen dürfen und dabei viele schöne Begegnungen der Liebe gehabt. Je mehr ich in der Liebe zu Jesus wuchs, merkte ich, dass die echte Liebe immer auch mit der Wahrheit verbunden sein muss, und dass es deswegen eine Pflicht der Nächstenliebe ist, meinen Mitmenschen aus Liebe einfühlsam die Wahrheit zu sagen, wenn sie sich in einem schweren Irrtum befinden.

Irgendwann spürte ich, dass die Zeit, nur bei Jesus zu sein, sich dem Ende zuneigte und eine andere Zeit anbricht, nämlich die Zeit des Dienens, um mich in der Nuance der Zärtlichkeit voll und ganz entfalten zu können. Ich bin also vom Kloster weggegangen und wieder zurück nach Zürich gekommen, um im Werk der Zärtlichkeit arbeiten zu können. Dort erledige ich alle Büroarbeiten.

Als weiteren Dienst hat Jesus mir ins Herz gelegt in meiner Freizeit Kärtchen mit Worten von IHM zu machen. Es wurden fünftausend Karten an der Zahl, jede ein Unikat! Dadurch habe ich nochmals die spirituelle Tiefe der Botschaften von Jesus an Françoise neu erfahren und spüren dürfen. Diese Arbeit machte mir richtig Freude und die Strahlen der Zärtlichkeit Jesu sind in mein Herz geflossen. Wir benutzen die Kärtchen als Zuspruch für unsere Mitglieder. Wir brauchen sie auch für unsere kleine Gebetsgruppe «Boten der Zärtlichkeit Jesu» und alle Gebetsgruppenmitglieder werden immer wieder neu durch ein individuelles Wort Jesu aufgerichtet, der so auch zu uns spricht.

Ich habe auch eine innige Beziehung zu den Heiligen. Wenn ich zu ihnen bete und ihre Lebensbiographien lese, kommen mir diese Personen immer sehr nahe und ich bin beeindruckt über ihr Leben. Auch wenn ihre Gotteserfahrung nicht immer die meine ist, spüre ich im Innersten meines Herzens die brennende Liebe dieser Menschen, die sie zu Christus, zu der Wahrheit und zu den Mitmenschen gehabt haben. Ich bin sicher, dass sie mir auf meinem eigenen, ganz individuellen Weg zur Heiligkeit helfen voranzukommen und ich wage sogar zu behaupten, dass ich jeden Einzelnen von ihnen liebe. Es ist so schön mit den Heiligen zusammen zu sein. Sie lehren mich demütig und zurückhaltend zu sein, in dem sie mir ihr demütiges Herz spüren lassen. Auf jeden Fall habe ich alle Heiligen innig um ihre Fürsprache für das Werk der Zärtlichkeit angefleht.

Ich habe ein Zitat aus dem Buch *Die neuen Heiligen der Katholischen Kirche* besonders passend für das Werk der Zärtlichkeit gefunden, von François Mauriac (französischer Schriftsteller und Nobelpreisträger): *«Wenn wir nicht in Liebe glühen, werden andere um uns herum an Kälte sterben.»* Ich bitte den Herrn, dass wir uns diese Realität vor Augen führen und nicht vergessen, damit unser Herz immer glüht. Diese so sanfte, zärtliche, aber auch wahrheitsgetreue Botschaft Jesu an Françoise soll uns meiner Meinung nach dazu führen, in eine immer innigere Vertrautheit mit Gott zu gelangen und unseren Mitmenschen lebenspendende Wärme zu schenken: in mitfühlenden Worten sowie in tätiger Nächstenliebe. Ich glaube, dies geschieht im normalen Alltag und nicht in großartigen Werken. Jesus wird uns sicher zu dieser Hingabe führen, wenn wir dies wünschen. Jesus sagt zu Françoise: *«Einzig die Liebe ist ein Schatz und es braucht nichts weiteres, um in den Himmel zu kommen.»*

Jeden Tag, wenn ich von zu Hause in die Stadt in die Anbetung fahre, lerne ich Französisch, indem ich je ein deutsches und ein französisches Buch von *Umkehr der Herzen* mit dabei habe. Botschaft für Botschaft lese ich zuerst auf Französisch und dann auf Deutsch. Damit habe ich schon viele Stunden verbracht. Ebenso höre ich die Vorträge von Françoise auf dem Handy, so kann ich auf der Fahrt genauso mündlich Französisch lernen und bin dabei erst noch tief von der Zärtlichkeit Jesu genährt. Danke Jesus!

Es war schön zu sehen, wie mein Sohn in der Arbeit für dieses Werk aufblühte und ich empfand eine große Dankbarkeit, dass Jesus ihm so eine Arbeit schenkte, die ihn begeisterte. Vieles haben wir als Familie erlebt im Werk der Zärtlichkeit.

58. Wir übersetzen die Bücher von Françoise

Seit Mitte Januar des Jahres 2011 haben wir, das heißt unsere ehrenamtliche Übersetzerin, Christine Salhofer, mein Sohn und ich, die große Aufgabe übernommen diese von Jesus an Françoise diktierten Bücher, *Umkehr der Herzen*, Band 7 bis 9, ins Deutsche zu übersetzen.
Weil unsere Übersetzerin zeitlich stark in Anspruch genommen ist, hat Jesus mir mit einem aufmunternden Lächeln und mit einer tief spürbaren Umarmung ins Herz gelegt, mich anzubieten ihr zu helfen, indem ich das alles handschriftlich vorübersetze und mein Sohn dies in den PC tippt. Obwohl ich mir nicht vorstellen konnte, wie ich das bewerkstelligen sollte, da ich so etwas noch nie gemacht hatte und die französische Sprache nicht besonders

gut beherrschte, stürzte ich mich sofort in den Willen Gottes, auch mit dem Einverständnis meines Sohnes. Unsere Übersetzerin nahm unser Angebot tief dankbar an!

Da sie mit dem PC nicht so vertraut war, kam bald ein E-Mail mit dem verzweifelten Hilferuf: «Wie sollen wir denn bei so viel Arbeit sinnvoll vorgehen?!?» Sofort war Jesus in meinem Herzen spürbar mit Seiner Liebe zur Stelle und erinnerte mich daran, Ihm in jeder kleinsten Einzelheit zu vertrauen, was ich augenblicklich tat und was zur Folge hatte, dass eine große beseligende Freude mich überschwemmte. In dieser vertrauenden Begeisterung schrieben wir ihr zurück und gaben ihr diesen tiefen Glauben an Jesu vorsehende Liebe weiter. So hat alles angefangen...

Nun, sehr bald bekamen wir die Wut des Dämons über unser freudiges Engagement für die Zärtlichkeit Jesu zu spüren: Zuerst wurde unsere Übersetzerin krank: mit starken Kopf- und anderen Schmerzen lag sie im Bett. Sie korrigierte unsere vorübersetzten Botschaften bis zur Erschöpfung trotzdem bis tief in die Nacht hinein!

Anfang Februar brach die Krankheit meines Sohnes, die er seit seinem siebzehnten Lebensjahr trägt und die sich stark gebessert hatte, erneut aus, die jede Konzentration verhinderte, außer – oh, Wunder! – mein handschriftliches übersetztes Gekritzel konnte er mühelos in den PC eintippen! Jesus schenkte ihm Seine Gnade dafür und eine tiefe Freude, ein lebhaftes Interesse an dem Inhalt der Botschaften Jesu, die ihm auch Trost schenkten und einen Feuereifer für das Werk der Zärtlichkeit.

Kurze Zeit danach bekam auch ich mir unbekannte Unterleibsschmerzen, die mir aber nicht die Freude und das Vertrauen in Jesus wegnehmen konnten. Zudem entfesselten sich gewisse Leute in völlig ungerechtfertigter Weise gegen uns... und noch vieles mehr geschah, was gar nicht lustig war.

Doch der Heilige Geist ließ mich klar erkennen, wie unser unerschütterliches Vertrauen in die Zärtlichkeit Jesu, das dankbare Annehmen unserer Kreuze und den unbändigen Durst, den Willen Gottes zu erfüllen, diese Angriffe des Bösen zum Einsturz bringen... Das Resultat: Band 7 haben wir fast fertig gestellt. Band 8 ist schon vorübersetzt und ebenso ein Drittel von Band 9!!!![1]

Ich selber erlebte die Gegenwart Jesu, des Heiligen Geistes und sogar des himmlischen Vaters sehr stark spürbar beim Übersetzen der Worte Jesu an Françoise. Der Heilige Geist machte die Worte Jesu in meinem Herzen tief lebendig und fühlbar und auf diese Weise verstand ich diese Botschaften sehr gut, obwohl ich nur mangelhaft französisch sprach! Zugleich nahm Jesus die Gelegenheit wahr, mich durch Seine Worte noch gründlicher von allem Eigenwillen zu reinigen.

Was mich tief erschütterte, war die ernste, manchmal sehr dringliche Sprache, mit der Jesus zur totalen Hingabe an Seinen Willen aufruft, weil wir nur so glücklich sein können.

Hier eine Kostprobe aus Band 8:

59. Das Leben in euch einziehen lassen

Ich Bin Leben, und wer Mich aufnimmt, nimmt das Leben in sein ganzes Wesen auf.
Der Vater hat eure Seele für das ewige Leben in der Liebe ge-formt. Schon hier auf Erden könnt ihr in jedem Augenblick, den ihr in der Hingabe an den Göttlichen Willen lebt, voll und ganz

---

1. Anfang 2018 ist Band 10 auf Deutsch erschienen.

den Frieden Gottes erleben und trotz der Widrigkeiten dieser Welt fröhlich und glücklich sein.

Freilich ist die menschliche Natur anfällig, und ihr müsst im Glauben und im Kleinsein wachsen, um das zu verstehen.

Ich brauche einfach nur die Hingabe eures Herzens und die Demut eines ganz Kleinen gegenüber den Dingen, die euch entgleiten. Hingabe in jedem Augenblick unter Meinem wohlwollenden Blick, der voller Zärtlichkeit ist für den, der Mein Herz aufnimmt.

Ja, Gott möchte, dass ihr glücklich seid. Und wenn der Glaube in euch wächst, werdet ihr trotz aller Prüfung erkennen, dass Ich Derjenige Bin, der wieder aufrichtet, wieder herstellt, stärkt und euch mit Meinem Heiligen Geist erfüllt.

Lernt, durch eure innere Stille, durch euren Durst nach Gott das Glück in euch aufzunehmen... Lernt, eure verschiedenen Sorgen loszulassen durch euren Willen, das Beste zu erhoffen, das Gott für euch bereitet hat.

Habt den Mut, von der Hast innezuhalten, damit ihr Meinen Frieden genießen könnt, den Ich den kindlichen Herzen schenke. Nehmt euch die Zeit, die Natur zu beobachten, dann werdet ihr die Wunder begreifen, die Gott für euch gemacht hat.

Genauso wie die Pflanzen leben, leben auch eure Seelen. Beobachtet, dann begreift ihr das Leben der Seele, dann wird euch klar, wie sehr Gott euch liebevoll umsorgt und euch hilft.

Flieht jede Sünde, flieht alles, was hässlich ist, denn eure Seele würde dann sofort den göttlichen Frieden und das Glück verlieren. Lauft sehr häufig zur Beichte, besonders wenn eure Seele keine Ruhe findet, dann wird das Leben in euch sein. Dann lernt ihr zu lächeln, zuzuhören, zu leben.

Ja, natürlich, es gibt Prüfungen, die das Leben durchziehen. Aber wenn ihr den Mut habt, euch in den Glauben und in die Hoffnung zu flüchten, wenn ihr bereit seid, euch von den Prü-

fungen zu lösen, um auf Mich zu schauen, findet ihr in jedem Augenblick Beistand.

Hingabe, Glaube, Stille – dann lebt Gott in euch, der Seine Heilige Zärtlichkeit für alle ausstrahlt.

Ich segne euch, die ihr Mich aufnehmt...

60. Angriffe des Bösen

Wenn eine Seele sich zu Gott hinkehrt, dann liebt der Dämon das nicht und versucht alles, um diese Seele zu zerstören und von ihrem Auftrag wegzubringen. Bei mir versuchte er es, indem er Zwietracht säte zwischen mir und meinen Geschwistern in Frankreich, die im selben Werk arbeiteten. Sie sprachen französisch und ich deutsch, das allein war schon Anlass zu gegenseitigen Missverständnissen. Der Dämon schürte Wut und ich explodierte manchmal, wenn eine entsprechende E-Mail von Frankreich kam. Diese Wutgefühle kamen wie aus heiterem Himmel! Es dauerte eine Weile, bis ich begriff, dass dies Angriffe des Bösen waren, die mich dazu veranlassen wollten diese Arbeit zu verlassen. Jesus jedoch wehrte jeden Angriff mit Seiner Zärtlichkeit ab, die Er über mir ausgoss, wenn ich wieder einmal ausrief: «Ich gehe, ich habe genug!» So kam es, dass ich trotz vieler Schwierigkeiten immer fester verwurzelt im Werk der Zärtlichkeit wurde. Die menschlichen Probleme sind für mich jetzt eine Schule, um lieben und verzeihen zu lernen, barmherziger zu werden.

Das hat alles Jesus gemacht und ich weiß, dass Er mich an diesen Platz gestellt hat, um Ihm zu dienen, solange ER das will. Ich MUSS Zeugnis ablegen von dieser unglaublich wunderbaren Zärtlichkeit Gottes, die mich jeden Tag begleitet und erfüllt. Es ist der Heilige Geist, der mich dazu drängt, ähnlich wie der heilige Paulus in der Heiligen Schrift sagt:

«Wenn ich nämlich das Evangelium verkünde, gebührt mir deswegen kein Ruhm; denn ein Zwang liegt auf mir. Weh mir, wenn ich das Evangelium nicht verkünde!» (1 Kor 9,16)

Um spirituell voranzukommen muss man ganz genau auf den Heiligen Geist hören und auch bereit sein, Ihm zu gehorchen. Hier ein weiteres Beispiel, dass ich auf meinem Weg mit Jesus erlebte:

61. Jesus fordert mich auf zu Fasten

Im Laufe der Jahre spürte ich immer deutlicher den Anruf Jesu zu fasten. Schon als Kind und Jugendliche war für mich das Essen oft ein Liebesersatz. Wenn ich Probleme hatte, ass ich Süßigkeiten und bekam dann entsprechende Gewichtsprobleme. Als ich meinen Mann kennenlernte und frisch verliebt war, verschwanden diese Sorgen und ich wurde rank und schlank. Leider war dieses Glück nur von relativ kurzer Dauer und in meinen manchmal depressiven Zuständen begann ich sie mit Süßigkeiten zu kompensieren.

Die Aufforderung Jesu auf Süßigkeiten zu verzichten, kam nach und nach. Ich erinnere mich an den Tag, als Er mich dazu brachte, Ihm aus Liebe ein Gelübde zu schenken, indem ich Ihm versprach, mein Leben lang auf mein Lieblingsdessert, die Schokolade, und mein Lieblingsgetränk, den Kaffee, zu verzichten. Von diesem Tag an verstärkte Jesus Seine spürbare Zärtlichkeit, und ich erhielt anstatt der Schokolade *Seine* Süßigkeit! Das war natürlich wunderschön. Doch Er wollte mich ganz und allmählich brachte Er mich dazu immer weniger Süßigkeiten zu essen. Schlussendlich forderte Er mich auf, täglich weniger zu essen. Als Mama von einer vierköpfigen Familie fiel mir das sehr schwer, denn ich verbrachte täglich viel Zeit in der Küche, weil ich ja Kochen musste. Da begann eine langjährige mühselige Schule, Jesus mehr zu gehorchen als meinen leiblichen Bedürfnissen, Ihn mehr zu lieben als die Nahrung.

Wenn ich es schaffte zu verzichten, war eine unbeschreibliche Glückseligkeit in mir und mein Geist war König. Ich fühlte mich ganz durchdrungen von der Liebe Jesu. Sobald ich wieder zu viel zu essen begann, war da wie eine Schranke. Ich konnte zwar die Liebe Jesu wahrnehmen, aber es war nicht das gleiche, leichte Gefühl einer überirdischen Freude. Wie oft habe ich Ihm meine mangelnde Selbstbeherrschung in die Beichte gebracht.

Jesus hilft mir geduldig jeden Tag in diesem Bereich und ich bin überzeugt, dass Er es in mir schaffen wird. Je mehr ich mit Ihm verbunden bin, und das Fasten verbindet mich inniger mit Ihm, desto mehr kann ich Ihm helfen die Seelen zu retten, denn die liebevolle Vereinigung mit Ihm rettet!

62. Was Buße tun bedeutet

(...) Hör zu: Ich werde dir erklären, was «Buße tun» bedeutet, willst du das?
Es bedeutet, dem Herrn, deinem Gott, etwas zu schenken, was der menschlichen Natur schwerfällt, aber was gut für die Seele ist, da sie auf diese Weise während des Bußaktes wieder zu Mir findet, indem sie Meine Liebe zu ihr stärker fühlt.

Du sagst Mir: «Die Buße, um die du mich gebeten hast, Herr, fällt mir nicht schwer, im Gegenteil!» Nun, darauf antworte Ich dir: In dir hat die menschliche Natur der Seele Raum geschaffen.

Versetzt dich das Leiden in Schrecken? Mich auch... Ich liebe nur die Liebe, die Mir die Seele schenkt, während sie in ihrer menschlichen Natur leidet.

Du sollst folgendes verstehen: Wenn deine Seele deine Natur überflügelt hat und du glücklich darüber bist, diese Buße für Mich zu tun, so heißt das, dass du verstanden hast, dass Buße nicht Leiden sondern Freude bedeutet. Freude, sich so mit deinem Gott zu vereinen.

Ich verlange das, was du Mir zu geben imstande bist, Kind... Verstehst du: Bußakte, die Mir ohne Liebe «geschenkt» werden, sind Mir ein Graus. Ich bitte dich darum, Mir diese Buße niemals ohne Liebe zu schenken. Ich weiß, dass dich das genauso abstößt, ohne dass du weißt warum...

Kind, du bist Kind...

Was willst du mich fragen...? Du willst wissen, in welchem Maß Buße Mir Freude bereiten kann? Es ist die Liebe, die du Mir schenkst, wenn du Buße tust, die Mich glücklich macht.

Die Bußakte, die Ich verlange, dienen der innigen Vereinigung des Geschöpfes mit seinem Schöpfer. Sie sind ein «Hinauswachsen» über die Natur, das ist alles.

Kind, wirst du das Glück begreifen, das Ich empfinde, wenn eine Seele ihre Natur aufzugeben wünscht, um nur noch in Mir zu leben? Wirst du endlich die Leidenschaft des Schöpfers für Sein Geschöpf begreifen? (...)

63. Jesus heilt mich

Im deutschsprachigen Sekretariat von Françoise bin ich oft Anlaufstelle für Menschen, die leiden und sie rufen mich an, um Trost und Rat zu suchen. Dies hat mich und meine Familie veranlasst ein Sonderheft zum Thema Leiden[2] herauszugeben. Dabei wurde mir bewusst, wie sehr diese Botschaften der Zärtlichkeit von Jesus sich in meinem Leben verwirklicht haben.

Zu Beginn meiner tiefgreifenden Umkehr zu Jesus Christus musste ich das Leiden der Läuterung durchmachen, denn ich war weit weg von Ihm und völlig in die Esoterik verstrickt, sogar beruflich. Das hat mich viele Tränen gekostet. Jesus verstand es in vorzüglicher Weise mich darin zärtlich zu halten und unmerklich in ein tiefes Vertrauen zu Ihm zu führen. Dabei verschwanden mit der Zeit nicht nur die Qualen des übergroßen, verzehrenden, sehr schmerzlichen Durstes nach der Liebe Jesu, der süß wurde, sondern auch meine körperlichen Gebrechen.

Er hat mich unter anderem befreit von einem jahrelangen schmerzhaften Rückenleiden, heilte meine seit Kindheit ertragene Migräne. Wegen meinem lebenslangen Liebesmangel verzehrte ich täglich viele Süßigkeiten, was meine Zähne in einen miserablen Zustand brachte. Jesus hat dies wieder völlig in Ordnung gebracht, auch mit Hilfe eines Zahnarztes und indem Er mich mit SEINER süßen Zärtlichkeit überschüttet hat und so mir die übergroße Lust an Süßigkeiten wegnahm. Bei jeder Zahnkontrolle sagte mein Zahnarzt erstaunt: «Ihre Zähne sind immer noch in einem guten Zustand!»

---

2. Alle Hefte sind im deutschsprachigen Sekretariat zu beziehen. Adresse Seite 240.

Weil ich weit weg von der Wahrheit lebte, war mein innerer Zustand dunkel. Depressionen waren 46 Jahre lang mein Alltag. Obwohl ich eine intakte, liebe kleine Familie hatte, die mich liebte, verschwand diese innere Finsternis nicht, bis ich begriff, dass einzig und allein die Liebe Jesu mich retten konnte.

Ich habe begonnen die Worte Jesu total ernst zu nehmen. Ich habe der Botschaft der Zärtlichkeit, die Jesus Françoise mit so viel Feingefühl diktiert hat, völlig geglaubt und sie auch inbrünstig eingefordert. Das heißt, dass ich Jesus zugetraut habe, dass Er mich zum Beispiel über jedes «Wehwehchen» hinwegtrösten wird, dass Er mich nicht mit schweren Lasten erdrücken will usw. Ich hatte nämlich zu Anfang verschiedene Bücher über Sühneseelen gelesen und dies gab mir die Vorstellung ins Herz, dass eine Seele, die Jesus liebt, viel leiden muss. Deswegen hatte ich große Angst, dass ich auch auf diese Weise sühnen müsste. Ich verspürte ja die Wundmale Christi, wenn auch auf zärtliche Weise. Mit der Zeit begriff ich, dass Jesus mir nur Liebe, Freude und Frieden schenken wollte, sogar unter meinem Kreuz!

Die Leiden der Verfolgungen, die später über mich hereinbrachen, waren Quelle von süßem göttlichem Trost und einer immer intimeren Nähe zu meinem tief geliebten Herrn. Nie hätte ich mir vorstellen können, dass das Kreuz Jesu auf meinen Schultern, das mir auch über drei Jahre ernsthafte Herzprobleme bescherte, eine solche göttliche Freude, ein unaussprechliches Glück in meinem Herzen schenken könnte und schlussendlich noch die Heilung meines physischen Herzens! Ja, sodass ich lächelnd und strahlenden Gesichtes trotz aller Prüfungen im Leben stehe, ja tief glücklich bin. Es ist nicht mein Verdienst. Dies hat einzig und allein der Dreieinige, unendlich gütige Gott bewirkt und die mütterliche Zärtlichkeit der Mutter Gottes, die ich auch innig liebe.

Dieses Zeugnis möge dazu beitragen zu ermutigen und die Klage Jesu zu besänftigen. Er sagte zu Françoise: «*Man glaubt nicht mehr, dass Ich euch von euren Leiden befreien will. Man glaubt nicht mehr an Meine Wunder der Liebe. Und doch bin Ich bereit sie tagtäglich für euch zu erneuern...*» Hoffen und glauben wir doch von ganzem Herzen, dann werden unsere Leiden vergehen!

64. Tiefgreifende Heilung

Ich Bin Jener, der heilt... weil Ich die Liebe Bin, die sich in Fülle schenkt.

Gott ersehnt, dass jeder Mensch lebendig – belebt durch Seine Liebe – und strahlend sei.

Aber die Sünde der Welt erlaubt es, dass der Dämon Leiden über Leiden aussät, wegen der freien Wahl des Menschen, das Böse zu tun...

Dennoch Bin Ich immer da, um die Seelen zum wahren Leben zurückzuführen und sie tiefgreifend zu heilen, wenn sie es wünschen.

Wenn eine Seele Mich ruft, nach Mir seufzt, eile Ich zu ihr, und ihrem Herzen lauschend, komme Ich, um sie von ihren Fesseln zu befreien...

Ich komme durch Meine Barmherzigkeit, um da reinzuwaschen und zu heilen, wo der Böse erfolgreich verletzen und beflecken konnte.

Also, wer du auch seist, Seele, die du Mir zuhörst oder Mich liest, hoffe auf Gott, deinen Retter. Ich kann alles für den Kleinen, der Mich in seiner Not anfleht... Nimm Mein Geschenk an, zum Leben wiedergeboren zu werden, dich in Meiner Barmherzigkeit reinzuwaschen, geheilt zu werden... Dann wirst du leben, dich entfalten und erstrahlen.

65. Eine Botschaft Jesu an Françoise, die mich tief berührte

Komm an Mein Heiligstes Herz, Mein kleines Lamm, und höre. Mein Reich kommt in dein Herz wie ein erfrischendes, belebendes Wasser, das deine Seele erneuert.

An diesem Tag des Fronleichnamsfestes errichte Ich Mein Reich der Zärtlichkeit noch tiefer in dir, weil Ich dein Inneres durch den Durst reingewaschen und geläutert habe.

Vor einigen Jahren hast du jede Nacht gebetet und Mich liebevoll anbetend geschaut; dann wurde dir diese tiefe Wahrnehmung Meines Heiligsten Herzens verschleiert. Du hast diese nächtliche Anbetung beharrlich fortgesetzt, du hast trotz Meiner Diktate über Den geweint, der Sich verbarg...

Dann wurdest du vom Leiden unter diesem Durst erfüllt: Du hast versucht, dich mit Meiner Gnade aufrecht zu halten, doch seit jenem Tag nahm eine unermessliche Erschöpfung zu wegen deines Verlangens, Mich immer mehr zu kennen.

Du hast durchgehalten und Mir so gut du konntest gedient, du hast die Wahrheit des Evangeliums beharrlich verteidigt, doch dein Herz hat in der Stille unaufhörlich über die Abwesenheit deines Geliebten geweint, der doch so nahe war, wie du weißt.

Kannst du also leben, ohne Meine Liebe so stark wahrzunehmen, wie dein Herz es wünscht? Nein, das kannst du nicht: Andere können es, doch du kannst es nicht. Dieses Verlangen deiner Seele ist stärker als alles in dir, und wenn es nicht erfüllt wird, liegst du darnieder trotz all deiner Bemühungen zu leben...

Warum all diese Jahre des Dürstens, in denen Ich deinen Durst nicht so gestillt habe, wie dein Herz es verlangt? Weil du so erkennst, dass dieser Durst eine Quelle des Lebens ist, dass er in einer Seele, die in Wahrheit liebt, nie erlischt, dass er stärker ist als jedes andere Verlangen und dass der Mensch, der dürstet, einen Schatz hat, der ihm erlaubt, wunschlos glücklich zu werden und in den Himmel zu kommen.

Dieser Durst ist eine sehr große göttliche Gnade, denn er erlaubt die tiefe Vereinigung mit Gott.

Jetzt und seit gestern, als Ich dir diese Gnade schenkte, dich von so viel Leiden zu befreien, lasse Ich dich eine neue Zeit leben: die Zeit Meines Reiches der Liebe in dir und mit dir. Ich werde dich in verschwenderischer Fülle beschenken und dir von neuem und mächtiger als zuvor Mein Antlitz der Zärtlichkeit offenbaren.

Blume, Ich habe deine Seele wunschlos glücklich gemacht, nachdem du jetzt gern ganz klein und ganz in Mir bist. Ich bin nicht gekommen, damit du unter diesem Durst leidest, sondern um dich mit Meiner Liebe zu erfüllen, damit du sie in verschwenderischer Fülle weitergibst.

Meine Gegenwart wirst du jetzt stärker wahrnehmen als in den ersten Jahren dieses Charismas, und sie wird dich nicht mehr verlassen. So bin Ich dein ganzes Leben lang auf Erden bei dir.

Bis du in den Himmel kommst, werden wir von Meiner Heiligen Zärtlichkeit Zeugnis geben, die den Seelen guten Willens geschenkt wird. Und Ich verspreche dir: Wenn du hier auf Erden deine Augen schließt, wirst du Mir sagen: «Jesus, wie glücklich hast Du mich durch Dein Reich in meinem Herzen gemacht!»

So kleine Blume. Ich weiß: du bist ganz in der Stille... Schau...[3]

---

3. Ich sehe eine Wiese in einem von Bergen umgebenen Tal. Jesus trägt mich an Seinem Herzen und geht mit einem leuchtenden Kreuz in der Hand voran. Ihm folgt eine ganz in Weiß gekleidete Menschenschar, die singt, weil sie sich über die so tiefe innige Vertrautheit mit Ihm in Seiner Zärtlichkeit freut.

66. Ich habe über diese Botschaft geweint

Ich habe über diese Botschaft geweint, weil sie mich so tief getroffen hat. Sie ist wie ein Spiegel, in dem ich meine eigene Geschichte mit Jesus wiedererkenne.

Vor vielen Jahren hat Jesus mich durch die Eucharistie an sich gezogen. Ich durfte Seine zärtliche Liebe in einem Übermaß in meinem ganzen Wesen erfahren. Nichts anderes konnte mich so sehr erfüllen als in der Eucharistischen Gegenwart zu verweilen. Jesus schaute mich an und ich schaute IHN an und wir waren zusammen glücklich. Wie Françoise verbrachte ich unzählige Tage und Nächte in der Anbetung.

Nachdem ich einige Jahre lang so mit dem Herrn in inniger Vertrautheit verbracht habe, meinte ich, diese Fülle sei mein Besitz für mein ganzes Leben lang. Ich wusste nicht, dass Jesus die Seinen immer mehr reinigt, damit sie noch mehr Frucht bringen und Er sie noch mehr erfüllen kann.

Ohne dass ich es zuerst richtig gewahr wurde, zog sich Jesus in Seiner spürbaren Zärtlichkeit langsam zurück. Ich begann mich in der Heiligen Messe und auch in der Anbetung zu langweilen. Der Rosenkranz betete ich oft nur noch aus Gewohnheit. Das stille Herzensgebet erfüllte mich nicht mehr genügend. Manchmal verstand ich nicht einmal mehr die Botschaften der Zärtlichkeit, die Ich doch so sehr liebte!

Obwohl ich Jesus immer wahrnehmen konnte, und Er mir nahe war und mich oft tröstete, wurde mein Herz lau und brannte einfach nicht mehr so wie früher und es blieb weniger erfüllt. Ein unsäglicher Durst nach der Gegenwart Jesu begann immer mehr meine Seele zu verzehren. Ich war manchmal innerlich unzufrieden und fühlte mich sterbensmüde und wenn ich alleine war, weinte ich bittere Tränen.

Jesus schenkte mir zwar Seinen Frieden, aber ich wollte Ihn immer noch mehr kennen lernen und wusste nicht, wie ich das anstellen sollte. Ich las die Bücher von Maria Valtorta *Der Gottmensch*, wo das Leben Jesu wunderbar beschrieben ist und auch das Evangelium. Doch auch diese Literatur und sogar das Wort Gottes nährten mich nicht so, wie es meine Seele wünschte. Nach außen hin lebte ich mein engagiertes christliches Leben weiter, aber in meinem Herzen litt ich oft sehr.

Verschiedene Prüfungen durchzogen mein Leben und ich war manchmal sehr erschöpft in meinem Leib. Ab und zu verstärkte Jesus Seine spürbare Gegenwart, sodass ich aufatmete und befreit wurde von dieser schrecklichen Müdigkeit. Doch diese glückseligen Zustände waren nicht von Dauer. Und wenn sie verschwanden, dann schrie meine Seele zum Herrn.

Dann eines Tages, völlig unerwartet, setzte Jesus diesem schwierigen jahrelangen Läuterungsleiden ein Ende und schenkte mir SEINE GEGENWART auf eine Art und Weise, wie ich es mir nicht erhoffen konnte. Endlich darf ich meinen Gott wieder Tag und Nacht AUF GANZ NEUE WEISE ANSCHAUEN und Seine starke Liebe fühlen, sodass ich wunschlos glücklich bin.

Deshalb will ich diese Liebe in Seiner Botschaft der Zärtlichkeit weitertragen, damit die Menschen trotz der Läuterung wieder glücklich werden und Sein Reich des Friedens und der Liebe in ihren Herzen auch kennen lernen dürfen.

67. Zeugnis von Françoise

Jetzt möchte ich Françoise selber zu Wort kommen lassen: Françoise wurde 1960 in Paris geboren, ist verheiratet und hat zwei erwachsene Kinder. 1993 wurde ihr Leben völlig auf den Kopf gestellt, durch eine außergewöhnliche Begegnung mit Jesus Christus.

I. Ich habe Seine Stimme gehört

Mitten in meinem Leben ist Jesus plötzlich zu mir gekommen – ich war katholisch, aber ich befand mich weit weg von Ihm. Ich war Reitlehrerin, doch ich verbrachte meine Tage, meine Monate, meine Jahre damit, Wettbewerbe im Springreiten zu machen. Alles verlief gut in meinem Leben, alles schien relativ leicht, und doch litt ich unter einem großen Mangel. Ich wusste nicht, worin dieser Mangel bestand, denn im materiellen und emotionalen Bereich schien alles gut zu gehen. Und doch lebte ich im Zustand der Sünde, weit weg von Jesus, weit weg von der Kirche.

Da empfand ich sechs Monate lang, direkt bevor der Herr zu mir kam, einen übergroßen Durst. Ich wusste noch nicht wirklich, dass dies von Jesus kam, ich hatte jedoch einen tiefen Durst nach Liebe in meinem Leben. Ich begann jeden Tag zu beten, so gut ich konnte, das dauerte fünf oder sechs Monate. Ich ging jedoch nicht in die Kirche, denn ich konnte ja nicht zur Kommunion gehen, weil ich im Zustand der Sünde war.

Und eines schönen Tages ist der Herr zu mir gekommen. Ich habe Seine Stimme gehört, das ist tief erschütternd. Und nach zwei oder drei Tagen hat Er mir Seinen Blick gezeigt, Sein schönes Angesicht mit Seinem schönen Blick aus blauen Augen. Es ist ein so tiefer Blick, der einen durchbohrt, wenn man ihn sieht. Dieser Blick ist zugleich so voller

Liebe – so etwas kann man hier auf Erden nicht spüren, denn es ist etwas unendlich viel Tieferes. Zugleich hat Er mir diesen Blick der Heiligkeit, der Reinheit und der Wahrheit gezeigt...

Wenn ihr den Blick Jesu auf diese Weise anbetend betrachtet, dann durchbohrt er euch, durchdringt er euch. Denn er ist so heilig und zugleich so ganz Liebe, dass es sehr, sehr tief geht. Dann seht ihr eure ganze Armseligkeit. In einem Augenblick habe ich mein Leben gesehen, das ich mit meinen persönlichen Entscheidungen, mit meinem kleinen, eigenen Willen führte. Ich habe gesehen, wie weit es von der göttlichen Freude entfernt war, zu der Jesus uns ruft, und wie falsch der Weg war, den ich eingeschlagen hatte... Da war gleichzeitig diese ganze Wahrheit angesichts meines Lebens – das alles in allem ganz «normal», aber eben sündig war – und die ganze Liebe Jesu, die so stark war! Eine solche Liebe kann niemand auf Erden euch fühlen lassen. Und ich sah mir gegenüber diesen Blick aus blauen Augen, ein bisschen wie auf dem Turiner Grabtuch. Ein Blick, der zutiefst liebt und zugleich ein Blick, der uns auf uns selbst verweist und sagt: «Du hast nicht verstanden, was das Leben ist.»

II. Jesus hat mich alles über Seinen Blick der Liebe gelehrt

Von diesem Tag an kam der Herr jeden Tag, um mich zu unterweisen. Ich höre Ihn durch innere Einsprechungen. Er kam, um mich auszubilden, immer mit Zärtlichkeit, immer mit einem Lächeln, immer mit so viel Liebe. Er hat mich das Evangelium und den Katechismus gelehrt. Er hat mich in Seiner heiligen Zärtlichkeit ausgebildet.

Jesus hat mich alles über Seinen Blick der Liebe gelehrt. Das heißt, dass Er nicht damit begonnen hat, mir zu sagen: «Du lebst in Sünde», sondern Er hat damit begonnen, mir Seinen

Blick zu zeigen, Sein Gesicht. Es war keine Erscheinung aus Fleisch und Blut, aber es war eine Vision, in der die Gegenwart Jesu sehr stark war: viel konkreter, als wenn man ein menschliches Gesicht sieht. Er hat mir diesen Blick geschenkt und bis jetzt nicht mehr weggenommen. Wenn ich bete und Jesus anschaue, begegne ich Ihm: Seinen Augen, die so voller Liebe sind, Seiner Heiligkeit und Seiner Zärtlichkeit.

Je mehr Er sich zu erkennen gab, umso mehr wurde ich mir meiner Unfähigkeit bewusst und ich hielt Seinen Blick der Liebe und Vollkommenheit nicht mehr aus; denn dieser Blick verstärkte sich, Er erforschte mich und alles war so voll Liebe und Heiligkeit, dass ich schließlich die Augen niederschlug, weil mir bewusst wurde, was für ein Abgrund des Elends ich war. Ich spürte, dass ich ein reines Herz haben musste, um Jesus anzuschauen. Ich musste geläutert werden.

Der Herr hat mich am Anfang jeden Monat zur Beichte gerufen und ich tauchte jedes Mal in ein Meer des Glücks ein, weil ich glaubte, dass Er Heilung schenken konnte.

Jesus zeigte mir so die tiefe Heilung, die im Sakrament der Versöhnung stattfinden kann. Er ließ mich dieses Sakrament verkosten.

Jesus sagte mir: «*Wenn ihr nur einer einzigen Sünde Einlass gewährt, wird das Ei einer Giftschlange in eurer Seele groß werden und eines Tages eine Viper werden, die euch beißen wird und derer ihr euch nicht mehr erwehren können werdet. Reißt jede Sünde aus eurer Seele aus und die Liebe Gottes wird in euch erstrahlen.*»

III. Kommt und bereut

Jesus ist unendlich einfühlsam. Er ist sehr geduldig, aber zugleich ist Er Liebe und daher Wahrheit. Und da Er uns so innig liebt, jeden von uns mit unseren Sünden, fleht Er

uns in unserer Zeit an und sagt uns: *«Es ist dringend not-*
wendig, dass ihr euch jetzt bekehrt, denn es ist die Zeit Meiner
Rückkehr in die Herzen und in Herrlichkeit, und Ich will nicht
mehr länger, dass ihr all diese Leiden tragt, unter denen ihr
leidet... Kommt und bereut!» Denn wenn ihr euch vor Gott
erniedrigt habt, wenn ihr begriffen habt, dass der Mensch
ohne Gott nichts ist – weil er sich selbst überlassen ist mit
seinen sehr menschlichen und sehr begrenzten Instinkten
und Entscheidungen – dann werdet ihr erfahren, dass ihr
geliebt seid, dann findet ihr endlich zu eurer Würde als Kinder Gottes zurück.

IV. Ich bin derjenige, der dich am meisten liebt

Bei mir hat die Läuterung also ziemlich lange gedauert,
mehrere Monate, denn ich hatte trotzdem Angst vor Jesus
und sagte: «Aber Jesus, im Moment zeigst Du mir Deine
ganze Sanftmut, Deine ganze Zärtlichkeit, aber ich bin
sicher, dass das nicht lange dauern wird und dass Du mir
bald Dein Kreuz gibst.» Und da ich überhaupt keine Lust
hatte, traurig zu sein und zu leiden, sagte ich zu Jesus: «Es
stimmt, im Moment fühle ich Deine Zärtlichkeit und Deine
Gegenwart ganz stark, aber dann... dann werde ich nichts
mehr fühlen und das Kreuz haben.»
Da hat Jesus mich mit Seinem humor- und geheimnisvollen
Lächeln angelächelt und gesagt: *«Du täuschst dich.»* Dann
kam Er jeden Morgen und fragte mich: *«Willst du Meinen*
Willen tun? Willst du Meinen heiligen Willen erfüllen?» Mir
war klar, dass Er es war, das hatte ich so stark gespürt... Und
so sagte ich Ihm: «Ja, Herr, ich will Deinen Willen tun.» Dann
kam Er jeden Morgen wieder: *«Willst du Meinen heiligen Wil-*
len tun?» Und ich sagte wieder Ja. Und eines schönen Tages
fragte ich Ihn: «Aber Jesus, schon so lange fragst Du mich,
ob ich Deinen heiligen Willen tun will, und ich habe immer

Ja gesagt. Warum fragst Du mich immer wieder?» Da hat Er wieder gelächelt und gesagt: *«Jedes Mal, als Ich dich gefragt habe, hast du voller Furcht «Ja» zu Mir gesagt. Du hast Ja gesagt, weil du weißt, dass Ich Gott bin, weil du weißt, dass Ich das einzige Heil bin, aber du hast dich gefürchtet. Du wusstest also genau, dass man «Ja» zu Mir sagen muss... Doch worauf Ich warte, ist dein liebendes Ja, das Ja deines Herzens, das du ohne jede Furcht sprichst, weil Ich derjenige bin, der dich am meisten liebt.»* Nach einiger Zeit habe ich das verstanden, und nach mehreren Monaten habe ich endlich mein *volles Ja* gegeben.

V. Wenn ihr verstehen wollt, warum ihr auf Erden seid

Von diesem Augenblick an hat mich der Herr Seine Gegenwart noch viel stärker spüren lassen, weil ich Ihm mein Herz, meinen Willen geschenkt hatte, um Seinen heiligen Willen zu erfüllen. Und erst von diesem Augenblick an konnte das Licht des Heiligen Geistes in mein Herz einziehen. Denn solange man Angst hat vor Gott – eine negative Angst – solange man die Dinge Gottes annimmt, sie aber aus Pflicht tut, durchbricht Jesus die Schranke unseres Herzens nicht. Sehr oft hat Er mir gesagt: *«Ihr seid wie kleine Igel voller Stacheln, und jeder Stachel ist eine Sünde oder eine Verletzung. Und ihr hindert die Liebe daran, in euch einzuziehen. Wenn ihr also bereuen und die Liebe kennen lernen wollt, wenn ihr verstehen wollt, warum ihr auf Erden seid, müsst ihr Mich bitten, euch zu reinigen und alle diese kleinen Igelstacheln wegzunehmen. Dann kann die Liebe diese Schranken durchbrechen, die es dann nicht mehr gibt.»*

VI. Du sollst darum beten, Durst nach Gott zu bekommen

Da ich nicht wusste, wie man betet, hat Jesus von Anfang an gesagt: *«In erster Linie sollst du darum beten, Durst nach*

Gott zu bekommen.» Jesus hat mir gezeigt, wie müde Er es ist, Seelen zu sehen, die behaupten zu beten, aber die aus Pflicht beten. Oder Seelen, die in die Kirche gehen und Ihn in der heiligen Kommunion empfangen, aber in Lauheit mit vielen Sünden auf dem Gewissen hingehen. Jesus hat mir gesagt: *«Siehst du, das alles nützt nichts. Ihr könnt Mich jeden Tag eures Lebens in der heiligen Eucharistie empfangen: Wenn euer Herz nicht geläutert ist, wenn es von der Sünde verletzt ist, dann nützt das nichts, weil eure Tür verschlossen ist.»* Jesus hat mir gezeigt, in welchem Maß die Lauheit unserer Zeit, die Leiden unserer Zeit von diesem fehlenden Kleinsein, von dieser fehlenden Demut herrühren, weil wir voller Hochmut sind und den Willen Gottes ablehnen.

Da sagte Jesus zu mir: *«In erster Linie sollst du darum beten, Durst nach Gott zu bekommen. Wenn Du nach etwas dürstest, machst du alles, um es zu bekommen. Wenn du nach Gott dürstest, kehrst du zu Jesus zurück, betest und empfängst. Wenn du keinen Durst hast, machst du alles in Lauheit, bist traurig dabei und wächst nicht.»* Von diesem Zeitpunkt an hat Jesus mit mir über die Sünde gesprochen: Nachdem Er mir die unermessliche Liebe gezeigt hatte, die Er jedem von uns entgegenbringt.

VII. Ich glaube nicht an Gott, weil Er mich im Leiden lässt

Wisst ihr, viele Leute sagen: «Ich glaube nicht an Gott, weil Er mich im Leiden lässt, Er heilt mich nicht. Schauen Sie, was alles passiert, ohne dass Gott etwas unternimmt.» Da hat Jesus mir gesagt: *«Siehst du, jedes Mal, wenn eine Person sündigt, entweder weil sie etwas tut, was der Liebe Gottes widerspricht, oder weil sie schlecht denkt, oder weil sie schlecht redet, oder weil sie das nicht achtet, worum Gott bittet, dann verletzt sie jedes Mal sich selbst zutiefst in ihrer Seele und erlaubt dem Dämon jedes Mal, Böses zu tun – entweder bei sich selbst oder bei anderen.»* Und andererseits sagt Jesus: *«Jedes Mal, wenn ihr ein Wort der Liebe oder der Wahrheit sagt, jedes Mal, wenn ihr liebt und anbetet, bindet ihr die Mächte des Bösen und erlaubt Mir zu heilen, zu lindern, in euch zu leben und euch zu retten.»*

VIII. Es gibt so viele Depressionen, so viele entmutigte, einsame, körperlich kranke Menschen

Jesus hat mir daraufhin die Welt und insbesondere unser Land gezeigt, da wir in Frankreich leben. Jesus hat mir alle Verletzungen und alle Seelen gezeigt, die ins Verderben gehen, und die auf die Sünde in unserem Land zurückgehen. Er hat mir auch unsere Feigheit angesichts der Sünde gezeigt. Wisst ihr, es gibt viele Personen, und manchmal sind es sogar Seelen, die vorgeben, Gott zu dienen, die euch sagen: «Diese Sünde ist doch in unserer Zeit keine Sünde mehr. Das ist nicht schlimm, Gott ist barmherzig, Gott ist gut.» Jesus hat gesagt: *«Diese Leute sind Lügner, sie täuschen andere und sind feige.»* Denn wenn wir jemand, dem wir auf unserem Weg begegnen, in der Sünde lassen, wenn wir nichts sagen unter dem Vorwand der Nächstenliebe – dann tun wir Unrecht, denn wir sind nicht an der Stelle dieser Seele, die dann darunter leiden wird. Die Sünde ist etwas, was uns im Innern umbringt. Jesus sagt, dass sie wie ein Wurm ist, der uns zerfrisst. Und Er sagte mir: *«Siehst du, es gibt so viele Depressionen, so viele entmutigte, einsame, sogar körperlich kranke Menschen, eben wegen der Sünde. Weil der Mensch sündigt und keine Lust hat zu hören, dass er gesündigt hat, macht er weiter und versteht dann nicht, warum im Leben alles so schlecht geht, entweder weil er die Gesundheit verliert oder keine Arbeit hat. Doch hinter diesen Dingen steht die Seele, die gequält ist, das Herz, das traurig ist, ohne zu wissen warum. All das ist die Folge der Sünde.»*

IX. Jeder von uns hat ein Gewissen

Jesus hat mir gesagt: *«Mit Meiner Botschaft der Zärtlichkeit, die so voller Liebe ist und die Ich jedem schenken will, da Ich jeden unendlich und auf andere Weise liebe, sollst du nach Meinem Willen auch die ganze Wahrheit weitergeben: Sonst kann die Seele Meine Liebe nicht erfahren.»* Da hat Jesus mir zum Beispiel alle Abtreibungen gezeigt, alle diese Babys, die jetzt auf der anderen Seite leben, und Er hat mir alle Depressionen gezeigt, die diese Frauen, die ihr Baby umgebracht haben, oft ertragen. Im ersten Moment treiben die Frauen ab und man sagte ihnen: «Geh nur, Gott versteht dich, Er ist Barmherzigkeit.» Natürlich ist Gott Barmherzigkeit für den, der bereut, aber das Gewissen der Person, die ein Menschenwesen umbringt, wird sie unvermeidlich ein Leben lang an diese Tat erinnern, bis sie bereut und ihre Schuld wieder gut gemacht hat. Es gibt viele Seelen, die Jahre nach einer solchen Tat in der Depression und der Traurigkeit stecken und nicht leben können, weil das Problem nicht geregelt ist.

Doch Jesus sagt uns: *«Ich gebe euch Mein Gesetz der Liebe und Ich bitte euch, nicht zu sündigen, bestimmt nicht, um euch daran zu hindern, glücklich zu sein, sondern im Gegenteil, um euch daran zu hindern zu leiden.»* Jeder von uns hat ein Gewissen, ob wir katholisch oder atheistisch oder sonst etwas sind, und unser Gewissen wird uns immer zurufen, was in unserer Seele der Liebe widerspricht. Natürlich können wir uns dann für die Sünde entscheiden und sagen: «Oh, in unserer Zeit geht das schon», unser Gewissen wird trotzdem aufschreien, und das wird uns daran hindern, glücklich zu sein. Die Abtreibung ist ein Beispiel, aber es gibt so viele andere Verletzungen, die der Mensch sich zufügt, weil er Situationen wählt, die ihm leichter scheinen.

Jedes Mal, wenn er diese Situationen wählt, bringt er sich um das Licht der Liebe, der Gegenwart Gottes, diese so tiefe Gegenwart, die ihr in jedem Augenblick eures Lebens spüren könnt.

X. Viele eurer dramatischen Situationen kommen von der fehlenden Umkehr

Gott sagt uns: *«Es ist die Zeit Meiner Rückkehr und es ist auch die Zeit, in der ihr bald jenes Zeichen des glorreichen Kreuzes am Himmel sehen werdet.»* Es ist das «bald» Gottes, aber Er sagt, dass wir in unserer Zeit dieses Kreuz am Himmel sehen werden, und Er sagt: *«In diesem Augenblick ist es ein Zeichen der Gnade für die ganze Menschheit, denn wenn ihr das Kreuz seht, wird jeder seine Seele sehen, wie Gott sie sieht.»* Und Jesus sagt: *«Ihr müsst jetzt sprechen und Zeugnis geben! Ihr müsst jetzt umkehren.»* Wenn dieses Zeichen kommt, werden manche Leute so sehr entsetzt sein über ihr Leben, dass sie vor Schreck sterben werden. Jesus sagt: *«Diejenigen, die geliebt haben, werden voller Freude sein, sie werden ihren Brüdern in diesem Augenblick helfen.»* Aber Jesus möchte uns diesen Schmerz so gern ersparen, daher sagt Er uns: *«Macht euch jetzt auf den Weg – die ihr sagt, dass ihr gern den Willen Gottes tut, die ihr sagt, dass ihr katholisch seid, macht euch auf den Weg, um das Evangelium weiterzugeben, um die volle Wahrheit zu sagen.»*

Jesus sagte letzten Monat: *«Ich biete euch das Leben in Fülle an. Ihr seid alle wegen verschiedener Leiden betrübt, die selbst wieder verschiedene Ursachen haben. Mein größtes Leiden wird durch die fehlende Umkehr der Herzen verursacht. Denn ohne Umkehr hat die Seele keinerlei Kraft, sie sieht überhaupt nicht klar, um die Sünde zu vermeiden, sie abzulehnen und so voll und ganz zu leben. Und viele eurer dramatischen Situationen kommen von der fehlenden Umkehr.*

So rufe Ich euch alle auf, klein zu werden, euren Gott, Vater, Sohn und Heiligen Geist anzuerkennen. Wenn ihr Ihn anerkennt, beginnt ihr wieder, die Dinge zu sehen. Dann begreift ihr die Schwere der Sünde, jeder Sünde, und fleht zur göttlichen Barmherzigkeit.

Ich will euch nähren, euch mit Gnaden überschütten, euch heilen und so viele Probleme lösen. Aber wenn ihr nicht den Willen Gottes für euch annehmt, wenn ihr euch nicht aus tiefstem Herzen erniedrigen wollt, um dem Heiligen Geist allen Platz zu überlassen, kann Ich nichts tun.

Tag für Tag weine Ich über so viele Sünden, die begangen werden. So rufe Ich euch vor Meiner Wiederkunft noch mehr auf als früher, das aufzugeben, was im Widerspruch zur Liebe steht. Ich bitte euch, wacht aus eurer übergroßen geistlichen Lethargie auf, damit das göttliche Leben fröhlich in euch sprudelt, bevor das Zeichen des glorreichen Kreuzes kommt, das ihr bald sehen werdet.

Doch leider sind Meine Aufrufe sowie die Marias in vielen Seelen ohne Antwort geblieben. Dabei wird eure Erde von Erdbeben und Prüfungen heimgesucht. Und trotzdem ziehen viele weiterhin ihren eigenen Willen dem Willen des Vaters vor.

Was kann Ich bloß tun, um euch noch zu retten? Wenn ihr nicht betet, wird euer Land bald noch schwerer erschüttert werden. Denn jedes Gräuel, das begangen wird, gibt Satan Macht, um euch Leiden zuzufügen.

Meine geliebten Lämmer aber, die sich mit einem ungeteilten Ja für Mich entscheiden, sollen unermüdlich evangelisieren und den Mut haben, ihre Brüder zu belehren, auch wenn sie die Wahrheit nicht hören wollen. Sie sollen den Mut haben, den Katechismus Meiner Kirche zu lesen und anzunehmen, um jene zu retten, die sich gegen die göttliche Ordnung auflehnen.»

XI. Verschließt eure Ohren nicht, stellt euch nicht taub

In Bezug auf den Katechismus ist folgendes zu sagen: Jesus lehrt uns keine «schulische» Moral, sondern Er sagt: *«Seht ihr, zur Zeit zerfrisst ein Wurm die Menschheit.»* Dieser Wurm ist der Dämon, das Böse in all seinen Formen. Und Jesus sagt: *«Damit ihr eine Orientierung habt, habe Ich euch das Evangelium gegeben, und Ich habe euch auch den Katechismus gegeben. Im Katechismus findet ihr Aussagen über alles, was gut ist und alles, was schlecht ist. Jedes Mal, wenn ihr das Gute wählt, begegnet ihr dem Licht und lasst den Heiligen Geist in euch einziehen. Jedes Mal, wenn ihr das Böse tut, erlaubt ihr der Finsternis auf die Erde, auf euer Land und in euch selbst zu kommen.»* Und Jesus sagt: *«Ich kann in euch kommen, aber nur in ein reines Herz. Wenn euer Herz nicht rein ist, wenn ein Teil von euch noch dem Bösen gehört, kann Ich nicht kommen.»*

Und Jesus sagt auch: *«Lest den Katechismus.»*

Es ist schrecklich zu sehen, dass viele Katholiken den Katechismus nicht einmal kennen. Jesus gibt ihn uns durch die Kirche, damit wir Anhaltspunkte haben, um die Wahrheit zu verstehen und vor allem, um Gott sofort, so schnell wie möglich kosten zu können.

Dann gibt es Leute, die mir sagen – und die in schwerer Sünde leben: «Aber Sie wissen doch, mein Priester hat mir gesagt, dass das in Ordnung ist.» Dann sage ich ihnen: «Ja, ihr Priester hat Ihnen das gesagt, und deshalb kennen Sie die Wahrheit nicht mehr?» Denn Jesus hat uns das Evangelium gegeben, damit wir Bescheid wissen, und Er hat uns den Katechismus gegeben. Jesus hat uns gesagt, dass wir in einer Zeit leben, in der es leider selbst in der katholischen Kirche viel Böses gibt. Und Er hat gesagt: *«Wenn ihr Priester habt, die euch sagen: «Das ist keine Sünde, du kannst weiterma-*

chen», so schaut im Katechismus nach, hört auf eure heiligen Päpste, hört auf das, was sie euch zu sagen haben, und gelangt so zur Erkenntnis. Verschließt eure Ohren nicht, stellt euch nicht taub, nur weil jemand euch nach dem Mund redet und sagt, dass dies keine Sünde sei.» Denn sonst könnt ihr jene unermessliche Gegenwart Jesu nicht kennen lernen, dann könnt ihr das Leben nicht finden, dann könnt ihr Jesus nicht schauen. Jesus, den Vater und den Heiligen Geist schauen ist etwas Wunderbares, etwas, was man nicht beschreiben kann, was jeder von euch Tag für Tag zutiefst leben kann.

XII. Er will alles mit euch teilen

Jesus sagt uns: «Wenn ihr dann Durst nach Mir habt, so bittet Mich, geläutert zu werden. Und wenn ihr diese große Läuterung durchgemacht habt, die Frieden in euch schafft, die einen großen Freiraum in euch schafft, damit das Licht kommen kann, dann beginnt zu beten.»

Viele Leute sagen: «Ich kann nicht beten.» Und Jesus sagt: «Ich will alles in jedem Augenblick des Tages mit euch teilen. Jeden kleinen Augenblick, jede Sekunde. Ich will, dass ihr euch bewusst seid, dass Mein Blick auf euch ruht.» Viele Leute glauben das nicht. Sie meinen, dass Gott auf sie hört, wenn sie ein bisschen am Morgen oder ein bisschen am Abend beten, und den Rest des Tages leben sie allein. Doch Jesus hat mir gesagt, dass ich euch von dieser Gnade erzählen soll, die Er mir schenkt, Ihn zu hören, und Er hat sie mir ununterbrochen gegeben abgesehen von fünf oder sechs Monaten, in denen Er wie abwesend war. Ich kann zu jedem Zeitpunkt mit Ihm sprechen, auf Französisch, und Er antwortet mir sofort. Ich kann Ihn auch anschauen: Wenn ich mich konzentriere, um Ihn anzuschauen, indem ich Ihn anbetend schaue, sehe ich Ihn sofort. Dann sehe ich unmittelbar Sein Angesicht. Und Jesus hat mir aufgetragen, euch zu sagen, dass ihr zwar Sein Wort nicht auf Französisch hört und Sein Angesicht nicht so seht, wie ich es sehe, doch dass Er jedes Mal, wenn ihr euch auf Ihn konzentriert, wenn ihr in eurem Herzen auf Ihn schaut – auch wenn ihr etwas anderes tut, eine Aufgabe erledigt oder euch vergnügt oder etwas anderes tut – da ist: Dann schaut Er euch jedes Mal an, dann hört Er euch zu. Er will alles mit euch teilen, Er will, dass ihr in Seiner Heiligen Gegenwart lebt, Er will alles mit euch tun, selbst die kleinsten Dinge des Lebens, die geringsten Details. Er will ständig bei euch sein. Und diese Botschaft der Zärtlichkeit ist das Angebot des Herrn, ganz einfach in inniger Vertrautheit mit Ihm zu leben. Im Lauf der Monate hat Jesus mich gelehrt, so in inniger Vertrautheit mit Ihm zu leben, alles mit Ihm zu teilen, jede Sekunde, jeden Augenblick des Gebets, jede materielle, tägliche Aufgabe, jede Begegnung mit anderen Menschen. Er hat mich gebeten, Maria, unsere Jungfrau Maria zu mir zu nehmen, damit sie mir hilft, Ihn zu verstehen, den anderen zu begegnen und voranzukommen.

XIII. Jesus hat mich jede Nacht gerufen

Jahre lang hatte mich Jesus gebeten, nachts aufzustehen, um zu beten, was mir wegen meiner Gesundheit schwer fiel. Aber ich habe Ihm vertraut und Ihm gesagt: «Einverstanden, Herr, wecke mich». Und Er hat mich dann jede Nacht gegen ein Uhr morgens geweckt und manchmal dauerte es bis fünf Uhr früh, wenn schon die Vögel zu singen begannen: das war wunderbar. Und Jesus sagte mir: *Siehst du, Meine Geschöpfe schlafen und es sind die kleinen Vögel, die Mich früh am Morgen loben».* Während dieser mit Jesus verbrachten Stunden sprach Er ein wenig mit mir und kam sehr stark. Und als dann Seine Gegenwart sehr tief war, sprach Er nicht mehr und ich auch nicht. Ich sagte mir, dass die geringste

Äußerung wie Gift wäre inmitten dieses Austausches der Blicke, der Liebe und der Herzen. Jesus redete nicht, weil Worte diese tiefe Vertrautheit getrübt hätten. Nacht für Nacht hat Er mir erklärt, was dieses Herzensgebet ist, das stille, betrachtende Gebet, während dem Er uns wahrhaft überreich erfüllen kann. Es gab Personen, die mir sagten: «Sie haben wirklich Glück, Jesus hören zu können» und ich gab ihnen recht, dass das eine große Gnade ist. Aber das Schönste, was das Herz am meisten erfüllt, ist nicht, wenn Jesus spricht, sondern in der Stille. Da offenbart sich der Herr wirklich und das übersteigt jedes Wort, jedes Gebet. Jesus sagt: *«Lernt, still zu werden, lernt, euch von jeglichem Lärm befreien zu lassen.»*

XIV. Ich bin ein Herz

Ich möchte, dass jeder weiß, wie sehr Gott, Vater, Sohn und Heiliger Geist ihn unendlich und zutiefst liebt. Doch es nützt nicht viel, dass ich es euch sage, denn ihr müsst es selbst in eurem Herzen fühlen. Es ist gut, Ihn zu hören, aber Ihn zu fühlen ist noch viel besser. (...)

Jesus hat mir gesagt, wie sehr Er sich wünscht, dass wir brennende, liebende, glühende Herzen sind. Er hat mir gesagt: *«Siehst du, es ist wie ein Mann, der seine Frau liebt oder umgekehrt: Genau diese Liebe – aber in noch viel größerem Maß – müsst ihr Gott entgegenbringen.»* Gott ist ein Herz, das ist das erste Wort, das Er mir gesagt hat: *«Ich bin ein Herz, und viele der Meinen haben vergessen, dass Ich ein Herz bin.»* Er hatte gesagt: *«Ihr organisiert viele Versammlungen, ihr sprecht und diskutiert viel über Mich, aber ihr vergesst, dass Ich ein Herz bin und ihr liebt Mich nicht.»* *«Seid Liebende Meines Herzens.»*

Tag für Tag hat Er mich wachsen lassen und mich geformt. Er hat sich meiner Armseligkeit, meiner Schwäche angepasst.

Er war immer sehr einfühlsam und voller Humor, denn ich war von Natur aus sehr furchtsam. Angesichts meiner Furcht hat Jesus oft gelächelt – so als würde Er sich liebevoll über mich lustig machen. Mit viel Einfühlsamkeit hat Er mich in Liebe und in Sanftmut alles gelehrt, was ich jetzt weiß.

Vor zwei oder drei Jahren begannen diese Botschaften ernster zu werden, vielleicht strenger. (Er liebt uns so sehr, dass Er uns nicht verloren gehen lassen will.) Der Herr leidet darunter, wenn Er jemanden in der Krankheit, in der Depression, in der Sünde stecken sieht. Er hat mir Seinen Blick angesichts der verhärteten Herzen gezeigt, die offen sündigen und darauf bestehen, ihren Willen zu tun. In diesen Augenblicken schaue ich das Angesicht des Herrn nicht gern an, denn dann ist es sehr ernst, allmächtig, göttlich, und ich sehe dann, wie sehr der Dämon unsere Seelen quälen will, indem er uns zur Sünde verleitet und uns ins Elend stürzt.

XV. Er will uns alle glücklich und strahlend

Jesus hat mir gesagt: *«Diese Botschaft der Zärtlichkeit geht mit der ganzen Wahrheit zusammen. Sie ist Liebe und Wahrheit.»* Jesus hat gesagt, dass wir Seine Barmherzigkeit oft mit Füßen getreten haben. Seit mehreren Jahrzehnten gehen wir so weit zu sagen, dass Jesus Barmherzigkeit ist und dass daher alles erlaubt ist – da Er alles versteht und da Er uns liebt. Doch gerade weil Er Liebe und Barmherzigkeit ist, ist Er auch Gerechtigkeit und Wahrheit. Er kann nicht zulassen, dass die Sünde uns in den Tod führt. Er will uns alle glücklich und strahlend im Himmel haben – und zwar schon hier auf Erden. Wenn wir aus dieser Liebe leben wollen, wenn wir starke, mutige, strahlende Brüder und Schwestern werden wollen, gibt es nur einen Weg: den Weg der Wahrheit.

Durch Françoise habe ich sehr viel über das geistliche Leben lernen dürfen. So möchte ich weiter über mein Leben erzählen.

68. Die Heilige Schrift und der Katechismus

In all diesen Jahren meines innig vertrauten Lebens mit Jesus lernte ich auch die Heilige Schrift zu lesen. Am Anfang sträubte ich mich die Bibel von A bis Z zu lesen, weil ich vor allem gewisse Teile des Alten Testaments langweilig fand. Doch eines Tages gab mir mein geisterfüllter Beichtvater das als Busse mit auf den Heimweg. Ich fand das ziemlich frech mir so eine große Busse aufzuerlegen. Doch es war Jesus, der mir so Seinen Willen zu verstehen gab. Er half mir wiederum, indem Er einfach Seine Liebe über mir ausgoss, jedes Mal wenn ich die Bibel öffnete! So schaffte ich es die ganze Heilige Schrift zu lesen. Ehrlicherweise muss ich sagen, dass ich immer noch vieles darin nicht verstehe. Doch eines habe ich begriffen, nämlich dass GOTT LIEBE IST. Ich versuche täglich in der Bibel zu lesen und ich liebe es, das Leben Jesu im Evangelium zu betrachten.

«Gott ist Liebe, und wer in der Liebe bleibt, bleibt in Gott und Gott bleibt in ihm.» (1 Joh 4,16)

Ich las auch den Katechismus der katholischen Kirche und lernte dadurch die Kirche besser kennen. Von mir aus hätte ich dieses Buch nie gelesen, doch Jesus wollte es und ich war erstaunt, wie sehr mich Jesus durch diese Lektüre sicherer im Glauben und in der Wahrheit werden ließ. Er zeigte mir auch, dass Liebe und Wahrheit immer zusammen geht. Mit der Zeit erkannte ich dadurch die Misere, die manchmal in der Kirche herrscht bei den Gläubigen wie Priestern, weil sie sich nicht mehr auf die ganze Wahrheit des Evangeliums und der katholischen Glaubenslehre stützen.

Dann regte der Heilige Geist mich vor vielen Jahren an eine Gebetsgruppe «Boten der Zärtlichkeit Jesu» zu gründen, die Jesus durch Françoise ins Leben rufen wollte.

69. Jesus bittet Gebetskreise zu bilden

Françoise, sei eine kleine Oase, wie mein Diener (ein Priester) dir es gesagt hat. Diese kleine Oase soll den Durst anderer Seelen stillen, die ihrerseits kleine Oasen bilden werden: die Gebetskreise.

Diese Gebetskreise sind dazu bestimmt, Meine barmherzige Liebe auszustrahlen, Mir zu helfen, die Seelen zu retten und Meine Botschaft der Zärtlichkeit zu verbreiten. Unterstütze sie gemäß Meinen Anweisungen.

Diese Boten sollen eine große Familie voller Demut, Liebe und Hoffnung werden. Sie unterstützen deine Sendung durch das Gebet und strahlen ihrerseits in ihre Umgebung aus.

Sie sollen in tiefer Einheit zusammen beten. Sollte eine Seele Zwietracht und Uneinigkeit in die Gebetsgruppe bringen, so müsste man sie bitten, ihr fernzubleiben, denn eine Gebetsgruppe muss aus der Liebe leben. Es wäre Aufgabe des Verantwortlichen oder des Priesters, der an der Gebetsgruppe teilnimmt, dies in Liebe zu tun.

Sage diesen Gruppen, dass Ich sie segne und dass Ich sie Mir unter dem Schutz Mariens wünsche. Sage ihnen, sie sollen Meine Zärtlichkeit und Meine Freude verbreiten, aus den

Sakramenten leben und sich immer mehr von der Sünde ent-
fernen.

Von Zeit zu Zeit werde Ich dir Meine Botschaften für die Ge-
betsgruppen diktieren.

Sage ihnen, sie sollen, wenn möglich, ab und zu einen Priester
einladen...

Und schließlich sollen sie immer mehr Meine Heilige Gegen-
wart suchen, dann werden sie mit Freude erfüllt. Jeder Bote
möge dadurch in seinem Umfeld leuchten, dass er aus der Stil-
le und Hingabe an unsere beiden vereinten Herzen lebt. Dann
werde Ich die Gruppen jeden Augenblick führen.

Wache über diese Gruppen. Ich segne dich.

70. Unsere Gebetsgruppe «Boten der Zärtlichkeit Jesu»

Im Jahre 2002 habe ich begonnen mit meinem Mann zu
beten, um eine Gebetsgruppe «Boten der Zärtlichkeit» zu
gründen: Nach einiger Zeit gesellte sich eine weitere Person
dazu und im Laufe der Jahre sind viele verschiedene Beter
zu uns gestoßen. Je nach Situation der Einzelnen sind sie
einige Monate geblieben oder auch jahrelang. Eine kleine
treue Schar bildet den Grundstock.

Wir sind eine Gebetsgruppe von zirka fünf bis acht Leuten
und treffen uns alle Wochen zum Gebet bei mir zu Hause.
Hie und da ist auch ein Priester gekommen. Wir beten zusammen den Rosenkranz für die ganze Menschheit, für unsere Kirche, und für die Umkehr der Herzen und betrachten
die Botschaften der Zärtlichkeit Jesu und einen Text aus
dem Evangelium.

Dann tauschen wir uns gegenseitig aus über das Gelesene
und unterstützen uns auf diese Weise im geistlichen Leben.

Viele wertvolle Impulse habe ich dadurch erhalten, denn es ist immer schön zu hören, was die Anderen mit Gott erleben, wie sie die Schwierigkeiten im Glaubensleben bewältigen. Wir trösten, ermahnen und helfen einander in unseren Nöten.

Manchmal gibt es auch Unstimmigkeiten innerhalb der Gruppe und ein Mitglied entfernt sich dann. Das ist sehr schmerzlich für alle, denn wir fühlen uns wie eine kleine Familie. Doch Jesus schafft es immer die Lücke zu füllen und die Harmonie wieder herzustellen.

Natürlich fehlen auch die Stille und der Lobpreis nicht. Ab und zu kommen Besucher zu uns, die gerne die Zärtlichkeit Gottes kennenlernen wollen oder einfach Gebetsunterstützung brauchen. Wir durften schon viele Gebetserhörungen erfahren. Deshalb rufen mich immer wieder Menschen in Not an, die möchten, dass wir in der Gebetsgruppe für ihre Anliegen beten.

Jesus hat uns in kurzer Zeit zu einer liebevollen Gemeinschaft zusammengeschweißt und jedem Mitglied besondere Gnadengaben geschenkt. Einige Beispiele: Die einen durften die Gegenwart Jesu sehr stark spürbar oder auch «sichtbar» wahrnehmen, was die Herzen tief bewegte. Ein weiteres bekam vom Heiligen Geist das richtige Verständnis für die Texte, die wir gelesen haben oder verstand es, die Botschaften der Zärtlichkeit im Lichte des Evangeliums zu verbinden. Wieder ein anderes konnte das Gelesene mit persönlichen Erlebnissen illustrieren.

Ein weiteres Gebetsgruppenmitglied, das Gitarre spielt, bekam vom Heiligen Geist die Gnade, Lieder passend zu der Botschaft der Zärtlichkeit zu texten und zu komponieren. Mehrere dieser Lieder wurden in unserer Pfarrei zu einem Hit. Wir haben sie in die Eucharistische Anbetungsstunde mitgebracht und die Herzen der Menschen wurden dadurch berührt. Ich singe und musiziere sehr gerne, weil der

Lobpreis mein Herz öffnet und der Heilige Geist mein Herz dabei mit göttlicher Freude erfüllt, so sehr, dass sich in meinem Inneren eine zweite Melodie dazu komponiert, die ich spontan dazu singe. Hier zwei Lieder, die der Heilige Geist unserer «Gebetsgruppe-Komponistin» geschenkt hat:

Lehre mich den Weg mit Gott zu gehn

Tünde Kvacskay

Mein Herz will ich Dir schenken

Musik Tünde Kvacskay
Text Johannes Jucker und Tünde Kvacskay

♩ = 120

Ref: Oh Du mein Herr, mein Herz will ich Dir schen-ken

Oh ja mein Herz ge - hört ab heut nur Dir.

Hal - te es fest in Dei-nen gu - ten Hän - den,

lass es nie los, ich dan-ke Dir da - für.

1. Oh Herr mein Herz, es möch - te Dich fest lie-ben,
2. *Du Lie - be kennst die Schmer - zen uns - rer Her - zen,*
3. Ja Du mein Herr, in Dir bin ich ge - bor-gen.

denn nur in Dir, ist mein Herz vol-ler Licht.
woh - ne in uns, da - mit die Sün - de flieht.
Ja Herr mit Dir, da ist das Le - ben schön.

Ma - che mein Herz zu Dei - nem Hei - lig - tu - me,
Weil ich Dich lie - be ge - he ich auch beich - ten,
In Dei-nem Licht, da kann sich al - les wen - den,

ma-che es rein und schön zu Dei - nem Ruhm.
dann wird die See - le rein und auch ganz schön.
die See-le kann in Frie - den al - les sehn.

4. Vereinigtes Herz Jesu und Mariens
ergreift das Herz der Menschen dieser Welt.
Lehrt es ganz fest einander mehr zu lieben,
lehrt es zu lieben, wie es Gott gefällt.
Ref.

5. In Deiner Hand da bin ich so geborgen,
Es geht mir gut, ich denke nur an Dich.
Maria steht mir jeden Tag zur Seite,
Mutter des Herrn zeig mir den Weg zum Licht.
Ref.

71. Lobpreis

Die Engel singen ohne Ende vor dem Thron Gottes und lindern durch ihre Liebe das Leiden des Vaters angesichts der Sünden der Welt.

Wo immer ein Kleiner sich bekehrt und das Licht wählt, freuen sich die Engel und wecken in der Seele den Lobpreis.

Lobt und singt, denn Gott tut in jedem Augenblick Wunder! Wenn euer Herz sich beim Anblick dieser Wunder öffnet, beginnt es anzubeten und zu danken.

Lobt Gott für die Liebe, die herabkommt, um euch unablässig zu beschenken und die euch anbietet, euer Herz immer mehr zu erfüllen.

Lobt Gott für den Heiligen Geist, der bei euch einkehrt, wenn ihr Ihn mit Glauben ruft.

Singt den Lobpreis für den Vater, der euch Seinen Sohn gibt, der Ich Bin.

Singt den Lobpreis für alle Gnaden, die durch euren Glauben zum Wohl aller in euch ausgegossen werden.

Lobt durch eure Lieder, durch euer liebendes Schweigen, durch euren vertrauensvollen Blick auf Mein Herz, das euch weit über das hinaus liebt, was ihr erhofft.

In dieser Zeit der Vorbereitung auf das Fest Meiner Geburt soll euer Lobpreis durch eure Liebe und durch euren Glauben fruchtbar werden. Ich komme und besuche euch alle, wenn euer Herz aufnahmebereit, friedvoll und von jedem Lärm frei ist, damit es Mich schauen kann...

Lasst eure Sorgen alle beiseite, um Mich zu loben und zu hoffen. Dann verspreche Ich euch Meine Göttliche Hilfe und Meine Gnade, damit ihr mit allen euren Sorgen fertig werdet.

Wer alles in Meine Hände legt und Mich anbeten und kennen lernen will, braucht sich keine Sorgen mehr zu machen, denn Ich kümmere Mich um ihn wie um einen Säugling. Dann wird er trotz aller Prüfungen lebendig, gestärkt und wieder hergestellt sein...

Eure Liebe soll sich durch den Lobpreis zeigen, der eure Seelen auf diese Weise mit den «Stimmen» der Engel vereint und der Mir in Demut eure Liebe darbringt, wie die Hirten es getan haben.

Dann wird Gott euch erhören, denn Er ist die Liebe, die Sich in Fülle hingibt...

Betet und singt. Alles in euch soll von Licht und Frieden erfüllt werden.

Euer Gott in Jesus Christus, der euch segnet.

72. Verschiedene Zeugnisse unserer Gebetsgruppenmitglieder

Johannes: Leda im Altersheim

Manchmal habe ich telefonischen Kontakt mit Leda, die im Altersheim ist. Darüber freut sie sich sehr. Dieses Mal habe ich ihr versprochen noch am gleichen Abend für sie zu beten in unserer Gebetsgruppe, weil es ihr nicht so gut ging.

Als ich sie das nächste Mal angerufen habe, hat sie mir ganz aufgeregt erzählt, dass es ihr gleich nach dem Telefonat viel besser ging, und dass dies die nächsten paar Tage angehalten hat. Sie wollte mich sogar noch am gleichen Abend zurückrufen, nur um mir das zu sagen. Sie war ganz erstaunt, dass unser Gebet so viel genützt hat!

Das hat natürlich mich und meine Gebetsgruppe auch gefreut. Mich hat die Freude Gottes während und nach diesem Telefonat und beim Beten in der Gebetsgruppe ganz besonders spürbar erfüllt. Gelobt sei Jesus Christus!

Tündi: Worte voller Zärtlichkeit

Ich bin ein kleines Gebetsgruppenmitglied seit zirka 2006/2007 und möchte gerne ein Zeugnis geben.

Ich bin seit dreizehn Jahren allein erziehende Mutter von drei Kindern. Na ja, das ist eine lange Geschichte, aber ich versuche mich kurz zu fassen. Ich bin katholisch aufgewachsen, habe dann geheiratet und habe mich wieder ein wenig vom Glauben entfernt. Dann kam meine Trennung und ich stand am Scheideweg, ob ich wieder näher zurück zu Jesus komme oder mich noch weiter von ihm entferne. Nach einem größeren inneren Kampf habe ich mich dann für Jesus entschieden.

Er zeigte mir einen Weg, den ich alleine mit den drei Kindern gehen konnte, natürlich immer mit Ihm zusammen. Und nach dieser Entscheidung hatte ich einen sehr großen Durst, eine große Sehnsucht nach Jesus, nach Gott, nach Maria, nach einem großen Glauben.

Auf diesem Wege schreitend wurde ich im Jahre 2006 zu einem Vortrag von Françoise in Zürich eingeladen. Während dem Vortrag fühlte ich mich so richtig wohl. Ich hatte einen Frieden und eine Wärme im Herzen, die mich berührten. Ich kaufte mir ein paar Bücher von Françoise und begann diese zu lesen. Und was ich da erleben durfte, war einfach überwältigend.

Als ich zum Beispiel Worte las wie «Meine kleine Blume», «Mein Kind», Worte voller Zärtlichkeit von Jesus, da kamen mir nur noch die Tränen und ich wusste, nach dieser zärtlichen tiefen Liebe von Jesus hatte ich immer gesucht. Da stand mir ein ganz persönlicher Gott gegenüber, der mich lehrte klein und demütig zu sein, die Stille zu suchen, Durst nach Seiner Zärtlichkeit zu haben, «eins zu werden» mit Ihm in der Liebe und im Glauben. Da wusste ich, ja, diesen Weg wollte ich gehen.

Kurz darauf wurde ich in eine Gebetsgruppe «Boten der Zärtlichkeit Jesu» eingeladen, und ich durfte erleben, wie schön das ist, miteinander zu beten, zu lobpreisen, still anzubeten. Anfangs trafen wir uns alle zwei Wochen. Es gefiel mir und doch war da noch etwas, was mich zurück hielt, mich ganz frei und offen zu dieser Gebetsgruppe, zu den Botschaften von Françoise zu bekennen. Wenn ich am Gebetsabend etwas anderes vorhatte, fand ich es nicht schlimm, wenn ich einmal nicht dabei war. Aber langsam und sicher hat mich Jesus durch diese Gebetsgruppe immer näher zum Glauben geführt. Heute treffen wir uns wöchentlich, und ich freue mich immer riesig auf unseren Gebetsabend und fehle nur sehr sehr ungern.

Eine solche Gebetsgruppe ist ein wahrer Goldschatz. Weißt du, wie schön es ist, wenn ich meine Sorgen, Nöte und Ängste sagen darf und wir beten dafür? Und wie schön ist es, für die Anliegen der anderen und für die ganze Welt zu beten? Und wie oft ist unser Gebet erhört worden! Ein Beispiel: Oft haben wir auch für meine Kinder gebetet und siehe, es ist schon viel besser geworden. Natürlich, ein «Weltmensch» würde vielleicht sagen, das wäre sowieso besser geworden, auch ohne Gebet. Aber das kann man bei allen Dingen sagen. Ich glaube ganz fest, dass unser Gebet erhört wurde. Danke Jesus! Wie oft bin ich müde, erschöpft und mit Sorgen beladen in die Gebetsgruppe gegangen und die anderen sagten mir, übergib einfach alles Jesus. Auf dem Heimweg war ich fröhlich, ausgeruht, voller Liebe und voller Energie. Viele kleine Wunder, die nur der sieht, der sie auch sehen möchte!

Als letztes möchte ich noch sagen, dass ich früher die Eucharistische Anbetung gar nicht so richtig gekannt habe. Erst durch meine Gebetsgruppe habe ich einen Zugang dazu gefunden.

Aber welches wunderbare Geschenk der Herr uns da macht, sollten alle ausprobieren, die es noch nicht kennen. Im stillen Gebet, in der stillen Vereinigung mit dem Herrn, dem großen Geheimnis Seiner tiefen Liebe zu uns Menschen näher zu kommen, ist etwas unfassbar Schönes, etwas unfassbar Großes, ein Geschenk, eine Gnade.

Tamina und Lara: Ich habe den Herrn gebeten, heilig werden zu dürfen

Ich habe Tamina, eine junge Mutter, vor der Kirche kennengelernt. Sie erzählte mir, dass sie vor sechs Jahren eine tiefe Umkehr gemacht hat und Jesus sie von ihrer Drogensucht geheilt hat. Ich habe sie in unsere Gebetsgruppe eingeladen. Sie hat eine dreijährige Tochter, Lara Maria, die sie ab und zu in die Heilige Messe mitnimmt. Diese junge Mutter erzählte uns folgendes von ihrer kleinen Tochter; die sie in unsere Gebetsgruppe mitgenommen hat. Ein kleiner Wirbelwind:

«Als ich in das Wohnzimmer kam, sah ich, wie Lara, meine dreijährige Tochter, auf den Knien innig betete. Sie schaute dabei mit gefalteten Händchen auf das große Bild des barmherzigen Jesus und Tränen waren in ihren Augen. Ich war berührt mein Kind so inbrünstig vor dem Herrn beten zu sehen, sagte aber nichts.

Nach einer Woche fragte mich meine Kleine unvermittelt: «Willst du den Grund meiner Träne in meinen Augen wissen, als ich zu Jesus gebetet habe?»

Als ich nickte, sagte sie mir: «Ich habe den Herrn gebeten, heilig werden zu dürfen und da habe ich eine Träne gehabt.» Später ging meine Kleine mit ihrem Papa nach draußen. Als die Beiden wieder hereinkamen, sagte mein Mann zu meiner Tochter: «Lara, willst du nicht Mama erzählen, was du mir soeben anvertraut hast?»

Lara antwortete: «Nein, sage du es Papi!»

Da erklärte mir mein Mann, dass unsere Tochter ihm soeben offenbart hatte, dass sie Jesus schon mehrmals spüren durfte!

Ich war so erstaunt über dieses Zeugnis meiner Dreijährigen, dass ich den Herrn einfach lobe und preise für so viele Gnaden, die Er schon in diesem jungen Alter unserem Kind geschenkt hat. Ich bete ganz fest dafür, dass meine Kleine diese Gnaden bewahren kann und bitte jeden, der dieses Zeugnis liest, es auch zu tun.»

Hildy: «Notre-Dame de France» besucht Zürich

Kurz nachdem unser Zeugnis vom deutschsprachigen Sekretariat im letzten Heft erschienen war, bekamen wir eine E-Mail von einem Mitglied, das uns fragte, ob sie mit zwei anderen Mitgliedern unsere Gebetsgruppe besuchen könnte.

Als sie dann bei uns ankam, war unsere Überraschung groß, als sie eine große Statue der «Notre-Dame de France», die Schutzpatronin vom Haus Mariens (!), unserem Vereinshaus, auspackte. Marias Zärtlichkeit überflutete unsere Herzen und uns war es, als würde sie ein Siegel der Liebe und Dankbarkeit auf unsere Arbeit im Werk der Zärtlichkeit drücken. Weil unsere Freude darüber so groß war, haben wir das Titelblatt eines Heftes mit unserer heiligen Besucherin gestaltet. Jetzt hat unsere Schwester im Herrn die Marienstatue in ihrer Liebe uns für einige Wochen als Gast überlassen und wir beten:

Maria, Unsere Liebe Frau von Frankreich,
wir vertrauen dir unsere Herzen an,
unsere Seelen, unseren Geist und unsere Körper,
damit du unsere Königin seist,
und uns zu Gott führst,
unserem dreimal Heiligen Gott.

Heilige Mutter Frankreichs,
durch uns alle deine Kinder,
richte unser Land wieder auf,
durch die heilige Zärtlichkeit Jesu,
durch Sein nie endendes Erbarmen.

Lass uns Boten
Seines Heiligen Herzens sein,
gänzlich in Seinen Willen verliebt,
damit die Freude und der Friede Gottes
durch uns überströmen
auf alle Seelen guten Willens.

Maria, Unsere Liebe Frau von Frankreich,
wir bitten dich: Sei unsere Mutter der Zärtlichkeit.
Amen.

73. Verfolgung und Verleumdung

Weil der Heilige Geist in meinem Herzen eine tiefe Liebe zur Wahrheit entzündete, konnte ich angesichts gewisser Missstände nicht schweigen und dies bescherte mir üble Nachrede, Verleumdung und Verfolgung innerhalb meiner geliebten Kirche, durch die ich die Liebe Jesu so stark erfahren durfte. Das ging so weit, dass man mich zwei Mal wütend aus verschiedenen Kirchen verwies. Nun, Jesus hat mir einen neuen Zufluchtsort geschaffen, wo ich glücklich sein kann und mir die Gnade geschenkt zu verzeihen.

Dies alles konnte mir die Liebe und Treue zur katholischen Kirche nicht nehmen, denn ich empfinde sie wie eine Mutter, die mich wunderbar nährt. Ich verstehe zwar jeden, der sich von dieser Kirche distanziert, doch wenn diese Personen begreifen würden, wie sehr Jesus in der katholischen Kirche mit all Seiner Liebe auf sie wartet, würden sie nicht weggehen. Der dreieinige Gott selbst ist es, der uns in den Sakramenten nährt und liebt!

Jesus hat mir einen Platz in der katholischen Kirche geschenkt und ich engagiere mich gerne, so wie Er es mir zeigt. Ich möchte einfach Liebe sein in dieser Kirche. Dabei unterstützt mich Jesus mit Seiner ganzen Zärtlichkeit.

Zurzeit hat Jesus mir und meiner Familie die Aufgabe vor Augen gestellt in unserer Pfarrei die tägliche Anbetung zwischen 9.00 Uhr bis 18.00 Uhr zu organisieren. Zuerst war ich nicht gerade erfreut über einen solchen Job. Doch Jesus ließ mich förmlich aufblühen dabei, indem Er mir viele Kontakte schenkte, die mich bereicherten und mir die Menschen zeigte, die Zuwendung und ein offenes Ohr brauchten. Zudem bescherte mir dies viele zusätzliche Anbetungsstunden, in denen mich der Herr mit Seiner Zärtlichkeit verwöhnte! Und Er bewies mir, dass Er wirklich für alles sorgt, indem Er uns immer einen Anbeter gefunden hat, auch wenn wir nur noch wenige waren! Er liebt es so sehr, wenn wir Ihm völlig vertrauen, dann tut er alles für uns!

74. Bleibe in der Freude

Erlaube keiner Sorge, dir die Freude über Meine Gegenwart zu nehmen. Denn trotz der Prüfungen und der Sünden der Welt ruht Mein Lächeln immer auf dir. Denn Meine Liebe ist immer für dich da, die du Mir unablässig von ganzem Herzen «Ja» sagst.

Bleibe in der Freude, was immer du an Verrat und Verleumdung erleben magst, denn dein schauendes Gebet schenkt dir ganz stark Meine Zärtlichkeit... Welchen Grund hast du also, wegen der Seelen traurig zu sein, die dir Böses antun? Sie tun doch Mir weh. Leide um Meinetwillen, denn Ich weine um jene, die sich für den Dämon entscheiden, weil sie verloren gehen. Leide jedoch nicht um deinetwillen: Ich liebe dich so sehr; Meine Arme trösten dich, und Meine ganze Freude ist in dir.

Geh voran: Du gehörst nicht mehr zu dieser Welt. Du hast beschlossen, Meinem Heiligsten Herzen anzugehören. Schau also nicht auf dich: In Meinem Herzen ist das Leiden kein Leiden mehr.

Nähre Meine Lämmer unaufhörlich, ohne dich um das Böse zu kümmern, das um dich herumschleicht. Ich habe dir gesagt, dass es an einer unüberwindbaren Mauer scheitert: An Mir.

Gehorche Mir ständig, da du nur für Mich leben kannst. Ich werde dich unablässig beschützen. Lass Mich dich bitten, noch mehr Zeugnis zu geben, denn Ich habe aus dir ein kleines Licht gemacht, um die hungernden Lämmer zu nähren.

Meine ersten negativen Erfahrungen mit der Kirche habe ich im Jahre 2006 aufgeschrieben:

75. Das Kreuz Jesu Christi

Nachdem ich so viel Liebe und Zärtlichkeit von Jesus erhalten hatte, konnte es nicht ausbleiben, dass ich auch Seinem Kreuz begegnete. Dies war für mich ein ziemlicher Schock, denn es erwartete mich völlig überraschend. Zu Anfang meiner Liebesgeschichte mit Jesus weckte Er mich eines Nachts, indem Er mich mit einer unbeschreiblichen, himmlischen Seligkeit durchdrang. Zugleich fühlte ich die Wundmale meines Herrn in meinem Leib wie helle Lichter strahlen. Ein Licht, das voller innigster Zärtlichkeit und göttlichem Frieden war. Ich wagte meine Augen nicht zu öffnen, denn ich war mir sicher, dass Jesus vor mir stand. Als ich dann nach einiger Zeit trotzdem die Augen öffnete, konnte ich zu meiner Enttäuschung Jesus nicht sehen. Dafür empfand ich in meinem ganzen Wesen eine für mich unbekannte, tiefe Anbetung, die mich selbstverständlich auf die Knie brachte und so verblieb ich lange Zeit in seliger Freude anbetend vor meinem Herrn.

Als ich am anderen Tag zur Heiligen Messe ging und die heilige Kommunion empfangen wollte, ergriff mich wieder diese unbeschreibliche Andacht und ich fühlte die Gegenwart Jesu Christi außerordentlich stark. Da fiel ich vor dem Priester in die Knie und empfing meinen Herrn in den Mund. Dies erging mir zirka acht Wochen so und ich sah mich in der unangenehmen Situation aufzufallen, denn dies war eine wenig übliche Art zu kommunizieren.

Dazu kam, dass ich von gewissen Priestern eine wahre Verfolgung erlebte, die bis dahin ging, dass man mir die heilige

Kommunion verweigerte und mich der Kirche verwies. Was ich in diesen Monaten erlitten hatte an Angst, Demütigungen, Verleumdung und Unverständnis möchte ich lieber nicht aufschreiben. Hätte ich die ständig fühlbare, intensive, tröstende Liebe Jesu Christi nicht gehabt, wäre ich zusammengebrochen und bestimmt aus der katholischen Kirche ausgetreten. Jesus lehrte mich meinen Peinigern von ganzem Herzen zu verzeihen. Diese Kraft der Vergebung, die Er mir schenkte, ging so weit, dass ich mir wünschte diese Priestersöhne einmal im Himmel als geliebte Brüder umarmen zu dürfen, jedoch am liebsten schon hier auf Erden die Versöhnung zu feiern. Diese große Gnade der Vergebung erhielt ich durch ein intensives, inständiges Gebet für diese Priester.

Das Gebet ist eine wunderbare Kraft, durch die wir alles erreichen können, wenn wir nur mit Liebe und Glauben beten. Wie oft durfte ich diese Erfahrung machen. Je mehr ich Jesus vertraue, desto mehr schenkt Er mir Seine Gnaden, eine Fülle von Gnadengaben!

Danke Jesus!

Einige Zeit *nach* diesem Erlebnis habe ich folgende Botschaft Jesu über die kniende Mundkommunion gelesen, die mir mein Erleben mit der heiligen Kommunion bestätigte:

76. Heiliger Kommunionsempfang

Ich werde noch einmal über die heilige Kommunion mit dir sprechen, da man dir zu diesem Thema Fragen gestellt hat.
Ich bin heilig: Deshalb bitte Ich euch, Mich wenn möglich aus der Hand des Priesters in den Mund zu empfangen und euch dabei hinzuknien.

Ich selbst habe Meinen Leib bei der heiligen Kommunion Meinen Aposteln in den Mund gegeben. Deshalb will Ich «direkt» aus der Hand des Priesters in euch einziehen, denn er handelt in persona Christi. Bedenkt, dass Ich selbst, Christus, Mich euch durch die Hand des Priesters hingebe. Ihr dürft diesen «Bissen» also nicht ablehnen, den Ich euch gebe, denn sonst verletzt ihr Mich. Was Ich auf diese Weise getan habe, als Ich die heilige Eucharistie eingesetzt habe, ist heilig. Ihr dürft nicht verändern, was Ich getan habe.

Wenn ihr Mich in die Hand empfangt, versagt ihr Mir, euch Meinen Leib so zu geben, wie Ich es bei Meinen Aposteln getan habe. Zudem «schiebt» ihr eure Menschheit zwischen Mich und euer Herz. Es ist als wollte euch jemand küssen, während ihr ihm die Hand hinhaltet...

Denkt daran, dass Ich heilig bin, und dass ihr Mich heiligmäßig empfangen müsst, um Mich nicht zu verletzen.

Nichts hindert euch daran, eine Kniebeuge zu machen und dann wieder aufzustehen, um Mich zu empfangen. Dies wünsche Ich genauso von all jenen, die Mich lieben wollen.

Ihr dürft aber keinen Anlass zu Streitereien über dieses Thema geben. Ich sage es noch einmal: Jeder soll auf sein Herz hören, dann werde Ich es belehren. Denkt daran, dass Ich Meine Liebe niemals aufzwinge, sondern sie anbiete.

Kritisiert nicht, verurteilt nicht, sondern hört auf Mein Herz.

Ich bitte euch, die Kinder zu lehren, Mich heiligmäßig zu empfangen.

Ebenfalls sollt ihr voll Freude zu Mir kommen und Mich empfangen, denn Ich schenke euch ja Mein eigenes Leben.

Und im Übrigen, dann und erst dann, wenn die Notwendigkeit es erforderlich macht, könnt ihr als Laien, die von Meinen Priestern dafür ausgewählt werden, die heilige Kommunion austeilen und sie auch den Kranken bringen.

Ich segne euch, die ihr auf Meine Botschaft hört. (...)

77. Die Liebe zur römisch-katholischen Kirche

Wenn mir jemand vor einigen Jahren gesagt hätte, dass ich einmal stolz bin Katholikin zu sein, dann hätte ich ihn ausgelacht! Heute weiß ich, dass die römisch-katholische Kirche die ganzen Schätze Gottes birgt. Ich weiß es nicht etwa, weil ich katholische Theologie studiert und diese mich überzeugt hätte, sondern weil ich die Fülle Gottes in den Sakramenten durch diese Kirche ununterbrochen erleben darf.

Als Jesus begann mich täglich durch Seine spürbare Liebe in die katholische Kirche zu ziehen, lernte ich den Leib Christi, der die Kirche ist, nach und nach kennen. Jesus ließ mich begreifen, wie wichtig die Priester sind, die die Sakramente verwalten und Er ließ mich erleben, welche Gnadenflut Er durch die Priesterhände auszuschütten vermag.

Zugleich zeigte Er mir auch, wie sehr Er leidet, wenn die Sakramente Laienhänden überlassen werden. So zum Beispiel ließ Er mich erleben, was Er fühlt, wenn ein Wortgottesdienst mit Kommunionfeier anstatt einer Heiligen Messe gefeiert wird. Diese Leere, diese Traurigkeit, die Jesus in mein Herz brachte, war in keinem Verhältnis zu dem, wie ich als moderner Mensch geurteilt hätte. Mir wäre es nicht in den Sinn gekommen, dass an diesen Wortgottesdiensten, die mit Liebe und Engagement gefeiert wurden, etwas nicht gut sein könnte. Doch Jesus schenkte mir einen anderen, Seinen Blick. Welche Freude, welch ein Glanz legt Er für mich tief erfahrbar über praktisch jede Heilige Messe! Welcher Unterschied zu den Wortgottesdiensten!

Jesus ist traurig, dass die Eucharistische Anbetung an vielen Orten nicht mehr praktiziert wird oder Laien die Aus- und Einsetzung des Allerheiligsten Altarssakraments überlassen wird, wenn Priester vorhanden wären. Tief traurig ist Er auch über die Verdrängung der persönlichen Beichte durch die heute üblich gewordenen Bußfeiern. Ich kann kaum beschreiben, welchen Schmerz mir Jesus darüber vermittelt. Was mich tief bewegt hat ist, wenn Jesus mir während einer Heiligen Messe Seine Liebe für Seine Priestersöhne spüren ließ. Wenn die Priester fühlen könnten, mit welcher unendlich zärtlichen Liebe Er sie liebt, würden sie weinen vor Freude. Dann wäre bestimmt kein Priester mehr lau oder müde in seinem Priesteramt! Jesus ließ mich erkennen, dass viele Priester nicht mehr aus der Stille im unablässigen Gebet leben und deswegen Ihn nicht mehr hören können. Er will Seine Priester nahe an Seinem Herzen haben, damit Er sie mit Seiner ganzen Liebe nähren kann und sie so fähig werden Seine ihnen anvertraute Herde zu hüten.

Mit diesem Zeugnis hoffe ich, den Priestern Mut zu machen wieder ihre Würde als Priester zu sehen und sich Zeit zu nehmen im Gebet für die Freundschaft mit ihrer ersten Liebe, Jesus Christus. Viele Priester leiden an Überlastung, sind müde und ausgebrannt. Dies kommt nicht alleine daher, dass wir zu wenig Priester haben, sondern aus dem Mangel an Stille und Gebet. Jesus möchte Seine geliebten Priestersöhne innig vertraut mit Ihm haben, damit Er ihnen helfen kann ihr anspruchsvolles Amt freudig auszufüllen. Der Priestermangel wird verschwinden, wenn die Priester wieder zum unablässigen Herzensgebet zurückfinden, denn dann entzündet und nährt der Heilige Geist die Herzen mit Seinem Feuer der Liebe und schenkt die Gabe der Unterscheidung, um zu erkennen, welche Aktivitäten weggelassen werden können und welche unentbehrlich sind. Dies bewirkt Friede, Freude und Begeisterung, die wiederum anziehend wirken auf allfällige Priesterkandidaten. Auf diese Weise und vereint mit der Gnade Gottes wird sich die Kirche erneuern.

Mir hat einmal ein Priester gesagt, er würde sterben, wenn er ohne Eucharistische Anbetung sein Priesteramt ausüben müsste! Zu einem solchen Empfinden müssen unsere Priester zurück finden! Jesus hat mir so viele ausgetrocknete Priesterseelen gezeigt, aber auch viele Laien. Er möchte uns alle wiederbeleben mit Seiner tief spürbaren Gegenwart, die im Fühlen Seiner Liebe, Seines Friedens, Seiner Freude und Seinem Kreuz besteht. Haben wir Mut unsere Not anzuschauen, umzukehren und in die Arme Jesu Christi zu laufen. Welches tief erfüllende Glück erwartet uns dann! Für dies habe ich Zeugnis abgelegt. Nehmen wir auch Maria wieder in unser Leben auf. Dann werden sich die Wogen glätten und wir werden getröstet sein.

Maria, Muttergottes bitte für uns!

Zum Schluss dieses Kapitels möchte ich es nicht unterlassen, zu sagen, dass ich auch wunderbaren Priesterseelen begegnet bin, die mit Leib und Seele ihr Priesteramt in einer tiefen Beziehung mit Jesus und Maria ausgeübt haben. Am meisten beeindruckte mich, wenn ihr ganzes Wesen die Liebe Jesu ausstrahlte und sie sich verzehrten in der Liebe zu ihren «Schäfchen» und sich wie Jesus, selbstlos und mit viel Humor für ihre Herde hingaben.

Ich habe echte Hirten erlebt, die mich in meiner Situation mit ihrem ganzen Herzen ernst genommen und mir mit Rat und Tat geholfen haben, trotz ihres vollen Terminkalenders, die sich selbst völlig vergaßen, auch wenn sie selber Leiden und Schmerz zu tragen hatten.

Wie oft habe ich erfahren, dass der Priester in seiner Predigt genau das gesagt hat, was mich mitten ins Herz traf und mir wichtige Wegweisung gegeben hat. Er war offensichtlich vom Heiligen Geist für mich inspiriert worden, ohne dass er etwas von mir wusste!

Ich bin ganz einfachen Priestern begegnet, die treu und ohne großes Aufsehen, demütig ihren Dienst verrichteten, die es verstanden, sich völlig zurückzunehmen und im Hintergrund zu bleiben.

Zudem habe ich Priester erlebt, die mit Feuereifer und mutig die Wahrheit des Evangeliums verteidigt haben, auch wenn es ihnen Spott und Verleumdung eingebracht hatte. So wie Jesus haben sie schonungslos die Missstände beim Namen genannt, ohne vor den Konsequenzen Angst zu haben. Sie waren erfüllt vom Heiligen Geist!

Danke Jesus für alle Priester, die Dich innig lieben und Dir nachfolgen. Beschütze und bewahre sie in Deiner Liebe! Hilf auch denen, die Deinen Weg verloren haben und schenke ihnen Deine Zärtlichkeit, damit sie wieder für Dich brennen. Amen.

78. Priester

(...) Meiner Kirche geht es schlecht, weil Meine Priester nicht heilig sind. Sie führen kein heiliges Leben. Sie verdunkeln Meine Lämmer anstatt sie zu erleuchten; sie sehen selbst nicht mehr klar, weil sie die Liebe und den unbedingten Glauben verloren haben.

Wer Mich nicht über alles liebt, kann kein Wegweiser für seine Brüder sein. Wer nicht wirklich an Mich glaubt, bleibt dem Leiden der Menschen gegenüber ohnmächtig.

Meine Priester haben den Gefallen am Gebet verloren, weil sie nicht mehr beten können. Sie haben sich nicht an Mein Herz gewandt, und ihr Gebet ist vergeblich gewesen. Ich hätte sie gelehrt zu beten, aber in ihrem Hochmut haben sie nicht auf Mich gehört.

Wer nicht betet, kann Mich nicht kennen lernen und seinen Brüdern nicht geistig und göttlich helfen. Dann bleibt alles auf einer menschlichen und sehr armseligen Ebene. Die Lämmer werden nicht versorgt.

Solange die Priester nicht zum ersten Gebot zurückkehren, werden sie kein Leben in sich haben: Sie werden sich von Mir trennen und auf das Böse hören. Ich werde sie durch das Gebet retten. Du sollst diese Priesterseelen zum Gebet hinführen, Kind. Sage ihnen, dass sie bitter bereuen sollen, Mein Herz vergessen zu haben. Und lehre sie, in ständiger Vereinigung mit Mir zu leben. Dann werden sie die Lämmer retten können. (...)

(...) Ich segne dich. Du sollst Meinen Kummer angesichts Meiner armseligen Kirche teilen.

Natürlich fehlen Priester. Warum? Weil die Kirche ihren Christus nicht so innig geliebt hat, wie sie es hätte tun müssen. Sie hat sich von Mir entfernt und hat deshalb mögliche Priester abgestoßen, anstatt sie anzuziehen. Die Schuld der Kirche ist wirklich groß. Ich rufe immer Seelen in Meinen Dienst, aber wenn sie im Schoß Meiner Kirche schlecht aufgenommen werden, bleiben sie nicht: Dann fliehen sie diese Kirche, der es so sehr an Liebe fehlt.

Ich will, dass Meine Kirche heilig ist. Ich will liebende und heilige Priester für sie. Ich werde diese Priester direkt in ihrem Herzen vorbereiten, da Meine Diener unfähig sind, ihnen geistliche Nahrung zu geben. Ich werde die Rolle Meiner Kirche einnehmen, um heilige Priester zu schaffen, die Mir ganz und gar zugewandt sind.

Bald wird das Elend Meiner Kirche ein Ende haben, weil der Heilige Geist machtvoll wiederkehren und das Böse aus Meiner Kirche vertreiben wird. Er wird wahre Tröster, wahre Diener Christi schaffen, die ihr Leben im Dienst an ihren Brüdern hingeben, ohne je ihre Begeisterung einzubüßen.

Preise Mich, Kind, weil Ich Meine Wahrheit in dein Herz lege. Diese Wahrheit sollst du mit Entschiedenheit verkünden, auf dass selbst die Steine sie hören. Preise Mich, dass Ich selbst dich mit Meiner ganzen Zärtlichkeit nähre.

Immer mehr bewegte mich Jesus zu einem Leben, das die Liebe an die erste Stelle setzt. Ich möchte ein Beispiel aus meinem Alltag erzählen:

79. Maria lehrt mich zu lieben

Die Mutter Gottes spielt in meinem Leben eine wichtige Rolle. Ich lernte sie erst richtig durch meine Medjugorie-Reise kennen, vorher lehnte ich Maria ab. Maria begleitet mich jeden Tag und oft darf ich ihr Lächeln «sehen». Sie erzieht mich liebevoll, hat aber auch eine bestimmte Art. Ich will diese anhand eines kleinen Beispiels erläutern.

Unser Hauswart hatte die Angewohnheit die schmutzigen Lappen, mit der er das Treppenhaus geputzt hatte, in der Waschküche auf die Wäscheleinen, wo normalerweise die saubere Wäsche aufgehängt wurde, zum Trocknen zu legen. Dies ärgerte mich alle Wochen, doch ich wagte nichts zu sagen, weil das Verhältnis eher distanziert war. Eines Tages ging ich also wieder in die Waschküche und sah diese dreckigen Lumpen hängen, schon wallten meine Gefühle auf. Da spürte ich plötzlich die Anwesenheit der Mutter Gottes und sie schlug mir in liebender Bestimmtheit vor, diese schmutzigen Lappen zu waschen und dann dem Hauswart sauber hinzulegen. Im ersten Moment weigerte ich mich so etwas zu tun, das sollte der doch selber machen! Doch dann tat ich doch, was die Mutter Maria vorschlug.

In der nächsten Woche hingen die Putzlappen wieder über den sauberen Wäscheleinen. Ich war stinkwütend. Maria flößte mir ihre Sanftheit ein und forderte mich auf, die verschmutzten Putztücher wieder zu waschen. Dies wiederholte sich Woche für Woche. Mit der Zeit entwickelte ich eine richtig leidenschaftliche Freude diese dreckigen Tücher zu waschen und manchmal noch eine kleine Süßigkeit dazuzulegen, um meine Dankbarkeit für seinen Dienst auszudrücken und, oh Wunder, die Beziehung zu diesem Mann begann sich zu verändern. Es wurde freundlicher zwischen uns und ab und zu gab es ein offenes Gespräch. Die Beziehung entspannte sich und ich konnte sogar einmal von Gott erzählen. Ich selber empfand dann dies auch nicht mehr so schlimm und wurde barmherziger in meiner Beurteilung und ich begann Liebe und Sympathie für diesen Menschen zu fühlen. Dies ist eines der kleinen alltäglichen Wunder der Liebe, die Maria in meinem Leben bewirkte.

80. Maria nimmt dich an der Hand

Maria, deine himmlische Mutter, steht dir auf deinem geistigen Weg bei. Sie wird dir immer helfen, Mir näher zu kommen und Meine Gnaden zu empfangen. Vertraue ihr völlig, denn sie bewahrt dich auf besondere Weise, wie sie es mit ihren Kindern tut.

Wenn du in deinem Herzen auf Maria hörst, wirst du Mich besser verstehen. Sie wird dir alles zärtlich erklären, was ihren Sohn anlangt.

Folge also Meinem Willen, indem du Maria immer viel Platz einräumst. Du musst dir bewusst sein, dass sie dich näher an Mein Herz bringt und dir erlaubt, es zu spüren.

Bei deinem Auftrag musst du Maria vertrauen: Du hast ihn ihr anvertraut. Sie wird sich mit mütterlicher Sorgfalt darum kümmern.

Erhole dich am Herzen Marias, deiner sanften Mutter, denn sie hört alles, was aus deinem Herzen kommt. Du sollst sie zu deiner ständigen Begleiterin machen und wissen, dass sie dich vor dem Bösen bewahrt.

Du sollst sie noch besser kennen lernen, indem du deinen Blick auf sie richtest und begreifst, wie sehr sie dich liebt.

Maria nimmt dich an der Hand, was immer du tust. Und zudem wird sie dich mit Mir vereinen.

Wenn du Sorgen hast, musst du dich an Meine heilige Mutter wenden. Dann wird sie alles in Ordnung bringen.

Und im Übrigen, wenn du dich eines Tages bereit fühlst, sollst du deinen Rosenkranz[4] nehmen und ihn aus ganzem Herzen beten. Dann werde Ich dich segnen. Aber mach dir keine Sorgen: Ich werde mit Meiner ganzen Liebe warten, bis du bereit bist.

Ich segne dich.

81. Ich bin Oma geworden

Im Jahre 2017, also genau vor neun Monaten, bin ich Groß-mutter geworden. Ich hätte nicht gedacht, dass ein kleines Menschenkind mir so viel Freude schenken könnte. Wie nahe kommt mir doch der Himmel, wenn ich diese reine Unschuld betrachte. So muss es im Paradies sein, wo es das Böse nicht gibt. Für diesen kleinen Stern, Stellina, so heißt sie nämlich, und für alle Kinder und die, die es geblieben

---

4. Françoise meint dazu: Wenig später hat Jesus mir die Gnade geschenkt, jeden Tag den Rosenkranz mit einer Freude zu beten, die mich nie verlässt!

sind, will ich noch folgende Weihnachtsgeschichte erzählen, die ich mit Jesus für meine Familie im Jahre 2004 geschrieben habe:

82. Wie es für eine kleine Blume Weihnachten wurde

Es war einmal eine ganz kleine Blume, die blühte nur auf, wenn die Sonne hell und warm auf sie schien. Konnte sie die wärmenden Sonnenstrahlen nicht verspüren, blieb ihr Blütenkelch verschlossen, denn sie liebte es gar nicht, wenn der Himmel die Sonne nicht frei gab. Eines Tages verfinsterte sich der Himmel so sehr, dass die kleine Blume ihre Blütenblätter noch fester um sich schloss und insgeheim fürchtete sie sich ein wenig, denn ohne die wärmenden Strahlen ihrer geliebten Sonne fühlte sie sich verloren.

Nun, der Himmel nahm keine Rücksicht auf die Gefühle einer kleinen Blume und plötzlich zuckten Blitze durch die Dunkelheit und der Donner grollte. Hagelkörner schossen vom Himmel und bedeckten die Erde. Doch eigenartigerweise wurde die kleine Blume nie von einem harten Eiskorn getroffen.

Doch in ihrem Inneren geschah etwas Seltsames. Es wurde ganz hell und warm im Herzen der Blume, wie wenn die Sonne auf sie scheinen würde und eine leise, sanfte Stimme flüsterte: «Erkennst du MICH nicht kleine Blume, deinen Erretter und Erlöser Jesus Christus, der heute Nacht in allen Herzen geboren werden will?» Die kleine Blume horchte auf, denn sie kannte diese liebliche Stimme sehr gut. Dabei vergaß sie ihre Blütenblätter so fest um ihren Blumenkelch zu schließen. Da erreichte durch einen Spalt, der ihre Blütenblätter ließen, der helle Strahl eines Sternes ihr Inneres.

Dieses Licht war so stark, dass sie unwillkürlich ihre Blütenblätter öffnete und geradewegs in einen sternenklaren Himmel schaute, an dem ein Stern besonders hell leuchtete. Die kleine Blume war so überwältigt von diesem strahlenden Glanz dieses Sternes und dieser kristallklaren Nacht, dass sie blühte, wie wenn es Tag gewesen wäre. Da plötzlich tauchte ein Gesicht eines Hirtenbuben auf, der sich bewundernd über den offenen Kelch der Blume beugte.

Er schaute und staunte und plötzlich erhellte ein Lächeln sein von der Kälte gerötetes Gesicht. Er beugte sich noch tiefer zu der kleinen, prächtigen Blume, die noch schöner aussah durch den Glanz der Sternenlichter, der auf sie fiel und er fragte leise: «Kleine, schöne Blume, darf ich dich pflücken und zu einem König bringen, der heute Nacht geboren wurde und der Erlöser, der Erretter der ganzen Welt werden soll?» Als die kleine Blume das hörte, wurde sie ganz aufgeregt und sie sah in ihrem Innern das Lächeln ihres Heilandes, der doch gerade kurz vorher zu ihr gesprochen hatte. Schnell nickte sie dem Hirtenjungen zu und flüsterte laut vor Freude: «Nimm mich mit und trage mich als Geschenk zur Krippe meines Erlösers.» Da freute sich auch der Hirte sehr und pflückte die kleine, geöffnete, wohlriechende Blume behutsam, denn er hatte noch kein Geschenk für den König der Welt und jetzt hatte er ein so schönes gefunden.

Schnell lief er den anderen Hirten nach, die dem hellen Stern folgten, dabei sang er unentwegt die schönsten Lieder, die er kannte. Die kleine Blume sang innerlich auch mit und konnte es kaum erwarten, das Christkind zu sehen. Es blühte eine wunderbare Freude in ihrem Herzen, die sie nicht bändigen konnte. Da plötzlich erschallte der Ruf eines alten Hirten: «Seht! Der Stern leuchtet geradewegs über diesem Stall: Lasst uns gehen und nachschauen, ob der König hier ist!»

Alle Hirten folgten diesem Ruf und drängten sich in diesen armseligen Stall.

Da sahen sie etwas Wunderbares, das nur ihre Herzen fassen konnten: Da lag der Gottessohn in einer Krippe, ein kleines Kindlein, umstrahlt von einem hellen Licht. Es streckte seine Händchen den Hirten entgegen und schenkte ihnen sein erstes Lächeln, das die Herzen der Hirten tief berührte. Sie knieten unwillkürlich vor dem Königskindlein nieder und wurden ganz still, denn ein unendlich wärmendes, zärtliches Licht erhellte ihre Herzen. Sie wurden eingehüllt in eine wunderbare, beseligende Liebe, die ihr ganzes Wesen umfing. Noch nie in ihrem ganzen Leben hatten sie ein solch stilles Glück, einen solch tiefen Frieden in ihrem Herzen verspürt.

Da hörten sie plötzlich einen wunderbaren himmlischen Gesang, der ihnen verkündete: «Ehre sei Gott in der Höhe und Frieden auf Erden den Menschen guten Willens.» Sie lauschten hingerissen und alles verklärte sich in ihren Herzen, sodass sie ihre Geschenke ganz vergaßen, die sie für das Königskind mitgebracht hatten. Doch das Erlöserkind vergaß eine kleine, Ihm weit geöffnete Blume nicht, die Ihm als Geschenk gebracht werden sollte. Er liebkoste sie mit Seinem vor Liebe strahlenden göttlichen Blick, sodass eine süße Sehnsucht das Herz dieser kleinen Blume erfasste. Die Sehnsucht vom Hirtenbuben als Geschenk in die Krippe ihres Erlösers gelegt zu werden, so dass sie diesem göttlichen Kind ganz nah sein konnte. Als der liebliche Gesang der Engel verstummte, erwachten die Hirten aus ihrer tiefen Anbetung und brachten alle ihre Gaben zu dem Kind. Der Hirtenbub aber legte die kleine, wunderschöne Blume geradewegs neben das Jesuskindlein in die Krippe. Da erblühte die kleine Blume vor lauter Freude noch mehr und verströmte einen wunderbaren Duft der Liebe für ihren kleinen

Erlöser. Das Jesuskind lächelte und schaute mit einem unendlich zärtlich liebenden Blick auf diese kleine Blume, in deren Herzen Es bereits Wohnung genommen hatte mit Seiner sanften Stimme der Liebe.

Das Kindlein schlief ein mit einem glücklichen Lächeln auf Seinem Gesicht. Da zogen sich die Hirten leise aus dem Stall zurück, so glücklich wie noch nie zuvor in ihrem Leben und zogen in dieser sternklaren, kalten Nacht zurück zu ihrer Herde. Doch sie bemerkten die Kälte nicht, denn in ihren Herzen brannte ein helles, warmes Licht. Eine kleine Blume aber blieb im Stall bei ihrem König, ihrem Erlöser, den sie so innig liebte, und schmiegte sich fest an dieses göttliche Kind, denn sie spürte Seine ganze, zärtliche, tief erfüllende Liebe.

Für meine jugendlichen Kinder habe ich folgende Geschichte geschrieben, ganz eingehüllt in Jesu spürbare Gegenwart:

83. Es waren einmal zwei Brüder

Es waren einmal zwei Brüder, die waren sehr verschieden voneinander. Der eine liebte die Musik, weil er so in eine andere Welt versank, denn diese Welt langweilte ihn. Er liebte es auf seinen Gefühlen davon zu tanzen, weit weg von den langweiligen Pflichten und Aufgaben des Lebens. Der andere Bruder lebte ganz in dieser Welt. Alles was edel war und etwas darstellte, liebte er. Ganz besonders liebte er schnelle Autos und er verbrachte viel Zeit damit, sie bis in ihre Innereien zu studieren und alles Mögliche auszuprobieren. Auch er mochte die Pflichten und Aufgaben des Lebens nicht so recht. Er verbrachte lieber seine Zeit in der Freizeit mit seinen viel geliebten Hobbys.

Nun eines Tages begegneten diese zwei Brüder einem müden Wanderer. Der fragte sie mit einem bittenden Blick um Unterkunft. Etwas Eigenartiges, Anziehendes lag in diesem Blick, den diese zwei Brüder fesselten. Der eine von ihnen hatte ein empfindsames Herz und so hatte er Mitleid mit diesem müden Wanderer. Er stieß seinen Bruder an und flüsterte ihm zu: «Du hast doch ein gutes Auto, wollen wir ihn nicht mitnehmen?» Dieser andere Bruder war äußerst hilfsbereit und willigte deswegen in die Bitte seines Bruders ein. Als dieser erschöpfte Wanderer ins Auto einstieg, verspürten beide Brüder eine seltsame Wärme in ihren Herzen und verstohlen musterten sie diesen fremden Mann. Der sagte nichts und lächelte nur still vor sich hin. So fuhren sie eine ganze Weile auf der Strasse in raschem Tempo dahin. Jeder versank in seinen eigenen Gedanken. Da plötzlich hörten die beiden Brüder in ihrem Inneren eine klare Stimme, die sanft fragte: «Willst du MIR nicht eine Unterkunft in deinem Herzen geben»? Beide blickten gleichzeitig auf, denn diese tiefe, liebevolle, warme Stimme hatte sie aus ihren Gedanken gerissen.

Doch sie konnten niemanden sehen, außer diesem Wandersmann, der vor Müdigkeit eingenickt war. Da sahen sie einander kurz an und der Eine fragte den Anderen leise: «Hast du diese Stimme auch gehört?» «Ja», antwortete der Andere und fragte: «Wer war das bloß?» In diesem Moment erwachte der unbekannte Wanderer aus seinem Schlaf und schaute sie mit einem strahlenden Blick an, der diese zwei Brüder bis ins Innerste traf. Sie fühlten eine wunderbare Liebe ihre Herzen umfangen, die ihnen tiefen Frieden schenkte. Keiner sagte etwas, so tief bewegt waren sie. Bald kamen sie zu einer einfachen Unterkunft, wo sie diesen seltsamen Gast aussteigen ließen. Er bedankte sich bei ihnen für ihre Hilfe und schaute sie dabei tief und fest an. Wiederum entfachte dieser klare Blick eine tiefe Bewegung im Herzen dieser zwei Brüder und plötzlich hörten sie wieder diese sanfte, tiefe warme Stimme, die sagte: «Willst du MIR nicht eine Unterkunft in deinem Herzen geben?» In diesem Augenblick entschwand der seltsame Wanderer ihren Augen und sie waren allein.

Beide Brüder schauten sich etwas verwirrt an und der Eine fragte den Anderen: «Hast du diese Stimme auch vernommen?» «Ja», antwortete der und fragte: «Wer mag das wohl gewesen sein?» Da erinnerte sich der eine der Brüder, dass ihre Mama ihnen jeweils zur Weihnachtszeit eine Geschichte vorlas, wo ein Mann und eine schwangere Frau verzweifelt Unterkunft suchten und ihnen dämmerte, dass es Jesus sein musste, der erneut in dieser Zeit um eine Unterkunft bat in ihren Herzen. Da öffneten sie IHM ihre Herzenstüren und so kam es, dass es Weihnachten wurde in den Herzen dieser Brüder. Das Licht strahlte hell auf und ein müder Wanderer lächelte glücklich vor sich hin. Von diesem Moment an schienen den beiden Brüdern die Pflichten und Aufgaben des Lebens leichter, und der eine Bruder träumte in seiner Musik von einem seltsamen Wanderer, der so strahlende Augen hatte und der andere Bruder erinnerte sich bei jeder Autofahrt, dass er einst einen müden Wanderer einsteigen ließ, dessen Nähe sein Herz wunderbar friedvoll erwärmte und insgeheim suchte er IHN auf allen Straßen.

Die Beziehung zu Jesus verwirklicht sich im Alltag und mein Alltag findet in der Familie statt. Wie oft half mir Jesus mit meinen Kindern, auch durch eine solche Geschichte. Freud und Leid wechseln sich ab in einer Familie und man teilt es miteinander. Wie Jesus in großer Not mir und meinem Mann beistand, will ich jetzt erzählen:

84. Mein Mann musste notfallmäßig in den Spital

Es war an einem Sonntag, im November 2012, als mein Mann, nach der Heiligen Messe, nach Hause kam und über zunehmende Bauchschmerzen klagte. Die wurden so heftig, dass er dringend nach einem Arzt verlangte. Nach längerem Suchen fanden wir endlich eine Notfallpraxis. Dort stellten sie eine belanglose Diagnose und schickten ihn wieder nach Hause.

In der Nacht nahmen die Schmerzen wieder zu und brachten meinen Mann in eine große Angst, sodass er am anderen Morgen von seinem Arzt auf den Notfall in ein sehr großes Spital eingewiesen wurde. Dort verbrachte er bange, unruhige zwölf Stunden bis die Ärzte rausfanden, dass er sechs Deziliter Blut unter der Bauchdecke eingeblutet hatte!

In meinem Herzen fühlte ich, dass etwas Ernsthaftes mit meinem Mann los war und ich begann mir viele sorgenschwere Gedanken zu machen, die mich sehr beunruhigten und quälten. Da beschloss ich in die Eucharistische Anbetung zu meinem geliebten Herrn zu gehen.

Kaum betrat ich die Kirche, wo das Allerheiligste ausgesetzt war, wurde es in mir ganz still, so ruhig, das jede Sorge, jede Angst, jeder Gedanke verschwand. Da gab es nur noch tiefsten Frieden in meinem Herzen und eine unbeschreibliche besänftigende, tröstende Zärtlichkeit, die mich äußerst liebevoll einhüllte.

Über eine Stunde überflutete Jesus mich mit Seiner zärtlichen Liebe und erfüllte meinen ganzen Leib, meine Seele, meinen Geist, meine Gefühle, kurz, mein ganzes Wesen mit Seinem, intensiven, beseligendem Frieden. Ich fühlte mich so stark erfüllt von der Gegenwart Jesu und des Heiligen Geistes, dass es mich drängte zu meinem Mann in den Notfall zu eilen.

Welche Hektik, wie viel Not, Elend und Verzweiflung fand ich dort. Mein Mann war emotional schon ganz aufgelöst und ein erleichtertes Lächeln erschien auf seinem sorgenschweren Gesicht, als er mich sah. Ich konnte förmlich spüren und zuschauen wie dieser übergroße Friede der Gegenwart Gottes in mir auf ihn überströmte. Eine tiefe Gelassenheit und Geborgenheit überkam uns Beide und wir strahlten vor Glück wie zwei Verliebte.

Erstaunlicherweise übertrug sich dieser wunderbare Friede auch auf die gestressten Ärzte und Schwestern und ich konnte beobachten, wie eine gewisse Ruhe in die Herzen der Menschen kam. Nach einem mehrtägigen Spitalaufenthalt konnte mein Mann entlassen werden, als die Ärzte herausgefunden hatten, dass der Blutverdünner die Ursache war.

Danke Jesus, danke Heiliger Geist für dieses Geschenk Eurer intensiv spürbaren, zärtlich tröstenden Gegenwart in größter Not.

85. Mein Sohn erkrankte schwer

Schon als kleines Kind zeigten sich bei Johannes, unserem zweiten Kind, gewisse Behinderungen und Auffälligkeiten, auf die uns Eltern Außenstehende aufmerksam machten. Ich hatte das nicht wahrgenommen, denn für mich war das einfach die Eigenart unseres Kleinen, den wir liebten wie er war. Verschiedene Therapien haben wir versucht, um ihm zu helfen und so kam er einigermaßen unbeschadet durch die Kinderzeit. Doch mit siebzehn Jahren brach eine psychische Krankheit mit voller Wucht aus, die ihm fast das Leben kostete. An dieser Stelle möchte ich meinen heute

29-jährigen Sohn, der zwischen seinem 21.-29. Lebensjahr verschiedene Zeugnisse geschrieben hat, selber zu Wort kommen lassen.

86. Johannes Jucker: Als Jesus an mein Herz klopfte Zeugnis für die Jugend

I. Ich führte ein Leben wie viele Jugendliche

Ich heiße Johannes und bin 29 Jahre alt. Jetzt möchte ich euch erzählen, wie ich zu Jesus gefunden habe. Mit siebzehn Jahren bin ich psychisch schwer krank geworden und musste meine KV-Lehre abbrechen. Später versuchte ich es nochmals an einem anderen Ort, doch nach eineinhalb Jahren musste ich krankheitshalber wieder aufhören. Doch genau dieses Leiden hat mir die Tür zum Glauben geöffnet.

Ich führte ein Leben wie viele Jugendliche. Ich spielte mit Kollegen Fußball, ging mit ihnen am Abend gern Bowling spielen. Wir vergnügten uns mit der Playstation, machten ein Brettspiel oder gingen ins Hallenbad. Wir lachten viel, tratschten über die Freundin des anderen und hatten es lustig. Mit meinem Leben war ich zufrieden und fühlte mich glücklich, auch wenn es manchmal Zeiten gab, wo ich mein Leben ein bisschen hohl fand.

Meine Mutter ist sehr gläubig und erzählte mir immer wieder von Jesus. Obwohl ich mich nicht als unreligiös bezeichnen würde, konnte ich damit nicht so viel anfangen. Vor allem wenn es darum ging, dass ich mit in die Kirche hätte gehen sollen, sträubten sich bei mir die Haare. Ich dachte mir: Da geht doch keiner hin und es ist bestimmt langweilig. Also habe ich die sanften, doch ziemlich eindringlichen Bitten meiner Mutter abgeschlagen.

Und so lebte ich weiter dahin, las viele Bücher, schaute gerne Filme, vor allem solche, die das Leben in Frage stellten, obwohl diese auch grausam waren. Ich hörte viel Musik und tanzte dazu, sass oft am PC und chattete mit fremden Personen oder las in Internetforen. Dies alles prägte meine Gedanken und machte mich traurig, weil mir all dies keine richtige Hoffnung gab. Die Massenmedien beeinflussten mich entsprechend. Sehr oft war ich vor dem Fernseher, im Internet oder mit meinem Handy beschäftigt. Wenn ich morgens die Zeitung vor der Arbeit las, hatte dies mein Herz manchmal tief verwundet, weil so viele schreckliche Meldungen, ohne jegliches Mitgefühl, einfach präsentiert wurden. Da stand zum Beispiel: Schüler erschlägt Lehrer mit Stuhl, neben weiteren ähnlichen Horror-Meldungen, so als wäre dies das Normalste auf der Welt. Diese Dinge gingen mir näher als mir lieb war und ich musste auch weinen darüber.

Als ich älter wurde, fing ich an blutrünstige Mangas (das sind japanische Comics) zu lesen und begann ab und zu Alkohol zu trinken. Ohne es zu merken, verlor ich immer mehr an Werten und wusste gar nicht so recht, für was ich eigentlich lebte und was für ein Ziel mein Leben hatte. Auch suchte ich das Glück bei einer Freundin. Das Zusammensein und die Gespräche mit ihr waren eigentlich sehr schön, doch auf längere Zeit hat dies nicht geklappt.

II. In der Lehre fühlte ich mich oft überfordert

In der Lehre, die ich im WWF begonnen hatte, wurde der Druck immer größer und ich fühlte mich oft überfordert mit den Leistungen, die ich zu erbringen hatte, obwohl mich eigentlich eine sehr nette und fürsorgende Lehrmeisterin betreute. Das Problem war, dass sie sich wegen meinen Leistungen viele Sorgen machte, die meine Lasten noch schwerer werden ließen, anstatt leichter. Ich ging dann zu einer

Psychologin und hatte Nachhilfestunden in der Schule, doch die Noten blieben knapp.

Nach eineinhalb Jahren merkte ich, dass etwas nicht stimmte mit mir, obwohl ich nicht genau sagen konnte was. Ich konnte mich immer weniger konzentrieren und musste ständig lachen mitten im Geschäft, obwohl gar nichts lustig war. In der Firma machte ich ein solches Durcheinander, dass es ein Gespräch geben musste zwischen mir, meinen Eltern und meiner Lehrmeisterin. Nach langem Suchen wurde beschlossen, dass ich die Lehre abbreche.

Danach bin ich in ein Loch gefallen und fühlte mich ziemlich allein, da die Menschen um mich herum zwar nett waren, mir aber nicht helfen konnten und nicht wussten, was ich hatte. Zu diesem Zeitpunkt habe ich mich einmal betrunken, was meinen Gesundheitszustand noch verschlechterte.

Da ich Halt in der Familie hatte, hat mich meine Mutter zu einem guten Priester mitgenommen, damit ich beichte. Ich habe ihm alles gesagt, was ich gewusst habe über meine Sünden in meinem Leben, doch hat mein Herz noch nicht ganz gewusst, was eine richtige Umkehr ist. Ich habe noch nicht erkannt, wie sehr mir die Sünden, die ich begehe, meiner Seele Schaden zufügen können, ja mich immer mehr in den Sumpf ziehen. Damit meine ich unter anderem: Alkohol trinken, zu viel in den Ausgang gehen, Pornographie, schlechte Filme, viel Fernsehen, Games, übermäßiges Internet, mehr chatten, als mit den Menschen direkt sprechen.

Je mehr ich diese Dinge tat, je mehr hat sich mein Gesundheitszustand verschlechtert. Das ging so weit, dass es fast zu einem Suizidversuch kam. Dies war ein schreckliches Leiden, weil ich innerlich keinen Halt fand und nicht wusste, wie ich mir helfen konnte, trotz Eltern, die mir beistanden.

Weil ich Gott in meinem Leben nicht völlig angenommen hatte, war ich in der Dunkelheit meiner Seele ohne richtige Hilfe und mein Stolz war nicht gänzlich vernichtet.

Weil ich selbst mein Leben gefährdete, musste ich im Jahre 2007 für kurze Zeit in die psychiatrische Klinik. Dort konnten sie mir auch nicht helfen.

Ich versuchte nochmals eine Lehre zu beginnen, diesmal im Bereich Detailhandel. Nach mehreren Bewerbungen habe ich auch eine Lehrstelle bekommen. Von den Noten her ging es gut, doch der Kundenkontakt war schwierig, wegen meinen Konzentrationsproblemen. Nach drei Monaten musste ich wieder die Lehre abbrechen.

Danach habe ich als Zwischenzeit im Behindertenwerk St. Jakob zu arbeiten begonnen. Von der Arbeit im St. Jakob konnte ich nach einer Berufsabklärung im Appisberg eine geschützte Lehre als Kaufmann im Drahtzug anfangen. An diesem Ort sind viele Menschen mit einer körperlichen oder psychischen Behinderung, die arbeiten oder auch eine Lehre absolvieren. Dort habe ich verschiedene Personen getroffen, unter anderem auch solche, die an Jesus glaubten. Leider konnte ich diese Lehre auch nicht zu Ende bringen, weil die Krankheit erneut über mir zusammengebrochen ist.

III. Ich habe mich bewusst entschieden mit Jesus zu gehen

Ich musste eine gewisse Zeit leiden, bis ich begriffen habe, dass ich bei Jesus meine Zuflucht finden konnte. Doch zum Glück nahm mich meine Mutter immer wieder in die Kirche vor den Tabernakel. Dort in der Kirche konnte ich zum ersten Mal wieder aufatmen. In der Kirche war eine Stille in meinem Herzen, die mir gut tat.

Mehr und mehr lernte ich das Gebet kennen. Es gab einen Moment, wo ich mich bewusst entschieden habe; doch, ich möchte den Weg mit Jesus gehen und wirklich beten. Von da an ist ein großes Licht in mein Leben gekommen. Meine Eltern konnten es kaum glauben, als ich plötzlich in der Stube auftauchte und sagte: «Ich möchte auch den Rosenkranz mit euch mitbeten.» Sie hatten natürlich große Freude, dass ich diesen Schritt gewagt habe. Bis heute mag ich mich an das Licht und die innere Freude und den Frieden erinnern, die dann in mein Herz gekommen sind. In diesem Moment, als wir zusammen gebetet haben, ist ein Blitz mit unheimlichem Knall vor unserem Haus eingeschlagen! Der Teufel hatte wohl keine Freude an dieser Entscheidung!! Von da an hat mir das Gebet auch selbst Freude gemacht.

Ich spürte, dass ich durch das Gebet in meinen Angstzuständen Halt finden konnte, wenn ich zum Beispiel den Rosenkranz betete: *«Gegrüßt seist du Maria, voll der Gnade, der Herr ist mit dir, du bist gebenedeit unter den Frauen und gebenedeit ist die Frucht deines Leibes Jesus. Heilige Maria, Mutter Gottes, bitte für uns Sünder, jetzt und in der Stunde unseres Todes. Amen.»*

Diese Worte kamen mir am Anfang etwas seltsam vor, doch ich betete sie trotzdem und mit der Zeit bemerkte ich, wie schön dieses Gebet war. Diese Worte waren schön! Sie waren beruhigend! Und sie kamen von Gott! Das Rosenkranzgebet machte meine Seele schön und hell. Alles Dunkle hatte nicht mehr die gleiche Macht und das Licht in meinem Herzen wurde immer stärker.

Mit der Zeit spürte ich die Zärtlichkeit und Reinheit Mariens so stark, dass mein Herz jedes Mal geschmolzen ist, wenn ich den Rosenkranz gebetet habe. Das Gebet hat in meinem Herzen einen großen Durst nach der Liebe geweckt. Ich fühlte mich durch das Gebet immer mehr geborgen, umsorgt und sicher. Meine Krankheit hatte nicht mehr den gleichen Einfluss wie früher.

Dieser Durst nach Liebe hat mich auch dazu gebracht jeden Tag in die Heilige Messe und in die Eucharistische Anbetung zu gehen. Zudem besuchte ich oft das Beichtsakrament, und immer wenn ich meine Sünden gebeichtet habe, auch wenn es nur kleine waren, fühlte meine Seele sich ein Stück freier und heller.

Jetzt bin ich schon seit über neun Jahren auf dem Weg mit Jesus in der katholischen Kirche, und ich kann mit Gewissheit sagen: Ich würde trotz meiner Krankheit, trotz allen Handicaps und trotz aller Schwierigkeiten, die das Leben mit sich bringen, nie wieder einen Suizidversuch machen, weil ich mich trotz all dieser Dinge von Jesus getragen weiß, weil dieses Licht von Jesus, das ich in meinem Herzen wirklich fühle, viel stärker ist als alle Lebensumstände, Traurigkeit und Depression.

Ich fühle mich glücklich, kann die Liebe Jesu in meinem Herzen fast jeden Augenblick des Tages wahrnehmen und fühle mich oft gesünder als die sogenannt gesunden Menschen, weil so viele Menschen, die gesund sind, Jesus oft nicht kennen und deswegen unerfüllt und unzufrieden sind.

Natürlich würde ich lieber gesund sein, aber oft denke ich, dass ich über mein Los wirklich nicht klagen kann. Ich habe einen großen Schatz entdeckt und wünschte, alle würden ihn finden.

IV. Die Botschaften Jesu haben mir geholfen Jesus kennen und lieben zu lernen

Neben der Bibel war es für mich sehr wichtig, dass ich durch meine Eltern die Botschaften von Jesus Christus an Françoise kennengelernt habe. Diese Botschaften haben mir geholfen, Jesus besser kennen und lieben zu lernen. Jesus benutzt eine feinfühlige und sanfte Sprache, die meinem Herzen sehr gut tut. Mit viel Liebe erklärt Jesus Françoise, wie sehr

Sein Herz vor Zärtlichkeit für uns brennt und schmilzt und Er bittet uns, in Seiner Kirche zu leben und zu Seiner Liebe, zu Seinem Herzen zurückzukehren, damit wir glücklich sein können.

V. Ich habe Jesus in der Eucharistischen Anbetung immer mehr spüren und wahrnehmen dürfen

Zudem lernte ich das Geschenk näher kennen, das Jesus uns in der Eucharistischen Anbetung gemacht hat. Jesus in der Eucharistie anzuschauen hat mein Leben wirklich bereichert. Dort lernte ich die abgrundtiefe Liebe kennen, die Gott für uns alle hat. Gott, der alles erschaffen hat, das ganze Universum, verbirgt sich unter der Gestalt eines kleinen Stückchen Brotes, um sich uns ganz schenken zu können. Gott, dem alles gehört, macht sich so klein, nur damit Er bei mir sein kann, um für immer in meinem Herzen zu wohnen. Alle diese Gedanken haben mich tief bewegt und mir geholfen, die unendliche Liebe Gottes mit dem Herzen zu verstehen und auch was die Eucharistie ist, die ich anschaue.

Doch was mich wirklich dazu gebracht hat, immer wieder regelmäßig in die Anbetung zu gehen, war, dass ich Jesus in der Eucharistie immer mehr habe spüren und wahrnehmen dürfen. Ich fühlte mich sogar von Kopf bis Fuß geliebt von Jesus.

So habe ich begonnen öfters in die Anbetung zu gehen und ich konnte jedes Mal Jesus in meinem Herzen fühlen, zuerst ein bisschen und dann immer mehr. Dies hat meine ganze Seele geheilt und gesund gemacht. Auch in meiner Krankheit fühlte ich mich nachher besser. Zudem hat es einen großen Durst nach der Liebe Gottes in meinem Herzen geweckt. Dieser brennende Durst war so verzehrend, dass es mich jeden Tag in die Anbetung gezogen hat, um diese innige Verbindung mit Jesus zu erfahren.

Daraus resultierte, dass ich es wagte, mich mit der Zeit immer mehr auf meine Mitmenschen einzulassen, was für mich sehr schwierig war wegen meinen Konzentrationsstörungen. So gut ich konnte, begann ich meine Mitmenschen wieder zu grüßen, ihnen zuzuhören, mit ihnen zu reden oder ihnen einfach nur einen Blick der Liebe oder ein Lächeln zu schenken. Auch wenn ich einmal mehr, dann wieder weniger mit meinen Nächsten reden konnte, spürte ich in meinem Herzen eine große Liebe zu allen Menschen, denen ich begegnete.

VI. Beim dritten Lehrabbruch stützte mich der Glaube

Als ich im Drahtzug die KV-Lehre wegen meinem Gesundheitszustand zum dritten Mal abbrechen musste, stand ich wieder vor dem Nichts. Doch dieses Mal hatte ich den Glauben, den ich nicht hatte, als ich zum ersten Mal die Lehre abbrechen musste. Es war zwar immer noch schmerzhaft, doch der Glaube gab mir eine sehr große Stütze und es hat meine Hoffnung nicht nehmen können.

In dieser Zeit war für mich die Begegnung mit Maria, einer älteren Bekannten, die stark im Glauben war, wichtig. Ich habe mit ihr telefoniert und sie hat mir Hoffnung und Mut gemacht und gesagt, ich könne nach diesem Lehrabbruch zu ihr nach Balderschwang in die Ferien kommen, wenn ich wolle, obwohl ich zu dieser Zeit sehr krank war. Ich habe damals eingewilligt. Es war gerade Herbst und die Blätter fielen von den Bäumen. Diese bunten Blätter, die von den Bäumen fielen, waren für mich wie ein Zeichen des Absterbens, aber auch der Hoffnung auf einen Neuanfang. Bei diesem Gedanken habe ich die Umarmung Jesu in meinem Herzen gespürt. Maria, die schon über siebzig Jahre alt war, ist mit mir zusammen und mit einem anderen Jugendlichen an verschiedene Pilgerorte gefahren. Wir haben jeden Tag

Anbetung gemacht und sind zur Heiligen Messe gegangen. Zudem haben wir die Studiokapelle vom katholischen Radio Horeb besucht, die ebenfalls in Balderschwang ist. Auch erhielt ich die Krankensalbung. All dies war schön. Ich spürte: Jesus ist da, ich brauche mir keine Sorgen zu machen. Ich fühlte mich in meinem Leben wie ein kleines Baby, das in den Armen Jesu schläft und sicher weiß, dass es alles bekommt, was es braucht.

Und so war es auch:

VII. Ich gehe drei Jahre ins Kloster

Von einer jungen Frau habe ich den Tipp bekommen, dass es ein Kloster gibt, das zur Ausnahme auch Gäste mit Schwierigkeiten aufnimmt. Sie selber war schon einmal dort und hatte gute Erfahrungen gemacht. Also habe ich eine E-Mail geschrieben und nach einem ausführlichen Gespräch hat die mutige Ordensoberin zu meiner Freude eingewilligt, mich aufzunehmen.

Als ich im Kloster angekommen bin, war ich noch sehr krank und fast nicht fähig richtig zu funktionieren und mich richtig mitzuteilen. Doch die Ordensschwestern haben mich trotzdem großherzig aufgenommen. Mit viel Liebe kümmerten sie sich um mich und verstanden es, mich in den Klosteralltag einzubinden. Dort konnte man lange Spaziergänge machen und der Ort war im Vergleich zur Stadt sehr still. Der Pfarrer von dort war ein ausgebildeter Psychiatriepfleger und kannte meine Erkrankung. Zudem war er ein tiefgläubiger Mensch. Ich hätte also keinen besseren Beichtvater haben können als ihn. Welche Vorsehung Jesu!

Im Klosteralltag musste ich mich zuerst an die vielen Gebetszeiten und die Psalmen gewöhnen. Ich habe nicht von Anfang an die Aussagen der Psalmtexte verstanden. Sie wurden mir jedoch mit der Zeit sehr lieb, weil ich merkte, dass diese Worte aus der Bibel mein Herz berühren, viel mehr als andere Texte, die ich von früher kannte. Obwohl das Leben von außen her gesehen weniger abwechslungsreich war, hatte ich in meinem Herzen einen viel größeren Reichtum. Die Psalmtexte waren sehr tiefgründig, und weil alle Gebetszeiten vor dem ausgesetzten Allerheiligsten gebetet wurden, war die Präsenz Gottes für mich noch stärker spürbar. Diese Präsenz Gottes ist das Schönste, was es gibt! Diese Eucharistische Gegenwart war im wahrsten Sinne des Wortes die Liebeserklärung Gottes an mich. Mein ganzes Inneres fühlte sich geliebt von Jesus und oft habe ich das Bedürfnis gehabt einfach still vor Jesus, vor dem Allerheiligsten zu sein. Alle meine seelischen Leiden wurden von einem wunderbaren wärmenden Licht erhellt, wenn ich einfach nur stille da vor dem Heiland saß. Meine seelischen Wunden wurden richtig «weggeliebt» von Jesus. Dies ist für mich unvergleichbar schön gewesen. Nichts auf der Welt hatte in meinem Leben mir jemals eine solche innere Zufriedenheit gegeben wie die Anbetung.

Im Kloster war es angenehm ruhig. Die Arbeiten, die ich zu verrichten hatte, lenkten nicht von Gott ab, sondern ich lernte jede Tätigkeit in der Gegenwart Gottes zu tun.

Es gab jede Woche eine Austauschrunde, in der wir, die Ordensschwestern und die Gäste, über verschiedene spirituelle Themen sprachen. Es war schön, so den Glauben miteinander zu teilen. Ich lernte dabei Gott noch tiefer kennen. Neben den übrigen Gebetszeiten habe ich jeden Tag ca. zweieinhalb Stunden stille Anbetung gemacht, am Nachmittag und am Abend. Dieses stundenlange stille Schauen auf die Eucharistie hat mein Herz immer mehr erfüllt und viel Freude vermittelt. Jesus in der Eucharistie anzubeten wurde mein Lieblingsgebet. Dabei fühlte ich die Gegenwart Gottes in meinem Herzen so stark, dass ich dachte: «Ja, so muss es auch im Himmel sein!» Ich wurde jedes Mal von der Liebe Gottes erfüllt mit so viel Zärtlichkeit, Freude und Schönheit, dass ich oft dachte: ich möchte ewig in der Anbetung bleiben. Dies war für mich eine Wüstenzeit, wo ich ganz alleine mit Jesus sein durfte. Dort habe ich wirklich den Himmel im Herzen bekommen.

Ein einschneidendes Ereignis war, als Don Gobbi von der Marianischen Priesterbewegung zu einem Vortrag kam. Dies war kurz vor seinem Tod. Don Gobbi erhielt innere Einsprechungen von der Muttergottes und hatte mir sein Buch geschenkt mit dem Titel: *An die Priester, die vielgeliebten Söhne der Muttergottes.* Darüber habe ich mich sehr gefreut, denn es interessierte mich brennend, was Maria uns zu sagen hatte. Als er da war, spürte ich, dass Maria lächelte. Ich durfte seinen eindrücklichen und feurigen Vortrag hören und im Kloster zusammen mit ihm essen. Am Ende hat er mich zu sich gerufen und gesagt, Jesus hätte eine Botschaft für mich. Don Gobbi erklärte mir unter vier Augen: «Jesus hat zu mir gesagt, dass Er dich ganz für sich haben möchte! Jesus hat aber nicht gesagt, in was für einen Stand Er dich beruft (Laie, Ordensbruder oder Priester).»

Dies hat meine Gedanken zu der Gemeinschaft «Herz der Zärtlichkeit Jesu Christi» geführt, die Jesus von Françoise erbeten hat. Eine Gemeinschaft, die tief aus den Botschaften der Zärtlichkeit Jesu und der ganzen Wahrheit des Evangeliums leben sollte und Gäste aufnehmen, die Durst haben nach Gott. Ähnlich wie diese Klostergemeinschaft, in der ich zu Gast war. Diese Gemeinschaft ist leider noch nicht entstanden, weil nicht genügend Leute da sind, die sich berufen lassen, aber ein Haus, das Haus Mariens in Plougasnou in der Bretagne, gibt es schon. Ich jedoch, fühlte mich sehr zu dieser Gemeinschaft «Herz der Zärtlichkeit Jesu Christi» hingezogen. Vielleicht wird Jesus einmal einen Weg in diese Richtung öffnen.

Weiter hat Don Gobbi gesagt, dass er für mich bete, damit ich eine Arbeit finde. Der Priester Don Gobbi hat für mich einen sehr stillen, friedvollen und demütigen Eindruck hinterlassen, was mich sehr beeindruckte. Er war einer der ersten Priester, denen ich begegnet bin, der mir bestätigt hat, dass man Jesus spüren kann. Andere Priester und Ordensleute haben mir gesagt, dass man im reinen Glauben leben muss und Jesus nicht fühlen kann und dies auch nicht erstreben soll. Diese Begegnung mit Don Gobbi hat mich darin bestärkt, dass meine Wahrnehmung Jesus zu fühlen richtig und nicht falsch war.

So ging der Alltag im Kloster weiter, indem ich tief aus der Kontemplation lebte und das Wort Gottes fast auswendig gelernt habe.

Auch suchte ich bei der Gemeinschaft der Seligpreisungen in Zug, in einem anderen Kloster, meine Berufung. So verbrachte ich drei Monate bei den Seligpreisungen. Dort durfte ich unter anderem im Garten mithelfen und am Gemeinschaftsleben teilnehmen. Es war eine sehr schöne, junge und lebendige Gemeinschaft. Wir machten auch Sport, tanzten und wanderten auf den Rigi. Jeden Freitag haben wir zum Nachtessen Shabbat gefeiert. Da haben wir Psalmen gesungen und getanzt. Dies hat mich sehr beeindruckt.

So schön diese Gemeinschaft auch war, in meinem Inneren fühlte ich, dass dies nicht der Weg für mich ist. Ich fühlte mich stark ins Werk der Zärtlichkeit berufen, selbst wenn da noch keine Gemeinschaft war. Es existierte nur das Haus Mariens in Plougasnou, in der Bretagne und ein kleines Apostolat, das meine Eltern betreuten.

Schlussendlich folgte ich meinem Herzensruf und verließ das Kloster, um wieder nach Zürich zu gehen, um dort im Werk der Zärtlichkeit zu arbeiten.

VIII. Stefan, mein behinderter Onkel kommt in mein Leben

In Zürich begann ein etwas anderes Leben für mich. Jesus wollte, dass ich all die Liebe, die ich von Ihm empfangen hatte an meine Mitmenschen weiterschenke. Er nahm mich in Seinen Dienst!

Mit dem Tod meines Großvaters kam mein behinderter Onkel Stefan stärker in mein Leben. Stefan ist pflegebedürftig und braucht Hilfe in allen Bereichen. Meine Familie hatte beschlossen, Stefan regelmäßig und sehr oft zu sich zu holen, damit er wieder ein Zuhause hat. Da habe ich mitgeholfen. Am Anfang war es recht schwierig, doch mit der Zeit merkte ich, wie der Dienst an Stefan auch Freude macht.

Die Behinderten haben etwas unbeschwertes, was uns «normalen» Menschen ein bisschen abhanden gekommen ist. Stefan lacht viel und braucht wenig um glücklich zu sein. Er ist zum «Sonnenschein» unserer Familie geworden. So lernte ich mich selber und meine Krankheit in den Hintergrund zu stellen, um wirklich für Stefan da zu sein. Oft gingen wir spazieren und Leute, mit denen ich sonst nie gesprochen habe, grüßten uns wegen Stefan freundlich und wir kamen so miteinander ins Gespräch. Da merkte ich, wie wertvoll und lebenswert auch behindertes Leben ist. Es macht Freude, nicht nur für sich selber zu leben, sondern auch für die Anderen.

IX. Ich habe eine wunderbare Arbeit gefunden

Nun sind es bereits einige Jahre, seit ich im Sekretariat für Deutschsprachige von Françoise arbeite. Die Botschaften von Jesus, die Françoise erhalten hat, haben meinem Leben sehr geholfen einen echten Weg zur Umkehr zu Jesus zu machen und eine persönliche und lebendige Beziehung mit Ihm zu pflegen. Pro Jahr erscheinen zirka sechs Hefte, die ich zusammen mit meinen Eltern verfasse und gestalte. Verschiedene Bücher von Françoise habe ich mitgeholfen zu übersetzen und vieles mehr mache ich im Werk der Zärtlichkeit Gottes. Da ich in der freien Wirtschaft nicht arbeiten kann, habe ich trotz Erkrankung eine wunderbare Arbeit gefunden, die mich glücklich macht, weil ich Jesus dabei intensiv spüren darf und Er mir im Herzen sagt, dass dies für den Moment mein Platz ist, wo Er mich haben will. All dies verdanke ich der wunderbaren einfühlsamen Führung Jesu durch Seinen Heiligen Geist.

X. Zwei Gebetsgruppen

In Zürich gibt es eine Jugendgruppe, das Adoray, wo Jugendliche jeden Mittwoch zusammen lobpreisen, Impulse hören von verschiedenen Priestern und eine Zeit der Anbetung halten. Ich selbst habe einen Impuls über die Anbetung gehalten. Auch kommt jeden Monat der Jugendbischof und hält eine Heilige Messe für sie. Dabei erhalten sie viele Segnungen, manchmal sogar einen Primizsegen.

Den Jugendlichen werden verschiedene gemeinsame Aktivitäten angeboten, wie zum Beispiel: Wanderungen oder verschiedene Festivals etc. Die katholische Kirche umsorgt die Jugend sehr.

Mit den Jugendlichen zusammen zu sein machte mir große Freude, denn ich sah, dass es auch junge Menschen gibt, die ernsthaft im Glauben stehen. Darin habe ich für eine gewisse Zeit eine Möglichkeit gefunden, weiterzugeben, was ich erhalten habe.

Doch für die Jugendlichen gibt es auch Gefahren: Die Oberflächlichkeit, sich in Events und Aktivitäten zu verstricken und das Wesentliche aus den Augen zu verlieren: die persönliche Begegnung mit Jesus von Herz zu Herz. Diese Liebesbeziehung mit Jesus ist das Wichtigste im Glauben. Diese Beziehung pflegt man, indem man die Sakramente regelmäßig empfängt.

Nein, liebe Freunde, die Heilige Messe ist nicht nur für graue Köpfe, sondern für alle da! Lasst euch nicht davon abhalten in die Heilige Messe zu gehen, mit der Begründung, nur alte Leute gehen dorthin. Jesus hat uns Seinen Leib geschenkt in der Eucharistie, und wenn wir uns nicht regelmäßig von Ihm nähren lassen, mit einem durch die heilige Beichte gereinigten Herzen, verlieren wir allmählich diese Beziehung zu Ihm. Dann ist diese Jugendgruppe nur noch ein Freundestreff, um Kontakt zu pflegen oder eine Frau zu finden, aber nicht der Ort, wo wir Jesus begegnen.

Ich habe selber in dieser Gruppe nach meiner Berufung gesucht, ob die Ehe etwas für mich wäre, doch diese Suche hat mir nur bestätigt, was ich in meinem Inneren schon lange gespürt habe: Jesus möchte mich ganz für sich haben!

Mein Rat an alle Jugendlichen, die das Glück beim anderen Geschlecht suchen: Wenn ihr verliebt ineinander seid, stellt diese Liebe nicht vor Christus. Lass in eurem Herzen Jesus den ersten Platz, erst dann wird eure Beziehung wirklich aufblühen, so dass sie auf dem Felsen des Evangeliums gebaut ist.

Zudem mache ich im Gebetskreis bei uns Zuhause mit. Unser Gebetskreis besteht aus einem festen Grundstamm von Personen und andere, die uns besuchen. Wir wollen ein Leuchtturm des Gebetes sein und die Zärtlichkeit Gottes auf die Welt herabflehen. Unsere kleine Gebetsgruppe hat schon viele Gebetserhörungen erlebt. Zum Beispiel war eine Frau in unserer Gebetsgruppe, die Krebs hatte und viele Chemotherapien brauchte. In den Jahren, als sie unsere Gebetsgruppe besuchte, benötigte sie keine Chemotherapie mehr! Es sind große Dinge, die Jesus uns da schenkt. Welches Ausmaß das alles hat, kann ich gar nicht richtig ermessen. Es kommt mir vor, als würde Jesus uns Edelsteine um Edelsteine schenken, von denen wir den Wert gar nicht kennen.

Auch ist eine wunderbare Liebe untereinander entstanden, sodass wir uns gegenseitig bei Problemen helfen. Zum Beispiel haben alle in der Gebetsgruppe schon geholfen mit unserem behinderten Stefan.

XI. Es ist schön in die Kirche zu gehen

Mit diesem Zeugnis wollte ich Mut machen, dass auch junge Menschen den Weg mit Jesus in der katholischen Kirche gehen können und zeigen, dass es sehr schön und nicht nur verdrießlich sein kann in die Kirche zu gehen. Ich kann alle verstehen, die es langweilig in der Kirche finden. Doch wenn wir eine persönliche Beziehung mit Jesus pflegen, werden wir merken, dass die Umkehr schön ist, zu der Jesus uns aufruft. Er nimmt sich jeder Seele an und passt sich ihren Eigenschaften an und bringt sie zur Entfaltung. Wichtig ist, dass wir selbst beginnen mit Jesus zu sprechen und ehrlich mit Ihm sind. Es macht gar nichts, wenn die Worte, die wir Ihm sagen, nicht nur schön fromm sind, sondern Er hört uns immer zu. Doch Jesus zwingt nicht. Er lässt uns frei. Er möchte nämlich unser Freund sein und uns behutsam von der Sünde befreien und glücklich haben. So wünsche ich euch von Herzen auch diesen Schatz, den ich gefunden habe in der katholischen Kirche und diese innige Verbundenheit mit Jesus, damit ihr in den Prüfungen dieses Lebens standhalten und froh sein könnt.

Noch bevor ich dieses Zeugnis in den Druck gegeben habe, begegnete ich einer jungen Frau, Anna, der ich spontan meinen Lebensbericht zum Lesen gab. Kurz darauf gab mir ihre Mutter das folgende Feedback:

87. Manchmal geschehen wirklich große Wunder

Meine Tochter Anna ist heute 21 Jahre alt, und ich kann sagen, wir haben vieles zusammen ausgestanden. Als sie acht Jahre alt war, haben mein Mann und ich uns leider getrennt. Es ist einfach nicht mehr gegangen, aber das ist eine andere Geschichte. Das war damals für Anna sehr schwierig. Als einzige Tochter hing sie sehr an ihrem Vater, musste aber mit mir zusammenleben. Auch damals schon, als ihr etwas nicht passte, das ich sagte, bekam ich oft zu spüren, dass sie mir die Schuld am Ganzen gab, sie vermisste ihren Vater sehr. Wir hatten uns zwar sehr gern, aber da war damals schon irgendeine Schranke zwischen uns, die sich mit dem Älterwerden nur noch vergrößerte. Besonders mit vierzehn/fünfzehn Jahren als das Pubertätsalter begann, wurde es zunehmend schwieriger. Sie wollte jedes Wochenende am Freitag und Samstag weggehen, mit Freunden, Kollegen rumhängen, später dann in die Stadt gehen, sie wollte nach Hause kommen, wann es ihr gefiel, nach Lust und Laune auch bei anderen übernachten, das Taschengeld war immer zu wenig ... und da gab es diese strengen Regeln von Mami, die ihr aber gar nicht gefielen.

Es begann eine lange Zeit mit Auseinandersetzungen, Streit, Kämpfen. Anna war ein sehr impulsives Mädchen, das sich einfach von den momentanen Emotionen leiten ließ. Da rutschte ein unschönes Wort nach dem andern aus ihr raus, auch mit Gesten war sie nicht sparsam, die Türen wurden heftig zugeknallt, ein kleiner Rebell durch und durch. Ich selber bin katholisch und habe versucht, meine Kinder den Glauben zu lehren, die Liebe zu Jesus, zu Gott, zu Maria. Auch das war für Anna alles ziemlich schräg, was ihr Mami sagte, altmodisch, hinter dem Mond, so ein Blödsinn. Eine schwierige Zeit für uns beide.

Ich gehöre zu einer kleinen Gebetsgruppe «Boten der Zärtlichkeit Jesu», die sich jede Woche trifft. Zu Beginn können wir unsere Anliegen, die uns besonders fest am Herzen liegen, ins Gebet hineingeben. Natürlich haben wir immer wieder für meine Anna gebetet. Dies hat mir in dieser schwierigen Zeit viel Kraft gegeben, viel Liebe, Hoffnung und Mut. Ich selber musste viel lernen in dieser Zeit. Ich musste lernen, mein Kind durch die Liebe Jesu zu lieben und nicht mit meiner eigenen, denn die hätte das nicht geschafft. Ich musste lernen, Gott zu vertrauen, loszulassen... Natürlich habe ich selber ganz liebe Eltern und Geschwister, die mir geholfen haben, alles mitzutragen und mitzubeten. Und so sind wir unsere Wege gegangen.

Als Anna achtzehn Jahre alt war, wurde es zwischen uns beiden bereits ein wenig besser. Wir konnten wieder zusammen lachen. Aber das Thema Glauben blieb weiterhin ein Tabuthema zwischen uns. Immerhin ließ sie es zu, dass ich mit ihrer besten Freundin über den Glauben diskutierte. Das fand sie dann irgendwie noch spannend.

Im Detail will ich gar nicht erzählen, was da alles passiert ist. Nein, ich will erzählen, was sich in den letzten Monaten ereignet hat. Anna stand kurz vor der Matur. Den Stress nahm sie äußerlich gar nicht so richtig wahr, aber innerlich war da eine Anspannung, die sie sich selber gar nicht erklären konnte, bisher nicht so kannte. Und eines Tages äußerte sich dieser innere Druck, diese Anspannung mit einer Panikattacke, sie hyperventilierte. Ich war nicht zuhause, sie hatte das Gefühl, sie müsse sterben. Sie hatte große Angst, bat ihre Brüder die Ambulanz zu rufen und wurde ins Spital gefahren. Sie hatte große Angst, wirklich Todesängste. Dreimal saßen wir zusammen im Spital und warteten auf den Arzt, Untersuchungen wurden gemacht. Anna war dankbar, dass ich da war. Sie spürte, auf Mami ist Verlass, sie hatte

Vertrauen – eine schöne Zeit eigentlich, so nahe beieinander zu sein, für sie da zu sein. Es wurde nichts festgestellt, der Arzt sagte, sie sei gesund, wahrscheinlich der Stress, die Angst. Mit Ängsten hatte sie dann ab und zu noch zu kämpfen, aber heute ist es fast wieder weg. Nach dieser Todesangst aber hat Anna wieder begonnen, über den Sinn des Lebens nachzudenken, und irgendwie erschien ihr vieles im Leben sinnlos: Ausgang, Vergnügen, Partys,... Es musste da doch mehr geben, warum ist sie auf dieser Erde,...

Ich kenne einen jungen Burschen, der soeben seine «Bekehrungsgeschichte», wie er zum Glauben, zu Gott fand, aufgeschrieben hatte. Der letzte Schliff für das geplante Heft, war noch nicht getan, aber er spürte ganz fest in seinem Herzen, dass er Anna sein Zeugnis zum Lesen geben sollte. Er schrieb ihr einen kleinen Brief dazu, seine Mutter besorgte noch Blumen für die bestandene Matur, und er brachte ihr sein Zeugnis. Anna hatte bisher so ziemlich alles, was ich ihr über den Glauben zum Lesen geben wollte, zur Seite gelegt und nicht angerührt. Dieses Zeugnis – oh Wunder – nahm sie in die Hand und begann zu lesen, sie saß in der Stube. Ich war soeben in der Küche am Kochen, und irgendwie war es in der Stube so ganz merkwürdig still. Ich ging in die Stube und wollte nachsehen, ob alles in Ordnung war. Und da saß meine Anna und weinte, die Tränen kullerten ihr die Wange herunter. Ich streichelte ihr ganz sanft über den Kopf, sie sagte, sie wisse nicht, was da mit ihr geschieht, sie könne es selber nicht ganz verstehen. Ich sprach ein paar liebevolle Worte, zog mich leise wieder in die Küche zurück. Ich wollte sie nicht stören, damit sie in aller Ruhe das Zeugnis fertig lesen konnte. Seither reden wir wieder über den Sinn des Lebens, über Gott und die Welt, über den Glauben und die Liebe. Kurze Zeit später sagte sie mir, sie würde gerne mit einem katholischen Priester sprechen. Das erste Gespräch hat schon stattgefunden...

Ich kann nur sagen: Jesus, ich danke dir von ganzem Herzen für dieses große Wunder, das du an meiner Tochter gewirkt hast! Vielleicht gibt es auch wieder Rückschläge, aber der Same für eine wunderschöne kleine Blume, der einst gesetzt wurde, hat plötzlich begonnen zu wachsen, und ich bin mir sicher, er wird nicht aufhören zu wachsen.

88. Von der Bedeutung des Lebens auf Erden

Was weißt du von der Bedeutung des Lebens auf Erden? Nicht viel, denn du betrachtest dich als ein kleines Vögelchen ohne Wert... Und dennoch ist deine Seele gewollt und erschaffen worden vom Vater, der dich auf die Erde gestellt hat, damit du Ihm dienst. Siehst du, der Großteil der Seelen ist sich dessen nicht bewusst. Sie denken, dass sie durch ein menschliches Wollen da sind. Dem ist nicht so. Jede Seele ist ein von Gott aus Liebe geschaffenes Wunderwerk und daher ist jedes Leben auf Erden von Bedeutung, ob es kurz oder lang sei.

Viele Seelen würden neu aufblühen, wenn man ihnen sagte, dass ihre Existenz nicht zufällig ist und dass jede von ihnen eine besondere – von Gott aus Liebe gewollte – Mission hat...

Also musst du dies den Seelen mitteilen. Sage ihnen, dass Ich sie im jetzigen Moment auf Erden will, und dass sie Mir Freude bereiten werden, wenn sie Meinen ganzen Willen erfüllen. Wer sie auch seien, sie haben eine Mission.

Wecke die Seelen auf. Fordere sie auf, sich zu erheben und Mir nachzufolgen. Dann verspreche Ich ihnen die tiefe Freude desjenigen, der seinen Willen mit dem Gottes vereinigt, und dies trotz allen Leidens.

Nein, ihr seid nicht umsonst auf Erden. Ich erwarte etwas von euch und Ich liebe euch. Ich segne dich.

89. Ihr bevorzugter Gefährte ist ein Bildschirm, ein Gegenstand

Weißt du, wie sehr sich die Menschen durch die modernen Kommunikationsmittel deiner Zeit beherrschen haben lassen? Ohne es zu wissen, sind sie einsam geworden, egoistisch, auf sich selbst zurückgezogen und krank, weil ihr bevorzugter Gefährte ein Bildschirm ist, ein Gegenstand...

Wenn du die List Satans sehen würdest, um die Seelen ins Verderben zu führen... Arbeite, Blume, damit die Menschen sich von neuem begegnen, in heiliger Weise und ihr Herz miteinander teilen, in Mir und mit Mir.

Ich bin da, um allen Seelen guten Willens zu helfen...

90. In vielen Herzen werde Ich schmelzen

Wenn du in Meiner Gegenwart bist, lebst du wieder auf. Deshalb darfst du sie nicht wegen aller möglichen Ängste verlieren. Darum bitte Ich dich.

Wenn du fühlst, wie nahe Ich dir bin, verherrlichst du Mich, indem du Mich aufnimmst. Du musst nur an die Gnade Meiner ständigen Gegenwart glauben, dann wirst du sie immer besitzen. Ich bitte dich nur um Glauben und Liebe.

Ich bin darauf angewiesen, dass dein Blick ständig auf Mich gerichtet ist, wenn Meine Gnade immer in dir Frucht bringen soll. Wenn du auf Mich schaust, schenke Ich dir Frieden und überflute dich mit Meiner Liebe.

Weißt du, in welchem Maß Ich Mich dir durch Meine Gegenwart offenbaren will? Ich habe dich erwählt, um dir diese Gabe zu schenken: Du sollst sie fühlen und in die Welt tragen.

In vielen Herzen werde Ich auf diese Weise schmelzen, indem Ich ihnen gewähre, Mich zuinnerst zu spüren. Durch den Glauben, den sie bekommen, werden sie Meine übergroße Zärtlichkeit erhalten, die in Meiner Gegenwart zum Ausdruck kommt. Du musst nur sagen, dass Ich offene und reine Herzen brauche: Dann komme Ich.

Höre: Du sollst in deinem Herzen das ständige Verlangen nach Meiner Gegenwart tragen, dann wirst du immer erfüllt werden. Du darfst nie langweilig werden. Du musst dieses Verlangen auch den anderen Seelen vermitteln, damit sie das erhalten, was du erhältst.

Ich segne dich. Freue dich über Meine Liebe.

91. Was sucht ihr? Glück, Heilung, die Lösung für so viele Probleme?

Ihr seid alle gerufen, Mir zu folgen, Mir, Jesus Christus, eurem Erlöser, um das Leben zu finden. Was sucht ihr? Glück, Heilung, die Lösung für so viele Probleme? All das werdet ihr nur in der tiefen Bekehrung finden, wenn ihr den Einen und Dreifaltigen Gott als den Mittelpunkt eures Lebens erwählt.

Gott hat euch geschaffen, Er hat euch bei eurer Empfängnis eine Seele geschenkt, damit ihr glücklich nach Seinem Abbild leben könnt. Wenn ihr euren Schöpfer anerkennt, wenn ihr euch eurer Berufung zur Liebe bewusst werdet, wird das Glück schon hier auf Erden für euch beginnen. Nicht ein oberflächliches, menschliches Glück, das bei der ersten Prüfung endet, sondern das göttliche Glück derer, die Gott anbetend schauen und sich in Seiner übergroßen Zärtlichkeit mit Ihm vereinen lassen.

Wenn ihr dann Mein Herz erkannt habt, werdet ihr erfüllt sein vom Licht des Heiligen Geistes, der Liebe ist, und ihr werdet das Glück entdecken, das nur Gott allein euch schenken kann, welcher Art auch immer die Prüfungen des Lebens sein mögen. In Gott werdet ihr die Heilung eurer Seele und auch diejenige des Leibes finden, denn beide leiden unter den Folgen der Sünde.

In Meinem Herzen werdet ihr erneuert und verschönert werden. In Meiner Gegenwart werdet ihr beginnen, die Sicht wieder zu erlangen und dann werdet ihr strahlen.

Wie viele von euch versinken in Schwierigkeiten, weil sie das erste Gebot nicht beachtet haben: das Gebot der Liebe. Habt ihr denn nicht verstanden, dass ihr Kinder Gottes seid, die auf Erden sind, um lieben zu lernen? Wenn ihr Abstand nehmen könntet von eurem «Ich», eurem Willen, würde Mein Heiliger Geist sogleich in euch ans Werk gehen, um euch zu beraten, zu erleuchten und zu trösten.

Wie viele unter euch rufen den Heiligen Geist an, um Weisheit und göttliches Licht zu erlangen? Bittet und ihr werdet erhört werden. Betet mit eurem Herzen und euer Leben wird erleuchtet werden. Lernt Mich kennen, indem ihr Maria mit auf den Weg nehmt und ihr werdet genährt werden.

Dann wird das Leben in euch neu erblühen. Die Schatten werden daraus vertrieben und ihr werdet strahlende Apostel werden für diese so verwirrte Zeit, in der ihr lebt.

Seid glücklich, dass Gott sich in dieser Weise über euch neigt, indem Er euch aufruft zu Reue und tiefer Umkehr, denn euer Ja zu Gott wird euch retten...

Ich segne euch, ihr, die ihr Mir euer Herz öffnet.

92. Im Gebet wirst du alle Kraft finden

Wenn die Welt sich einer Seele bemächtigt, kann Ich sie nicht mehr in Meiner innigen Vertrautheit nähren. Lass dich nie so vereinnahmen. Im Gebet, in der Betrachtung, wirst du die Kraft finden, unaufhörlich vor den Versuchungen der Welt zu fliehen. Weshalb spürst du Meine Liebe? Weil du bereit warst, dich Meinem Herzen auszuliefern. Deshalb ist das so. Sage es den Seelen klar, dass jede Meine Gegenwart spüren kann, indem sie sich Mir ganz und gar schenkt. Meine Gabe ist für jeden.

93. Ich bin ein Herz

Die Herrschaft Jesu in den Herzen besteht aus Meiner Zärtlichkeit und aus Meinem Herzen, das auf der ganzen Welt jenen enthüllt wird, die nach Mir verlangen. Wo immer Ich geliebt werde, werde Ich tief in den Herzen leben. Niemand hat bis jetzt ein solches Strahlen Meiner Zärtlichkeit gesehen, denn das ist die Wirkung Meiner Barmherzigkeit angesichts eurer so dunklen Welt. Mein Herz wird sich auf wunderbare Weise all jenen offenbaren, die es kennenlernen wollen.
Ich bin ein Herz, und ihr werdet Mein Herz kennenlernen. Ihr werdet einem solchen Auflodern der Zärtlichkeit gegenüber nicht taub bleiben. Einzig jene, die geschworen haben, Mich abzulehnen, werden Mein Herz nicht kennenlernen, weil sie es nicht wollen. Aber die reinen Seelen werden Meine Gabe erhalten: das Reich Meines Herzens in dem ihren.

94. Unsere Übersetzerin Christine

Das Lebenszeugnis meines Sohnes haben wir von Christine Keinath ins Französische übersetzen lassen für unsere Mitglieder in Frankreich: Christine hat fast alle Bücher von Françoise übersetzt. Zu ihr haben wir eine liebevolle, geschwisterliche Beziehung bekommen und sie hat uns schon oft spontan wichtige Texte und Briefe übersetzt. Sie ist für uns eine nicht mehr wegzudenkende Hilfe im Werk der Zärtlichkeit. Sie war so bewegt vom Zeugnis von Johannes, dass sie uns einen langen Kommentar dazu geschickt hat. Wir waren sehr erstaunt, wie viel sie darin entdeckte und sie hat mich damit getröstet, denn sie begriff etwas vom tiefen Sinn des Leidens, das wir durchgestanden hatten. Ich musste weinen, als ich diesen Kommentar gelesen habe, denn ich fühlte mich tief verstanden.

(...) Jede Seele ist Jesus unendlich kostbar, jede Seele hat Er um den Preis Seines Blutes erlöst, und um jede Seele, die weit weg von Ihm irgendwo herumirrt, leidet Er unendlich! Ich schreibe das auch deshalb, weil es in Frankreich diese «nur noch Attentate»-Stimmung gibt. Jetzt spricht man bereits von der «Bataclan-Generation»: Und in Anbetracht der Musik, die in Paris gespielt wurde («Küsst den Teufel»), als die Terroristen eindrangen und all diese jungen Menschen erschossen, ist dies als eine Generation zu verstehen, die sich Satan hingegeben hat.
Es steht in der Tat so ungeheuer viel auf dem Spiel. (...) Es geht um einen Kampf zwischen Finsternis und Licht. (...)
Ich weiß gar nicht, wie ich es recht in Worte fassen kann: es geht in einem endgültigen, definitiven und fast «endzeitlichen» Sinn um jede einzelne Seele. (...)
Und genau das ist die Kraft von Johannes' Zeugnis: Es geht um diese eine Seele. Um diese eine Seele, die mit den

«Dämonen» der Neuzeit konfrontiert ist, die in den Kampf um das Licht so hineingezogen ist, dass ihr ganzes Wesen betroffen ist und leiden muss. Jede einzelne Seele trägt zum Sieg des Lichtes bei – und jede einzelne Seele ist unverzichtbar, um zu diesem Sieg des Lichtes beizutragen.

Ja, das ist Johannes' Zeugnis.

Und DENNOCH denke ich oft, dass die Menschen in Deutschland und in der Schweiz noch gar nicht kapiert haben, wie sehr es derzeit um einen echten Kampf geht.

Und davon ist Johannes eine Art «Verkörperung» – die ihr zudem wirklich *teuer* bezahlt habt, wenn man die ganzen Leiden der vergangenen Jahre bedenkt!

Ich denke, dass sein Zeugnis auch deshalb so wichtig ist, weil er durch sein Leiden (und natürlich auch durch euer Leiden als Eltern) zur Erlösung aller beiträgt (im Sinn von Kolosser 1,24: *«Für den Leib Christi, die Kirche, ergänze ich in meinem irdischen Leben das, was an den Leiden Christi noch fehlt.»*)

Ich sehe in Johannes' Weg einen beeindruckenden Ausdruck davon, dass die Erlösung sozusagen einen «Preis» hat!

Bitte tragt der Begrenztheit menschlicher Sprache Rechnung: Natürlich wird uns das Heil, die Erlösung ungeschuldet geschenkt; und doch ist es eine REALITÄT, dass Johannes diesen unendlich schmerzlichen Weg auf sich nehmen musste, um heute den Jugendlichen den Weg weisen zu können.

Unergründliches Geheimnis der «Miterlösung»... oder, wie man früher eben sagte, der «Sühne»...

Und dass Ihr alle zusammen in diesem Leiden ausgehalten habt, gibt diesem Aspekt des «Auftrags» zur «Miterlösung» nur noch mehr Gewicht. (...)

Jesus arbeitet letzten Endes nur daran, dass wir endlich die Bedeutung der *Erlösung eines jeden einzelnen* erkennen.

Natürlich macht das Leiden uns zunächst mal *immer Angst* (denn Gott hat uns nicht für das Leiden, sondern für die Liebe erschaffen) – aber es ist auch gut zu zeigen, dass es eine «sehr fruchtbare Kehrseite» hat, wie Johannes' Zeugnis belegt. (...)

Christine Keinath

95. Zeugnis über Dämonen von Johannes

Ich kenne das Phänomen gut, dass ich dunkle Wesen wahrnehme mit manchmal fratzenhaften Gesichtern und fürchterlichem Gebiss, die mich körperlich angreifen, ja mich sogar sexuell belästigen.

Meistens geschieht dies in der Nacht beim Schlafen oder wenn ich gerade aufwache oder gerade einschlafe.

Für mich ist es deshalb klar, dass es einen Teufel gibt, das Böse in einer Person, und dass diese Erzählungen aus der Bibel über den Teufel wahr sind und keine nur rein symbolische Bedeutung haben, wie leider so oft erzählt wird, auch in der Kirche.

Ich habe verschiedene Mittel mit diesen dämonischen Angriffen umzugehen:

Das erste wichtige Mittel ist das Abendgebet. Immer bevor ich einschlafe, sitze ich vor Jesus und lasse mich von Seiner Liebe durchdringen und Seinem liebenden Blick. Auch rufe ich durch ein Befreiungsgebet das Blut Christi auf mich herab und bitte um Schutz. Dann segne ich bei jedem Schlafengehen mein Bett und die ganze Erde und hülle mich in den Schutzmantel Mariens.

Diese Dinge sind alles gute Mittel, um den Bösen von mir fernzuhalten. Trotz all dieser Angriffe muss ich sagen, dass es sehr selten vorkam, dass ich meinen Herzensfrieden verloren hätte. Da ich mich immer an Jesus wandte, war Jesus trotz all dieser Dämonen immer da.

Es gab aber auch Momente, wo ich Jesus nicht gespürt habe in dieser Dunkelheit. Da hat es mir geholfen, Jesus einfach anzulächeln und das, was um mich herum war, zu ertragen und das unvermeidliche Kreuz anzunehmen. Aus diesen schwierigen Momenten hat Jesus immer ganz besondere Gnaden entstehen lassen, sodass ich am Schluss Jesus noch mehr lieben lernte und Ihn noch mehr anbeten konnte. Das unerschütterliche Vertrauen in Jesus ist der Schlüssel für all diese Angriffe. Es sind nur Schatten und sie können uns nicht von Christus trennen, auch wenn es Situationen geben kann, wo wir das Gefühl haben, nichts zu sehen. Je schneller man jedoch zum Vertrauen zu Jesus findet, je schneller kommt das Licht wieder und der Nebel verschwindet.

Was mich auch aufrecht gehalten hat, ist die tägliche Heilige Messe, die Eucharistische Anbetung und der Rosenkranz. Vor allem wenn ich still auf Jesus schaue in der Eucharistie, spüre ich die Zärtlichkeit Gottes intensiv und dies richtet mich immer wieder auf, auch in den schwierigsten Momenten und Situationen. Und wenn einmal eine Zeit kommt in der die Angriffe heftiger sind, und das Licht weniger durchscheint, ist dies immer ein Übergang in eine lichtvollere Zeit. Wenn wir nicht dem Bösen gehören wollen, kann der Böse uns auch nicht wirklich etwas tun! Er kann uns nur erschrecken, aber er kann unseren Glauben weder vermindern, noch die Beziehung mit Jesus schmälern. Nur die eigene willentliche Abkehr von Gott schwächt unseren Glauben. Ich glaube, wir müssen uns vor den Dämonen nicht fürchten, wenn wir Jesus lieben wollen, Seine Gebote der Liebe halten und den Weg mit Jesus wirklich gehen wollen. Der Dämon ist zwar mächtig, aber er ist nur so mächtig, weil die Menschen ihn in Freiheit so gewählt haben. So lange wir Jesus wählen, müssen wir fröhlich sein, denn Jesus beschützt uns über alle Massen vor dem Bösen.

«Was kann uns scheiden von der Liebe Christi? Bedrängnis oder Not oder Verfolgung, Hunger oder Kälte, Gefahr oder Schwert?
Wie geschrieben steht: Um deinetwillen sind wir den ganzen Tag dem Tod ausgesetzt; wir werden behandelt wie Schafe, die man zum Schlachten bestimmt hat.
Doch in alldem tragen wir einen glänzenden Sieg davon durch den, der uns geliebt hat.
Denn ich bin gewiss: Weder Tod noch Leben, weder Engel noch Mächte, weder Gegenwärtiges noch Zukünftiges noch Gewalten, weder Höhe oder Tiefe noch irgendeine andere Kreatur können uns scheiden von der Liebe Gottes, die in Christus Jesus ist, unserem Herrn.» (Röm 8,35-39)

Ein weiteres Mittel gegen böse Geister ist der regelmäßige Empfang des Sakramentes der Versöhnung. Wenn ich alle Dunkelheit Jesus hinlege in der heiligen Beichte, hat sich vieles lösen können. Wie oft fühlte ich mich danach erleichtert und ich konnte wieder tief durchatmen. Oft habe ich dann meine Seele in einem milden Licht wahrgenommen. Dabei ist für mich nicht der Zuspruch des Priesters das Wichtigste, obwohl dieser mich auch schon oft getröstet hat, sondern die sakramentale Vergebung Jesu, sodass mein Seelenkleid wieder ganz weiß ist.

Das Wort Gottes ist ebenfalls ein ausgezeichnetes Mittel gegen dunkle Anfechtungen.

«Schließlich: Werdet stark durch die Kraft und Macht des Herrn!

Zieht an die Waffenrüstung Gottes, um den listigen Anschlä-
gen des Teufels zu widerstehen!

Denn wir haben nicht gegen Menschen aus Fleisch und Blut
zu kämpfen, sondern gegen Mächte und Gewalten, gegen die
Weltherrscher dieser Finsternis, gegen die bösen Geister in den
himmlischen Bereichen.

Darum legt die Waffenrüstung Gottes an, damit ihr am Tag des
Unheils widerstehen, alles vollbringen und standhalten könnt!
Steht also da, eure Hüften umgürtet mit Wahrheit, angetan mit
dem Brustpanzer der Gerechtigkeit, die Füße beschuht mit der
Bereitschaft für das Evangelium des Friedens.

Vor allem greift zum Schild des Glaubens! Mit ihm könnt ihr
alle feurigen Geschosse des Bösen auslöschen.

Und nehmt den Helm des Heils und das Schwert des Geistes,
das ist das Wort Gottes!» (Ep 6,10-17)

Wenn ich also in den Worten Jesu bleibe, habe ich diese Waffenrüstung an, und der Böse muss weichen. Wir müssen uns
bewusst werden, dass der Teufel nicht mehr Macht hat, als
die, die wir ihm geben. Denn in der Zärtlichkeit Jesu können
alle Widrigkeiten des Lebens überwunden werden.

Als ich letztes Jahr in einer besonders schweren Prüfung
war, und deswegen monatelang nicht mehr richtig schlafen
konnte, hat mir ein Befreiungsgebet eines sehr gläubigen
Priesters geholfen, die dämonischen Quälereien zu vertreiben. Dieses Gebet wirkte sofort! Die Macht des Priesters
gegen den Feind ist nicht zu unterschätzen.

96. Wie ich als Mama die Krankheit meines Sohnes erlebt habe

Als dann die Krankheit meines Sohnes ausbrach, begann für mich eine andere Zeit, eine Zeit der Prüfung, wo ich die Treue Jesu und Seine feinfühlige Führung bis ins kleinste Detail hinein erfahren durfte. Er war einfach immer für mich spürbar anwesend, ganz egal ob ich im Spital, zu Hause, beim Arzt oder sonst wo war. Er war stets bereit mich zu trösten und aufzurichten, wenn das Leid mein mütterliches Herz marterte. Auf diese Weise konnte die Verzweiflung nie von mir Besitz ergreifen. Natürlich gab es Momente, wo ich entmutigt und traurig war und mich fragte: «Warum heilt Jesus mein Kind nicht? Warum befreit er ihn nicht von all diesen schrecklichen Leiden? Warum gerade mein Kind? Usw. Doch nie ließ mich Jesus im Stich. Er hatte eine Art mich zu trösten, dass ich einfach weiter gehen konnte, ohne unterzugehen.

Es waren lange Jahre intensiven Leidens, das ich mit meinem Sohn durchwandern musste und es dauert bis heute an. Auch wenn es jetzt nicht mehr dasselbe ist, da Johannes Jesus in einem Ausmaß gefunden hat, sodass jedes Leiden ihm zur Gnade wird.

Letztes Jahr, als die Krankheit sehr heftig war, schrieb mir mein Sohn folgendes Brieflein, das mich tief bewegte:

Liebes Mami,
Der Friede Jesu sei mit Dir.
Du bist die leidende Mutter eines kranken Sohnes und ich möchte Dich trösten. Ich möchte Dir von ganzem Herzen danke sagen für Deine Liebe und Deine Sorge.
Es stimmt, ich kann Dir Dein Leiden nicht wegmachen und meine Erkrankung heilen. Doch ich möchte Dir sagen, dass

mein Herz trotz allem im Frieden ist. Auch wenn Du meine Qualen siehst, die dein Herz martern, die nicht schön sind und mich verletzen: Jesus lässt mich nicht im Stich, auch wenn es so scheinen mag.

So oft habe ich erlebt, wie er diese Leiden wieder mit Seinem göttlichen Trost dämpft und erhellt.

Jesus ist kein Folterknecht, auch wenn es die verbitterte Zunge manchmal aus Qual so ausspricht.

Die Nacht meiner Erkrankung ist, so dunkel sie auch scheinen mag, hell. Die spürbare Zärtlichkeit Gottes hat mich noch nie verlassen. Kein Tropfen unserer Qual ist vergebens und keine unseren «Striemen» werden nicht mit Seinen Küssen verbunden und getröstet und im Himmel einmal verklärt sein.

Ich hoffe, ich konnte dein Mutterherz mit meinen Zeilen ein wenig trösten. Ich liebe Dich. Ich liebe Dich mit der ganzen Liebe Jesu. Ich gehöre Ihm und nicht mir selber.

Mit einer liebevollen Umarmung und einem dicken Kuss

Johannes

Ich weinte, als ich diese Zeilen las. Es war für mich unglaublich zu sehen, was Jesus im Herzen meines Sohnes bewirkte. Trotz schweren inneren Leidens war er fähig das Leiden seiner Mutter zu sehen und zu trösten und sein Leiden in Jesus anzunehmen. Wie viel Gutes erwächst doch auch aus dem Leiden!

Ich muss sagen, dass ich noch nie so glücklich und froh in meinem Herzen gewesen bin wie in den letzten Jahren. Es ist allein die ZÄRTLICHKEIT JESU, dem ich das zu verdanken habe. Wenn man dieses kostbare Gut besitzt, dann hat man die nie versiegende Quelle des Lebens gefunden. Ich erlebe das schon seit siebzehn Jahren und diese wunderbare

Liebe Gottes hat sich in meinem Herzen immer mehr intensiviert, sodass ich sagen kann: Ich erlebe trotz allen Prüfungen das Paradies auf Erden, das bestimmt ein Vorgeschmack des himmlischen Edens ist, wo es nur noch Frieden geben wird.

Hier eine tröstende Botschaft Jesu für alle leidenden Menschen, die mir sehr viel Hoffnung geschenkt hat:

97. Ich kann euch von jedem Leiden befreien

Wenn eine Seele Mir ihr Herz voll und ganz öffnet, indem sie Mir ihren Glauben, ihre Liebe, ihre Armseligkeit übergibt, eile Ich in sie, um sie in der Tiefe zu heilen.

Ich bin die Barmherzigkeit: Ich komme, um euch zu retten und von jeder Krankheit der Seele, des Herzens und manchmal auch des Leibes zu heilen. Meine Kinder, hofft auf Mich. Hofft, dass Ich euch das Leben schenke, das ihr verloren habt.

Es gibt kein Problem, keine Krankheit, für die es keine Lösung gibt. Ich kann euch von jedem Leiden befreien, jedes Gebrechen des Herzens, der Seele, des Geistes und des Leibes heilen. Wenn ihr euer Herz für Mein Wort des Evangeliums öffnet, werdet ihr die Heilung erhalten und wieder Hoffnung finden: Dann werdet ihr wieder kleine Lichter werden und euren Brüdern helfen.

Kommt und ladet eure Lasten ab: Übergebt Mir alles, was euch Sorgen macht, übergebt Mir euer Herz und bittet Mich im Glauben um seine tiefe Heilung. Ich lasse euch nicht fallen...

Wie oft wollte Ich jeden Einzelnen an Mein Herz drücken und euch so von geistigen und anderen Krankheiten befreien... Aber ihr zweifelt so oft an Meiner Liebe...

Die Liebe heilt alles: Doch ihr müsst sie annehmen wie ein Kind. Manchmal habt ihr körperliches Leiden zu tragen: Auch das kann Ich heilen. Wenn Ich es nicht tue, kann Ich euch alle Kraft und alle Freude schenken, damit ihr euer Kreuz tragen könnt, dem jeder in seinem Leben begegnet.

Kommt und fleht um Heilung. Lobt Mich und übergebt Mir euer ganzes Wesen. Ich werde euch pflegen und heilen.

Euer Gebet sei Liebe, Friede, Lobpreis. Ruht euch in Meinem Herzen in einer großen inneren Stille aus, dann werdet ihr Meine Gnadenwunder erkennen, die Ich in euch gewirkt habe... Durch die vorbehaltlose Hingabe an Meinen heiligen Willen empfangt ihr die tiefe Heilung eures ganzen Wesens.

Ich bin gut und sanft. Ich bin bereit, euch wieder Leben zu schenken. Lasst euch von Mir lieben. Ich segne euch.

Hier noch zwei weitere Erlebnisse, die mein Sohn Johannes im Laufe seines Lebens aufgeschrieben hat:

98. Mein Leben ein großer Scherbenhaufen?

Ich heiße Johannes und bin 21 Jahre alt.

An Weihnachten 2010, sind wir mit der Familie in die Mitternachtsmesse ins Kloster gegangen, wo die Heilige Messe immer besonders schön und feierlich gefeiert wird. Am Anfang der Messe, als ich auf das letzte Jahr zurückschaute, war ich ein wenig traurig, denn ich habe meine Berufslehre krankheitsbedingt abbrechen müssen und dies war schon der dritte Versuch eine Lehre zu beginnen. Menschlich gesehen war mein Leben nicht gerade; ein großer Scherbenhaufen, doch Jesus lehrte mich in dieser Messe mein Leben mit Seinen Augen zu sehen. Denn für Ihn zählt nicht der Erfolg, nicht wie gut ich menschlich gesehen im Leben dastehe, sondern nur meine Liebe zu Ihm, mein Glaube. Dies wusste ich eigentlich von Anfang an. Dann auf einmal spürte ich die Gegenwart der Muttergottes sehr stark und sie half mir mein Blick auf Ihn, Jesus, zu richten, auf das unvergängliche Leben, auf Seine unendliche Liebe zu mir. Dies änderte mein Befinden von Grund auf und machte mich froh und gab meinem Herzen einen wunderbaren Frieden. Ich wusste: In meinen Leben ist gar nichts kaputt gegangen. Im Gegenteil: Jesus hat mich wunderbar aufgerichtet und meine Seele komplett erneuert und geheilt. Ich spürte, wie sich Jesus und die Muttergottes über mich freuten. Auch ich selbst hatte eine große Freude in mir.

Welches Ziel ist denn größer als das ewige Heil? Es gibt kein größeres Ziel. Was könnte ich mir mehr wünschen, als Jesus zu besitzen? Es gibt keinen größeren Besitz. Ist die Seele nicht viel wichtiger als jeder menschliche Besitz oder Beruf? Nur die Seele kommt in den Himmel, alle anderen Güter vergehen. Kann mir denn etwas geschehen, wenn Jesus über mir wacht, der mich über alles liebt und den ich über alles liebe? Nein, es kann mir nichts geschehen. Lässt Jesus Seine Kinder etwa im Stich? Niemals! Heißt es denn nicht in der Bibel (Röm 8,28): *«Gott lässt alles zum Besten gereichen, denen die Gott lieben?»* So steht es.

99. Zwischenmenschliche Schwierigkeiten

In Laufe meines 29-jährigen Lebens habe ich gelernt, dass wenn wir im geistlichen Leben vorankommen und Fortschritte machen wollen, es nötig ist, dass unsere zwischenmenschlichen Beziehungen immer mehr in Gott gelebt werden. Um Jesus näher zu kommen, müssen wir unser existenzielles Verlangen nach Liebe auf Ihn richten. Dann werden unsere zwischenmenschlichen Beziehungen aufleben. Aber solange wir die Liebe beim Mitmenschen suchen, wird unser Bedürfnis unbefriedigt bleiben. Dann entstehen Konflikte, Enttäuschungen, Streit und Verletzungen.

Ich begegnete mit meiner Familie einer Person, die suchte sehr nach Geborgenheit und Liebe, denn sie hatte sehr viele Sorgen und Traurigkeit. Lange Zeit haben wir und andere sie begleitet und versucht ihr die Zärtlichkeit Jesu anzubieten.

Sie hat zur täglichen Messe gefunden und ist auch jede Woche in die Eucharistische Anbetung gegangen. Das schenkte ihr ein Minimum an menschlichem Kontakt und geistlicher Nahrung.

Obwohl wir sie öfters darauf aufmerksam machten, dass es wichtig wäre, in die Beichte zu gehen, hatte sie immer wieder Ausreden und besuchte dieses Sakrament nur selten. Das hatte zur Folge, dass ihre Traurigkeit und Sorgen in ihrem Herzen einen großen Platz einnahmen, den Jesus mit *Seiner* Liebe ausfüllen wollte, was sie nicht verstand. Dadurch wurde ihr Bedürfnis nach Liebe zu wenig befriedigt. Eines Tages kam es wegen einer Lappalie zu einem Bruch, und sie sagte, sie sei enttäuscht und verletzt und sie brach den Kontakt zu uns ab.

Wenn wir die Sakramente vollständig annehmen und ein totales Ja sprechen zur ganzen Wahrheit des Evangeliums, wenn unser Herz unablässig nach Gott dürstet, wir es auch wagen, unsere Armseligkeit und unsere Sünden in das Sakrament der Versöhnung zu legen, kann unser spirituelles Leben mit großen Schritten vorangehen. Dann kann Jesus unser Herz ganz und gar mit *Seiner* Liebe erfüllen und unsere Verletzungen werden dadurch geheilt. Wir verlangen die Liebe nicht mehr von unseren Mitmenschen, was die Beziehungen viel einfacher macht, denn wir sind frei, selbstlos zu lieben.

Die Sakramente sind kostenlose Gnadengeschenke Jesu, die für jeden Katholiken zugänglich sind, egal ob er dick oder dünn, alt oder jung ist, egal was für Schwächen er hat oder welche Sprache er spricht. In der Beichte ist es Jesus selbst, der uns vergibt, aber solange wir nicht regelmäßig beichten, bleibt unsere Seele schuldbeladen und traurig.

Hätte diese Person begriffen, dass sie bei Jesus alles Glück finden kann, würde sie sich nicht aufregen, in Traurigkeit versinken und sich verletzt fühlen und schlecht über andere sprechen. Sie würde nicht so sehr nach Aufmerksamkeit verlangen, sondern das *wahre* Mitgefühl spüren, das nur Jesus geben kann. Wie sehr wäre sie dann getröstet!

Je mehr wir im Herzen Jesu wachsen, je mehr lernen wir einander zu lieben und zu verzeihen. Jetzt bete ich und meine Familie von ganzem Herzen für diese Person, damit sie doch noch die Zärtlichkeit Jesu ganz findet und wir glauben an die Barmherzigkeit Gottes für sie!

100. Pater Hansjörg verteidigt die Botschaften

Auf einer Medjugorje-Reise lernte ich Pater Hansjörg kennen und Jesus fügte es so, dass ich ein Beichtgespräch mit ihm haben durfte. Er hatte sehr schnell erfasst, was meine Seele brauchte und ich ging sehr froh aus dieser Beichte. Da er unsere Pilgergruppe leitete, lernte ich ihn besser kennen und so begann eine geistliche Freundschaft, die bis heute andauert. Wir beide erlebten die Zärtlichkeit Jesu und Mariens, wenn auch auf unterschiedliche Weise und oft sagte er mir: «Wir sind verwöhnte Kinder Gottes.»

Als dann der Bischof von Meaux die Botschaften Jesu an Françoise in Frage stellte, verteidigte Pater Hansjörg im Jahre 2006 mit folgenden Worten diese Privatoffenbarung, die mir und vielen anderen das Leben in Gott zurückgegeben hatte:

Hier einige Wohltaten der Botschaften *Umkehr der Herzen*. Es sind Wohltaten, die ich selbst oder andere bekannte Personen erhalten haben.

Diese Botschaften habe ich erst kürzlich entdeckt. Seit einem Jahr. Am Anfang war ich misstrauisch. Ich wollte nicht davon sprechen oder sie anderen empfehlen, bevor ich sie nicht alle gelesen, betrachtet und gelebt hatte. Es war für mich ein neues Leben. Eine Art Noviziat, wo ich doch mein fünfzigjähriges Priesterjubiläum gehabt hatte. Mein ganzes Leben habe ich in Afrika gewirkt.

Diese Botschaften waren wie das ganze Evangelium, aber in äusserst einfachen Worten, für die Kleinen und Ungelehrten, die eben anfangen Jesus zu begegnen, und die theologischen und wissenschaftlichen Ausdrücke noch nicht verstehen können.

Alles ist einfach. Es ist eine neue Annäherung und eine feinfühlige und tiefe Erfahrung mit Jesus - Eucharistie.

Gewisse Ausdrücke und Verhaltensweisen sind mir zuerst auf die Nerven gegangen. Sie schienen mir zu fromm und sentimental, zum Beispiel die Art, die heilige Eucharistie zu empfangen. Aber ich habe verstanden, dass Jesus es gern hat, wenn man sie befolgt aus Liebe zu Jesus und weil man sich dazu eingeladen fühlt von ihm.

Ich ging in den römischen Richtlinien (*Instructio Redemptionis Sacramentum*) nachschauen, die der Papst am 14.03.04 anerkannt hat, und im Dokument «Die Kirche lebt von der Eucharistie» vom 17.04.03 von Johannes Paul II. Es sind fast die gleichen Worte. Die Botschaften mit dem gleichen Thema waren aber 1996 gegeben worden. So war ich erstaunt und überzeugt. Ich habe versucht, die Botschaften selbst zu leben.

Das war ein neues Leben in Jesus-Eucharistie, dank der Botschaften. Die Eucharistie erleben in einer ganzen großen Liebe, in einer restlosen Zärtlichkeit, die bis zum Äußersten geht, und das in der Freude und im Schmerz Jesu, besonders wenn ich an alle heutigen Missbräuche denke.

In diesem Jahr 2005 kamen Leute und sagten mir, Jesus hätte sich ihnen offenbart in Zeichen, die sie erfahren hätten, während ich zelebrierte, damit sie wirklich glauben konnten an seine reale Gegenwart als Auferstandener. Ich bin Leuten begegnet, die einen brennenden Durst nach der Eucharistie spüren. Sie leben Stunden stiller Anbetung, spüren seine tatsächliche Gegenwart, sogar eine körperliche Gegenwart, gerade wie Jesus es in den Botschaften verheißen hatte.

Solches wird immer mehr geschehen in unserer «Neuen Zeit», die angefangen hat.

Andere spüren ein starkes Bedürfnis zu beichten, wenn es möglich wäre kämen sie täglich, oder doch einmal pro Woche, also mindestens einmal im Monat. Sie wollen diese Läuterung leben. Sie wollen diese Zärtlichkeit, von Jesus und vom Vater geliebt zu sein, durchleben. Sie wollen ganz abhängig von Jesus sein. Sie wollen sich ihm total anvertrauen. Sie wollen den Heiligen Geist empfangen, um zu wagen, Jesus ihr totales Vertrauen zu schenken. Sogar in den ganz gewöhnlichen Dingen. Die Schriftstelle «macht euch keine Sorgen» (Lk 12,2-32), die mir übertrieben schien, verwirklicht sich im konkreten Leben. Aber wir wagen nicht daran zu glauben. Wir sind viel zu vorsichtig von Natur aus. Wir kritisieren die andern als Fundamentalisten, wobei es doch eine

Gabe ist, die wir erhalten dürfen. Sie wiederholt sich ständig. Aber wir Moderne wagen nicht, wirklich ans Evangelium zu glauben. Die Botschaften helfen uns, endlich das Evangelium radikal zu empfangen.

Ich sehe Leute, die wagen, ihre Gegner und Feinde zu lieben, diesen zu verzeihen, ohne zu diskutieren aber einfach die Wahrheit zu sagen. Sie nehmen es in Kauf, kritisiert und angegriffen und verleumdet zu werden.

Was mich am meisten beeindruckt, das ist die Identifizierung, das Eins werden mit Jesus in seinem Schmerz für die Sünder. Er liebt die Sünder, aber sie weigern sich ihn zu lieben.

Am Anfang konnte ich nicht verstehen, warum Jesus leidet wegen seinen geliebten Söhnen (den Priestern), die doch für ihn wirken. Sie aber behaupten ihn zu lieben aber gehorchen nicht. Aber meine Augen haben sich geöffnet in diesen letzten Monaten. Es hat mehr Missbrauch als ich meinte. Es ist dringlich für uns, dass wir für sie leiden, eins mit Jesus. Jesus tadelt unsere gegenwärtige Mentalität. Er versucht, sie mit einfachen und anschaulichen Worten zu beschreiben. Die Kleinen, wie Françoise, können sie dann verstehen.

Als ich dann das Buch von Johannes Paul II. *Mémoire et identité* (Erinnerung und Identität) las, sah ich, dass er von der gleichen Wirklichkeit spricht, aber mit modernen Worten. Es geht um die gleiche Botschaft. Auch ich habe in der gleichen Strömung gelebt, ohne dass es mir bewusst wurde. Jetzt wird alles klar. Ich hoffe, die Klarheit werde sich in allen Herzen zeigen, wie Jesus es ankündigt. Das wird dann die Läuterung sein, die im Kommen ist, wie es so viele Beter und Mystiker heute ansagen. Was mich bei den Menschen, die die « Botschaften » lesen, beeindruckt, ist der Gehorsam und die radikale Liebe zum Heiligen Vater, Johannes Paul II. und Benedikt XVI.

Wenn viele Menschen die Botschaften annehmen könnten (diese Botschaften sind übrigens identisch mit vielen andern heute), würde sich die Welt rasch erneuern.

Ich danke Gott, dass ich diese Botschaften an Françoise habe kennen lernen dürfen und sie dann annehmen und im Leben verwirklichen konnte. Es ist für mich eine Erneuerung. Meine erste Erneuerung war die Erneuerung im Heiligen Geist vor dreißig Jahren, die ich nach sechs Jahren Krise habe erleben dürfen. Eine andere Erneuerung ist dieser fortlaufende Aufruf von Jesus und Maria für mehr Demut, während ich mir einbildete demütig zu sein. Maria hat mich mit Kraft verstehen lassen, wie weit ich noch von dieser Demut entfernt bin. Und doch ist diese Demut die Bedingung für jede wahre Erneuerung, die uns fähig macht, alle Gaben und ungeahnten Gnaden anzunehmen, die der Herr mir und uns allen geben möchte. Ich erfahre das jetzt, wenn ich die Botschaften im Leben verwirkliche. Wenn mich die Menschen bitten, diese oder jene Stelle zu erklären, sage ich ihnen: «Lest weiter, und ihr werdet die Antwort finden.» Es nützt nichts zu diskutieren, man muss endlich im Herzen und im Leben empfangen und nicht nur überlegen und verstehen wollen.

Ich bin auch Boten der Zärtlichkeit begegnet, die gewagt haben, mich zu korrigieren und zu ermutigen. Das sind ganz einfache Leute, Mütter mit Familien, die aber die Botschaften gründlich leben.

Diese Botschaften sind wie eine Einführung in das asketische und mystische Leben. Die Kleinen, die sich da einüben und danach leben, kommen zu tiefen Erfahrungen und zu einer erstaunlichen Unterscheidungsfähigkeit. Sie können noch nicht die Schriften vom Hl. Johannes vom Kreuz, von Theresa von Avila oder von Lisieux studieren, aber sie können dennoch deren anspruchsvolle Spiritualität leben, dank den Anleitungen und den so einfachen praktischen Ratschlägen der Botschaften und mit Hilfe ihrer geistlichen Begleiter und Beichtväter.

Für meinen Dienst als Beichtvater oder geistlichen Begleiter bekam ich auch folgende Hilfe: Menschen mit so großen, schweren Problemen wie die wiederverheirateten Geschiedenen, entdecken die zärtliche Liebe, die Gott ganz besonders für sie hat. Sie verstehen, dass Jesus einen Plan für sie hat in der Kirche. Sie sind nicht nur anerkannt und geliebt, sondern sind gesandt, um für die Liebe zu Jesus – Eucharistie Zeugnis zu geben. Sie können ihn nicht sakramental in der heiligen Kommunion empfangen, nur geistig, aber das mit glühender Inbrunst. Andere leben ihr Eheleben weiter im Gehorsam, wie Bruder und Schwester und so leben sie die Intimität mit Jesus - Eucharistie wirklich. Das ist wunderbar. Sie haben verstanden, dass ihr Schmerz süss sein kann und wirksam ist, sie lieben ihn in Jesus. Wie sind wir weit entfernt mit diesen unnützen Diskussionen und Kritiken gegen die Kirche, von Seiten jener Leute, die nie die wahre christliche Freude erfahren konnten, in dieser zärtlichen Liebe, die uns Jesus geben möchte.

Pater Hansjörg

Ein Mitglied unserer Vereinigung «Unsere Liebe Frau vom Heiligsten Herzen – MTD» sandte uns folgenden eindrücklichen Erfahrungsbericht zu diesem schwierigen Thema der wiederverheirateten Geschiedenen, das Pater Hansjörg in seinem Brief an den Bischof angetönt hatte:

101. Zeugnis einer wiederverheirateten geschiedenen Katholikin

Dieses Zeugnis möchte ich nur zu Ehre Gottes geben.

Mit einundzwanzig Jahren heiratete ich und wurde Mutter von zwei Mädchen. Doch die Ehe wurde nach vier Jahren bereits wieder geschieden. Vor zweiundzwanzig Jahren heiratete ich standesamtlich meinen jetzigen Mann. Zu aller Freude kamen noch zwei Töchter dazu und wir waren eine glückliche Familie, wenn auch nicht im tiefen Glauben. Deshalb habe ich in den ersten Jahren weiterhin in Unwissenheit kommuniziert. Erst nach und nach, eigentlich durch die Mutter Gottes, sind meine Familie und ich wieder zum Glauben gekommen. Wir haben gemeinsam Wallfahrten unternommen und abends zusammen den Rosenkranz gebetet. Das erste Buch *Umkehr der Herzen* von Jesus an Françoise, das ich von einer Bekannten geschenkt bekommen hatte, war und ist heute noch mein ständiger Begleiter. Jesus gab mir so viele Antworten auf all meine Fragen durch die Botschaften. Ich möchte einfach nur danken für Seine spürbare Liebe.

Vor zirka zwölf Jahren besuchte ich eine Tagung. Vor der heiligen Kommunion erklärte der Priester, mit inniger Liebe, er möchte die Wiederverheirateten und Andersgläubigen bitten, aus Liebe zu Gott und im Gehorsam zur Kirche nicht zur heiligen Kommunion zu kommen, sondern geistig zu kommunizieren. Er erklärte uns, dass Jesus auch auf geistige Weise in unser Herz komme, dass wir Ihn darum bitten können, und Ihn ersehnen sollen. Mich traf es ins Herz und ich verstand sofort, dass ich ganz persönlich damit gemeint war. Im selben Augenblick konnte ich im Stillen mein Ja dafür geben, und ich blieb von da an immer in der Bank.

Zuhause erklärte ich meiner Familie meinen Entschluss, fortan geistig zu kommunizieren. Jesus hat das alles in mir getan, das wusste ich, alleine hätte ich das nie geschafft, und auch nie verstanden. Er macht heute noch alles für mich, denn ich vermag wirklich nichts. Ich möchte für Ihn immer sein fröhliches Nichts sein und mich Ihm ganz hingeben.

Das Unverständnis für meinen Entscheid blieb bei Pfarreiangehörigen und Priestern nicht aus. Sie sagten, ich dürfe doch zur Kommunion, das wäre doch heute nicht mehr so. Bestimmt hatten sie auch Mitleid mit mir, doch wollte ich Jesus treu bleiben. Ich litt oft darunter, in der Bank zurückzubleiben, doch Jesus hat mich mit Seiner Liebe unendlich gestärkt und beschenkt.

Die geistige Kommunion erfüllte mich mit immer tieferem Frieden, und ich möchte sagen, so innig habe ich Jesus früher nie gespürt. Ich danke meinem Jesus bis in alle Ewigkeit. Während dieser Zeit durfte ich auch die Anbetung kennen lernen. Ich wollte so oft wie möglich bei Ihm sein, und täglich der heiligen Messe beiwohnen. Kein Weg war mir zu weit. Ich fand bald in einem Kloster, zirka zwanzig Minuten Autofahrt von uns entfernt die Möglichkeit, Jesus anzubeten. Ich verbrachte und verbringe heute noch viele Stunden vor dem Allerheiligsten. So vieles, was mir früher wichtig war, verlor an Bedeutung. Ich wollte und will nur noch Jesus. Vor sieben Jahren riet mir ein Priesterfreund, mich um die kirchliche Annullierung meiner ersten Ehe zu bemühen. So schrieb ich an den Bischofssitz. Ich sagte mir aber gleichzeitig, dass wenn es Gottes Wille ist, so möchte ich Ihm es aufopfern, nicht kommunizieren zu dürfen.

Was für eine große Freude für unsere ganze Familie, als vor sechs Jahren die kirchliche Annullierung ausgesprochen wurde, und mein Mann und ich am Vigiltag von Maria Vermählung kirchlich heiraten durften.

Nach der Festmesse hatte mich eine meiner Töchter gefragt, wie es denn für mich gewesen sei, nach so langer Zeit wieder Jesus zu empfangen. Ich antwortete ihr, dass Jesus mir in dieser Kommunion nur bewiesen hätte, dass Er immer mit derselben Intensität der Gnade in mein Herz gekommen ist. Durch den Gehorsam zur Kirche bin ich so reich beschenkt worden. Gerade im Verzicht auf die heilige Kommunion hat mich Jesus immer stärker an sich gezogen. Das ist eine Gnade. Lobe den Herrn meine Seele.

Cäcilia Wind

102. Wiederverheiratet geschieden

Ehre sei Jesus, dem Sohn Mariens.
Ich gebe dir hier die Botschaft über die wiederverheirateten Geschiedenen, die Ich dir kürzlich angekündigt hatte. Sie sind eine schmerzende Dorne in Meinem Heiligsten Herzen, Mein Kind.
Zunächst sage Ich dir folgendes: der willentliche Bruch des Ehebundes durch die Menschen, die sich aus einer vor Gott geschlossenen Ehe scheiden lassen, ist eine sehr schwere Sünde. Ich nenne sie Todsünde, weil sie den Menschen um die Gemeinschaft mit Gott und die göttliche Gnade bringt.
Außerdem sage Ich dir: abgesehen von der Annullierung einer Ehe, die es geben kann, darf keine Scheidung von der Kirche dadurch anerkannt werden, dass sie den Seelen in dieser Situation erlaubt, Meinen Leib zu empfangen. Denn es ist eine Beleidigung Gottes, Menschen im Stand schwerer Sünde zu erlauben, die heilige Kommunion zu empfangen.
Höre jetzt gut auf Meine Worte: die Priesterseelen – die Priester und ihre kirchlichen Vorgesetzten – müssen sich dem Papst unterordnen und ihm immer und in allem gehorchen.

Manchmal schaffen Priester durch ihren Ungehorsam Meinem Petrus (Johannes Paul II.) gegenüber Mein Gesetz ab und erlauben oft den reumütigen Seelen (wiederverheirateten Geschiedenen), wieder die heilige Kommunion zu empfangen. Ich sage dir: dies ist eine Sünde des Ungehorsams dem Papst gegenüber, den Ich liebe und zum Oberhaupt Meiner Kirche ernannt habe. Ich aber richte jeden Fall in Liebe und Zärtlichkeit. Ich sage dir: wenn ein Priester aus wirklicher Liebe vergeben hat, weil er sich der Reue der Seele, die ihn um Meine Vergebung bittet, sicher ist, kann Ich vergeben. Nur Ich kann das tun, denn allein der ICH BIN kennt die Herzen.

Aber der Ungehorsam des Priesters Meiner Kirche gegenüber bleibt bestehen, und Ich werde ihn in Gerechtigkeit richten.

Dennoch hat jeder Priester die Macht, einer Seele aus Gründen dringender Notwendigkeit eine gesonderte Kommunion zu erlauben.

Ich antworte jetzt auf deine Frage: «Und was ist mit den Menschen, die sich in ihrer Ehe einer leiblichen Beziehung enthalten?» In Meinen Augen ist die erste Ehe deswegen nicht annulliert. Doch Ich vergebe den Seelen, die Mir ihre Enthaltsamkeit aufopfern, ihre Schuld. Und Ich, Christus Jesus erlaube Ihnen, Meinen Leib zu empfangen. Höre: Ich bin Jesus, der auf die Erde gekommen ist, um für die Erlösung aller Menschen zu sterben. Aus diesem Grund verbiete Ich jedem, einem wiederverheirateten Geschiedenen zu sagen, dass er nie am Reich Gottes teilhaben wird.

Ich liebe jede Seele unendlich, die sich nach Mir sehnt und Mich von ganzem Herzen sucht. Diesen liebenden und reumütigen Seelen, die Mein Gesetz in der Kirche akzeptieren (nicht in ihrem Stand der Sünde zu kommunizieren) und Mir nach besten Kräften ihre Liebe schenken, sage Ich folgendes: ihr seid Meine Geliebten. Ich werde euch in Liebe Gerechtigkeit verschaffen, die ihr zu Mir zurückgekehrt seid, nachdem ihr Mich verletzt habt.

Nach dem Übergang des Todes werde ich diesen Seelen ihren Platz im Himmel geben, vorausgesetzt, sie führen ein Leben der Liebe in Meinem Herzen.

Reumütige Seelen finden immer einen Platz in Meinem Heiligsten Herzen. Ich wünsche zwar, dass Meine Kirche Mein Gesetz bewahrt und deshalb die Geschiedenen nicht zur Kommunion zulässt, aber Ich werde sie dennoch an den Platz führen, den Ich ihnen im Himmel vorbehalten habe, vorausgesetzt dass sie ihn durch ihre Liebe in Mir, Jesus Christus, verdient haben.

Und dir, kleines Kind, sage Ich noch einmal: Ich selbst werde dich holen und in den Himmel bringen, wenn du deine Sendung für Mich auf Erden zu Ende geführt hast.

Diese Botschaft soll allen reumütigen und einsamen Seelen Frieden und Liebe schenken; sie sollen wissen, dass Ich sie unendlich und ungeteilt liebe und sie bei Mir haben will.

Ich will dir die Fortsetzung Meiner Botschaft über die wiederverheirateten Geschiedenen geben. Bist du bereit, Mir mit deinem Herzen zuzuhören? Ich segne dich: sei jetzt im Frieden.

Du verherrlichst Mich, wenn du Meine Worte begreifst, die Ich dir jetzt in Liebe übermittle:

Ich sage, dass der Priester Meinem Papst Johannes Paul II. Gehorsam schuldet und deshalb den wiederverheirateten Geschiedenen nicht erlauben kann zu kommunizieren. Das bedeutet, dass das Gesetz, das Ich aufgestellt habe, nicht von den Menschen übertreten werden darf. Sonst würde jedem Missbrauch Tür und Tor geöffnet.

Ich wiederhole nur noch einmal, dass reumütige Seelen immer einen Platz in Meinem Heiligsten Herzen haben, und dass Ich sie bei ihrem Übergang zu dem neuen Leben nach dem Tod mit Freude erfüllen werde, weil Ich ihnen den Himmel schenke. Und Ich erlaube jedem wiederverheirateten Geschiedenen, an der Schwelle des Todes von ganzem Herzen zu beichten und die Heilige Kommunion zu empfangen, wenn er es wünscht und Zeit dafür hat.

Dies ist erlaubt, da die neuen Bande (der zweiten Ehe) aufgegeben werden (im Sinn der Sünde des Zusammenlebens, nicht aber im Sinn der Freundschaft, die immer bestehen bleiben wird). In diesem Sinn kann die Seele vor Mir bereuen und das Glück erfahren, Meinen Leib zu empfangen, da der Tod ihren Stand der Sünde aufhebt, in dem der Mensch gelebt hat.

Ich antworte auf deine stumme, besorgte Frage: Wer an der Schwelle des Todes die Heilige Kommunion nicht mehr empfangen konnte, aber Mir reumütig von ganzem Herzen seine Liebe geschenkt hat, der wird am Reich Gottes genauso teilhaben, Mein Kind. Daran sollst du nicht zweifeln. Ehre sei Jesus, dem Sohn Mariens.

Und Ich werde dich noch weiter trösten: die Seelen der wiederverheirateten Geschiedenen, die von einem Priester das Recht bekommen haben, bei der Kommunion von neuem Meinen Leib zu empfangen, brauchen sich durch Meine Worte künftig nicht mehr ausgeschlossen zu fühlen. Denn sie haben dem Priester gehorcht, der ihnen diese Erlaubnis gegeben hat. Und wenn sie Mich lieben und sich von ganzem Herzen nach Mir sehnen, vergebe Ich ihnen und bin bereit, sie kommunizierten zu lassen, da die Kirche es ihnen erlaubt hat.

Du hast nicht den Mut, deine Frage auszusprechen: «Aber ist das nicht ungerecht jenen gegenüber, die Deinem Gesetz gehorcht haben und die Eucharistie nicht empfangen dürfen?»

Nichts ist ungerecht in der Liebe Gottes. Ich weiß, dass «du weißt»!

Ja und? Nun, Ich werde dir Meine Antwort geben: wer in Meinem Heiligsten Herzen mit seinem Herzen liebt, soll auf seinen Seelenführer hören – oder, wenn er keinen Seelenführer hat, auf einen Priester seiner Wahl, dem er ganz vertraut.

Und er soll viel beten, dann werde Ich ihn mit Meiner unendlichen Liebe erleuchten, und zwar genauso denjenigen, der von neuem die Erlaubnis hat zu kommunizieren, wie jenen, der diese Erlaubnis nicht hat. Das ist Meine Antwort. Und ich sage dir auch noch folgendes: Jesus vergibt allen Reumütigen.

Die Kirche soll Mein Gesetz bewahren, und die Priester sollen sich bemühen, Meinem geliebten Papst Johannes Paul II. in Liebe zu gehorchen.

Ich segne dich, und mit dir all jene, die Mich lieben.

Pater Hansjörg hat ein außergewöhnliches Priesterleben hinter sich, bei dem er die Zärtlichkeit Gottes tief erfahren durfte: Ich möchte ihn gerne selber zu Wort kommen lassen. Hier sein Zeugnis, das er 2011 und 2015 Radio Gloria und Radio Maria Deutschschweiz gegeben hat.

103. Zeugnis eines Afrikamissionars

Liebe Schwestern und Brüder

Im September 2011 durfte ich zum dritten Mal in der Gnadenkappelle in Einsiedeln zelebrieren und Maria danken für all die vielen Gaben und Gnaden, die sie mir gegeben hat. Und da waren mehrere Leute erbaut und man fragte mich später, ob ich nicht auch im Radio einmal teilen könne, was ich bekommen habe und so probiere ich.

Ich bin Hansjörg Gyr, ein Afrikamissionar. Ich war seit 1950 bis 2004 fast immer in Afrika. Ich war nur zweimal zwei Jahre in den fünfziger Jahren und dann in den neunziger Jahren etwas in der Schweiz und so ist mein Deutsch vielleicht etwas holprig, aber das macht ja nichts. Ich war also Missionar. Ich war seit 1957 in Ruanda und versuchte wirklich ein guter Missionar zu sein, im Einsatz, im Gebet, und dann versuchte ich auch wirklich Gutes zu tun, mich für die Armen einzusetzen.

Aber dann im Jahr 1968, es war nach dem Konzil und im Konzil hatten wir so vieles erhalten, das mir geholfen hat für die Mission, da kam auch ein Angriff des Bösen: es war der berühmte Mai, es war in den 68er-Jahren, da kam eine sogenannte Freiheit. Ich versuchte auch in dieser Freiheit zu leben und da ging es mir schlecht. Da musste ich sechs Jahre eine Krise durchmachen, wo ich den Menschen das schlechte Beispiel gegeben habe, wo ich skandalisiert hatte, wo viele weinten wegen meinem schlechten Beispiel.

I. Ich wollte ein fortschrittlicher Priester sein

Aber ich wollte ein fortschrittlicher Priester sein, ein liberaler Priester, theologisch immer an der ersten Spitze, wie viele andere damals und da durfte ich auch auf diese Art die menschliche Liebe neu erfahren, mit einer anderen Person. Und ich dachte: « Ja, das macht ja nichts, ich bin ja stark genug», aber es ging eben nicht. Wir Priester, wir können einfach nicht, wenn wir Gott die Ehelosigkeit versprochen haben und diese totale Hingabe, da können wir nicht noch etwas anderes mit einer anderen Person in dieser großen Liebe leben. Und doch war das eine Liebe, eine neue Erfahrung, die wirklich etwas Wunderbares ist, aber deswegen konnte ich nicht mehr wirklich für Jesus total da sein. Mein Beichtvater sagte damals: «Wie lange willst du noch auf beiden Beinen hinken?» Meinem Seelenführer schrieb ich darauf: «Entschuldigung, aber ich kann deine Worte nicht mehr hören.»

Aber nach einer gewissen Zeit war es einfach zu viel. Ich wusste und merkte, das kann einfach nicht so weitergehen. Ich kann nicht ein Doppelleben führen und ich versuchte wegzukommen aus diesem Verhältnis. Aber alles, was ich versuchte, die Beichte oder die Exerzitien, alles nützte nichts, es war viel zu stark. Es war unmöglich für mich, mich zu trennen von dieser Person und wieder ein Priester zu sein wie Jesus es wollte.

II. In dieser Nacht habe ich mich vollständig geändert

Und dann, ich war also immer in Afrika, da war ein Mitbruder, der ging einmal in den Urlaub nach Frankreich und kam in eine Gebetsgruppe und an diesem Abend durfte er sein Leben ganz übergeben und die Erneuerung der Taufe und des Priestertums erleben in der Ausgießung des Heiligen Geistes.

Und da sagte er, dass er die ganze Nacht im Gebet war und er habe gesehen, wie sein ganzes Priesterleben erneuert worden war. Als ich das gehört habe, sagte ich mir: «Das muss auch für mich wahr sein», und ich ging hin und probierte es. Damals war gerade der Anfang der Erneuerung.

Bei der ersten Zusammenkunft ging ich weit weg, dort wo einige Gebetsgruppen 1974 zusammenkamen. Ich wollte dort die Anderen bitten für mich zu beten, damit ich den Heiligen Geist bekomme, aber während des Gebetes bekam ich sehr Angst und konnte mich nicht erheben, um den Leuten etwas zu sagen. Doch schließlich sagte ich mir: «Ja willst du denn dein ganzes Leben, das dir noch bleibt, weiter hinken?» Und ich erinnere mich, wie ich mich mit aller Kraft erhob und mitten unter die Versammlung ging: Es waren etwa fünfzig Personen, es waren Anglikaner, Katholiken, Protestanten.

Ich sagte, sie sollen für mich beten, denn ich selber wusste nicht was ich beten sollte, es war alles viel zu viel. Ich konnte nur immer wieder sagen: «Jesus, ich glaube, Jesus ich glaube alles ist möglich mit Dir!» Und wirklich, unglaublich, in dieser Nacht habe ich mich vollständig geändert. Da habe ich gespürt wie eine Kraft, eine Gegenwart von Jesus in mir war. Am anderen Tag durfte ich eine Heilige Messe feiern und diese Heilige Messe dauerte zwei Stunden, denn ich fühlte mich so ergriffen von Jesus. Ich musste die ganze Zeit weinen. Dann gleichzeitig hatte ich plötzlich Durst die Heilige Schrift zu lesen und ich las die Bibel vom ersten Kapitel bis zum Ende. Auch habe ich Jesus kennengelernt, Seinen heiligen Namen. Vorher wagte ich nur Christus zu sagen und jetzt durfte ich Jesus sagen und das ist etwas Wunderbares. Er gab mir Gaben, Heilungsgaben und prophetische Gaben usw. Das war wirklich ein neues Leben.

Und dann versuchte ich in dieses neue Leben auch andere einzuladen, aber das war fast unmöglich. Zuerst lud ich die Priester und Missionare ein. Da kamen etwa dreißig Menschen, Klosterfrauen und Priester und Brüder, um zwei Stunden zu beten, und im nächsten Monat waren es noch fünfzehn Personen und dann waren es fünf und dann war es fertig. Ich probierte es mit Mädchen, die die Haushaltschule absolviert hatten. Sie kamen zum Beten, aber nach einem Jahr war alles wieder fertig. Es war einfach nicht möglich eine Gebetsgruppe anzufangen.

III. Plötzlich beten diese Leute wie im Heiligen Geist

Aber als ich dann einige Monate in die Hauptstadt musste für Kurse, da versuchten die anderen weiter zu beten und schrieben mir, es ist für sie etwas ganz Neues. Plötzlich beten diese Leute wie im Heiligen Geist und tatsächlich war es so. Es waren nur zwölf Junge und Alte und wir beteten, und dann später sollte ich mit meinem Mitbruder Exerzitien organisieren. Ich sagte dem Leiter: «Aber das können wir doch nicht, wir wissen nicht wie das geht.» Aber der Leiter sagte: «Doch! Jesus wird kommen mit großer Kraft.»

Und als wir diese Exerzitien vorbereiteten, das war in der Kapelle, ich in einer Ecke und der andere Pater kniend in der Kapelle, haben wir unsere Vorträge vorbereitet und dann hat Jesus wirklich gewirkt. Wenn wir eine Zusammenkunft hatten, luden wir auch Leute ein von anderen Pfarreien, es kamen immer mehr. Wir hatten keinen Platz mehr bei uns. Es waren hundert Leute, zweihundert Leute. Wir mussten in die Hauptkirche gehen, in die erste Kirche in der Gegend von Ruanda. Als die Leute über tausend waren, über fünftausend, da ging es auch nicht mehr, da mussten wir in das Stadion. Das war etwas Unglaubliches und diese Erneuerung, die war nicht nur bei uns in unserer Pfarrei, sondern auch in den anderen Gremien, bei den Katechisten und den Leitern der Basisgemeinde usw.

Es war wirklich eine wunderbare Erneuerung. Und es geschahen Heilungen usw. und der Bischof fragte uns: «Ja wie geht das denn?» «Ja, da können wir nichts dafür, wir beten nur für die Leute und Jesus heilt sie.» Das war also wirklich eine neue Welt.

IV. Es gingen Hunderte und Tausende und ich konnte nichts dagegen machen

Nach vielen Jahren, 1981, da waren wir in Kigali in der Hauptstadt zusammen, die Verantwortlichen der Erneuerung. Während der Versammlung sagte eine Einheimische, eine ruandische Schwester, wir sollen ihr doch helfen, denn einige Studentinnen sagten, Maria sei ihnen erschienen. Und sie erzählte uns, wie da ein Sternchen war, wie da die Kinder Maria gesehen haben, was sie sagten und die Rosenkränze in den Händen hielten und einige fielen hinunterfielen.

Um zu unterscheiden was da los ist, fragte ich eine andere Schwester: «Ja, glaubst du das?» Dann spürten wir: «Nein, das kann nicht sein, Maria kann nicht so erscheinen, das ist dummes Zeug, mit dem müssen wir aufräumen.» Ich sagte den Leuten, sie sollen nicht mehr an diesen Wallfahrts- beziehungsweise Erscheinungsort Kibeho gehen. Aber je mehr ich es ihnen verbot, je mehr gingen hin. Es gingen Hunderte und Tausende und ich konnte nichts dagegen machen.

V. Ich hörte zum ersten Mal in meinem Leben die Stimme Marias

Aber eines Tages, da war ich mit jungen Mädchen, die etwa zwanzig Jahre alt waren, zusammen, die wollten sich vorbereiten auf die Taufe und auf die Heirat. Während wir miteinander den Rosenkranz beteten, hörte ich zum ersten Mal in meinem Leben die Stimme Marias. Ich war ganz erschrocken und Maria sagte: «Nun Hansjörg, es ist doch schade, dass du nicht demütiger bist, sonst würdest du all diese Kleinen, die mich so gern haben, nicht verachten!» Da wusste ich, dass diese Erscheinungen richtig waren und von da an wollte ich nichts mehr dagegen sagen.

Ich ging zwar nie an den Erscheinungsort, denn ich wollte nicht, dass die Menschen in der Pfarrei oder anderswo sagen; jetzt ist auch euer Pfarrer ein Frömmler geworden, auch er ist ein Weihwasserfrosch geworden. Ich wollte das nicht, ich war so diskret wie möglich.

Aber Maria gab den Jungen, die die Erscheinungen hatten, eine Katechese. Jedes Mal hatte eines der Seher eine Unterredung mit Maria und wir hörten immer die Antwort vom Seher und der Seherin und Maria erklärte auf Ruandisch, wirklich in einer Art wie man dort Katechese gibt. Sie erzählte, wie nötig es war zu Gott zurückzukehren, wie dringlich es war zu beten, dass wir einander verzeihen müssen, dass wir alle Gebote halten sollen. Sie war wirklich sehr streng und dann im gleichen Jahre, an Maria Himmelfahrt, da war eine Erscheinung. Da zeigte Maria diesen Sehern was da kommen solle, wenn die Menschen nicht umkehren.

Sie sagte: «Wenn ihr euch nicht bekehrt, riskiert ihr in einen Abgrund zu fallen», und die Seherinnen sahen wie der Völkermord da war, wie es Blutbäche gab, wie es Metzeleien gab, Todschlag usw. etwas Furchtbares. Sie konnten schon damals 1982 sehen, was dann viel später geschehen war. All das wusste ich, aber ich ging doch nie an den Erscheinungsort.

Im Jahre 1985, das war an einem Montag, da wollte ich mich etwas ausruhen und ging in unsere Kapelle, wo wir Kurse gaben usw. Ich wollte nur die Bibel lesen und ich las und schaute auf: Da war vor mir nicht mehr die Marienikone, sondern Maria war da leibhaftig, leibhaftig! Da war ich total erschrocken und es durchfuhr mich wie ein Blitz und in diesem kleinsten Augenblick sah ich all meine Sünden. Das war furchtbar, wie der Stolz etwas Furchtbares ist, denn ich hörte mich sagen in meinem Innern: «Warum muss das auch mir geschehen, mir Pfarrer, in dieser großen Pfarrei, das mir das geschehen muss, wie diesen Mädchen da, die ich eigentlich verachtete?» Aber das ging nur eine halbe Sekunde und dann war ich mit Maria, die mich anschaute, mit unendlicher Liebe, aber sehr ernst. Und sie war da und ich war in großer Freude. Das ist ja normal, Maria ist immer da, auch wenn wir sie nicht sehen, sie ist da. Ich ließ mich von Maria lieben und von dort an wusste ich, es ist wirklich die Wahrheit, dass Maria diesen Jungen erschienen war, aber ich wagte keinem Menschen etwas davon zu sagen.

Ich sagte nur meinem Beichtvater was mir geschehen war, und meinem geistlichen Führer sagte ich es auch. Sie waren sehr froh, aber dass ich mich selbst engagieren würde, das war noch zu viel.

VI. Ich schrie nur noch: «Gott wo bist du?»

Und dann ging das Leben weiter. Ich dachte, das war schön, dass Maria nach Kibeho kam und es eine solche Erneuerung gab. Aber im Jahr 1994 war da plötzlich der Völkermord, da waren tausende von Menschen ermordet worden, und auch meine Priesterfreunde. Das waren hundertzwölf, mit denen ich mein Leben lang gearbeitet hatte und viele Laien in der katholischen Aktion, all diese waren ermordet. Es waren 800'000 Personen die ermordet wurden und ich sah wie all unsere Arbeit, diese lange Arbeit, mein ganzes Leben, was ich da geschafft hatte und gebetet hatte in Ruanda, dass das alles fertig war. Das war ein großer Schmerz und ich rannte in den Wald hinaus und schrie nur noch: «Gott, wo bist du? Gott, wo bist du?» Später kam dann Maria, um mich zu trösten und sie sagte, ich solle nicht weiter weinen. Aber mit all dem hatte ich mich noch nicht bekehrt.

VII. «Ja Hansjörg, was hast du gemacht mit meiner Botschaft?»

Und später, da musste ich gesundheitshalber nach Europa, und da lud mich jemand ein ihn auf eine Pilgerfahrt nach Medjugorje zu begleiten. Ich sagte: «Ich kenne das nicht, aber ich habe zwar schon lange nach Lourdes oder Medjugorje gehen wollen.» Darauf durfte ich mich vorbereiten und diese sechzig Pilger begleiten. Als wir dann dort ankamen in Medugjorje, da ging ich in die Kirche, wo das Gebet war mit all diesen wunderbaren kroatischen Mütterchen und vielen Leuten. Sie knieten dort und ich kniete mitten unter ihnen und ich bewunderte sie, wie all diese armen Menschen Maria liebten. Ich wusste ja, dass ich selber ein furchtbarer Feigling war, dass ich nicht gewagt habe den Menschen zu sagen oder in die anderen Pfarreien zu gehen und zu sagen: «Es ist wirklich wahr, Maria ist erschienen, es ist alles nicht etwas Erfundenes, sondern es ist Wirklichkeit.» Ich war immer so feige und ich kam mir vor wie der schlimmste Sünder unter diesen heiligen armen Mütterchen in Medjugorje.

Aber am anderen Tag waren wir auf dem Erscheinungsberg und wir beteten und da plötzlich kam wieder die Stimme von Maria, die sagte mir: «Ja Hansjörg, es ist wahr, du bist privilegiert.» Da musste ich weinen, denn wie wollte Maria mit mir sein und ich war doch ein solcher Sünder und dann weiter nach einer gewissen Zeit: «Ja aber weißt du, diese Erscheinung war nicht für dich allein.» Da hatte ich plötzlich Angst und weinte noch mehr und viel später sagte mir sie: «Ja Hansjörg, was hast du gemacht mit meiner Botschaft?» Da wusste ich wie schlimm es war, dass ich so feige war und nicht gewagt hatte Maria zu bekennen. Und ich fragte wieder den Beichtvater und er sagte: «Was! Du hast niemandem etwas gesagt?» Und da sagte ich mir; nein ich konnte nicht, aber ich spürte, ich muss Maria um Verzeihung bitten, ich muss ein Zeugnis geben für sie. Aber ich sagte mir, ich weiß nicht wie das geht. Ich machte ab mit Maria: wenn die Leiter der Pilger zu mir sagten: «Am nächsten Sonntag musst du die französische Messe für die Pilger halten», dann weiß ich, dass Maria das möchte, dass ich Zeugnis ablege. Und so war es.

Ich war kaum am Tisch, kam jemand, der war verantwortlich für die Liturgie. Er sagte: «Pater, möchtest du nicht am nächsten Sonntag unsere Messe zelebrieren?» Ich antwortete: «Doch, doch» und da ging ich. Die Heilige Messe war im sogenannten gelben Saal. Es waren mehrere hundert Leute da. Und während der Heiligen Messe sagte ich den Menschen, was mir geschehen war. Ich sagte vor all diesen Menschen: «Maria, siehst du, ich bitte dich jetzt vor allen Menschen um Verzeihung, dass ich ein solcher Kerl gewesen bin und ich bitte dich wirklich um Verzeihung.» Und ich habe weiterzelebriert und nachher, ja da kamen die Leute immer wieder, und das war eigentlich eine große Last, dass die Leute sagten: «Jetzt hat er Maria gesehen.»

Da kam jemand zum Beichten und sagte: «Das ist das erste Mal, dass ich bei einem Priester beichte, der Maria gesehen hatte.» Oder ein anderes Mal kam jemand, das war ein Mädchen, und schrie laut auf. Sie sagte: «Das ist ja verrückt, oh, jetzt habe ich so Maria gebeten, dass ich zu dem Priester gehen kann, der Maria gesehen hatte usw.» Das war ein neues Leben. Wenn ich nur an Maria dachte oder wenn wir beteten, das «Salve Regina wende deine barmherzigen Augen uns zu», da musste ich monatelang weinen. Wenn ich an die Augen Marias dachte oder wenn ich schon nur den Namen «Maria» aussprach kamen mir die Tränen, das ist so ein wunderbarer Namen: Maria.

VIII. «Hab keine Angst, du wirst nie allein sein»

Und so ging es weiter. Und da hatten die Oberen mich gefragt, ob ich nicht mit anderen Weißen Vätern in eine Gemeinschaft in Nordafrika, in der Sahara, in Algerien gehen möchte. Und ich sagte zu Maria: «Ich habe Angst dorthin zu gehen», denn ich war früher schon dort, aber sie sagte mir: «Nein! Hab keine Angst, du wirst nie allein sein.» Und wir gingen hin. Wir waren mehrere, eine Gebetsgemeinschaft in der Wüste, in der Stille, um zu beten und endlich zu beten für den Frieden und für die Missionen. Und nach einigen Jahren sagten uns die Oberen: «Ja, es war zu streng für die alten Padres, dieser Aufenthalt, in der Sahara zu leben.» Und provisorisch gaben wir dieses Projekt auf.

Darauf konnte ich wieder nach Medjugorje. Ich erinnere mich, wie ich während der Erscheinung bei Marija Pavlovic war, wie ich da Maria gefragt habe: «Wie soll das weitergehen? Muss ich weiterbeten? Und sie sagte: «Ja natürlich musst du weiterbeten.» Und da sagte ich: «Muss ich auch Zeugnis ablegen von dir?» Und da antwortete sie: «Ja.» Da erwiderte ich: «Aber doch sicher nicht in der Schweiz, da sagen doch die Leute wieder ich spinne oder ich sei ein Frömmler.» Sie antwortete: «Doch ja!» Und ich sagte: «Aber doch nicht in Freiburg, wo mich alle kennen?» Maria erwiderte: «Doch auch in Freiburg.» Und so ging es dann, da musste ich auch in Freiburg Zeugnis ablegen.

IX. «Ich möchte dieses Wunderbare all den anderen auch geben»

Und dann eben jetzt, vor ein paar Wochen im September, hatte ich das große Glück hier in der Gnadenkappelle in Einsiedeln von Maria zu reden und sie den Menschen zu bezeugen, wie innig sie uns liebt. Und so darf ich auch heute wieder euch allen sagen, wie Maria euch liebt. Ich weiß genau, dass ihr das nicht versteht. In Medjugorje einmal bei Vicka, da hat Vicka plötzlich nicht mehr gebetet oder geredet, es war Stille. Und da sagte mir Maria: «Siehst du, all das Wunderbare, das ich dir gegeben habe, ich möchte es all diesen anderen auch geben.» Also auch euch, die ihr mich hört. Maria liebt euch unendlich. Aber ich weiß nicht, ihr wagt nicht, euch wirklich ganz von Maria lieben zu lassen und ganz eins zu sein mit ihr. Ja, ich möchte euch sagen, wie wunderbar es ist von Maria geliebt zu sein, umarmt zu sein und zu spüren wie sie da ist. Und doch hat sie auch dieses Jahr in der Karwoche mir wieder gesagt: «Weißt du, wie ich dich geliebt habe, so möchte ich auch alle anderen lieben. Wie für dich dein Leben eigentlich ein Kuss von mir sein darf und sollte, so möchte ich auch, dass die anderen verstehen, dass ihr ganzes Leben wie eine Umarmung, wie ein Kuss von Maria ist.»

Und das möchte ich auch euch jetzt sagen: «Hört auf Maria, lasst euch lieben und folgt ihr, verzeiht einander, liebt einander, liebt die Wahrheit, seid engagierte Christen!»

Maria möchte nicht, dass die Menschen heute wieder von neuem die Erde zerstören mit all diesen Ungerechtigkeiten, mit diesen Kriegen, mit diesen Hungersnöten usw.

Sie möchte, dass wir alle niederknien und Busse tun und fasten, einfach Opfer bringen und beten. Sie möchte, dass die Leute sich bekehren, dass sie doch wieder an Gott glauben, der uns so innig liebt. Ja, dass wünsche ich euch, dass auch ihr mitmacht in dieser Liebe, geliebt zu sein von Maria, geliebt zu sein auch von Jesus und auch sein Kreuz zu lieben.

X. «Mein Geschenk ist das Kreuz»

Schon früher, als ich einmal Jesus sagte: « Ich möchte wissen, wie man für die Kranken betet, das weiß ich ja nicht. Da sagte Er mir: «Nein, jetzt in dieser Stille möchte ich dir das Kreuz geben, mein Geschenk ist das Kreuz.» Und ich hatte Jesus geantwortet: «Nein, ich will nicht das Kreuz! Ich will wissen, wie ich unterscheiden soll und wie ich für die Kranken beten soll.»

Das ging fünf Tage lang, dann endlich sagte ich: «Doch Jesus, ich bin bereit» und da hat Er mich umarmt und wirklich, es ist etwas Neues und das ist für uns alle. Wir haben alle unser Kreuz, wir haben alle unsere Schwierigkeiten, unsere Krankheiten, manchmal können wir nicht beten, aber es genügt, wie ich das auch schon machen musste, ich konnte nicht mehr das Brevier beten oder den Rosenkranz, ich konnte nur noch sagen: «Mama, es tut mir weh.» Und dann sind wir mit Maria. Und auch ihr alle könnt das zu Maria sagen: «Ich habe dich gern, ich möchte auch, dass die anderen dich gern haben.»

XI. Jede Heilige Messe ist für mich ein Ereignis

Wie das dringlich ist, dass wir wagen als Christen zu leben und nicht nur einfach in die Heilige Messe springen und sagen: «Jetzt muss ich auch kommunizieren und man lebt in der Sünde.» Das geht einfach nicht. Wenn alle wüssten, was das ist, die Heilige Messe, wo ich den Kelch darbringen kann, das Blut Jesu für den Frieden der Welt, und da kommen Leute ohne sich vorzubereiten und gehen zur Kommunion, das tut einem weh.

Wenn die Leute Jesus und Maria nicht lieben, das tut mir weh. Und so ist jede Heilige Messe für mich wirklich ein Ereignis; indem wir die unendliche Liebe Jesu erleben dürfen und ja, ich hätte eigentlich noch vieles zu sagen, aber jetzt am Ende werde ich nochmals alle um Verzeihung bitten und allen verzeihen. All jene, die in Ruanda darunter gelitten haben oder auch hier, wenn ich Leuten wehgetan habe. Ich bitte jeden um Verzeihung und verzeihe jedem Einzelnen.

Und so wünsche ich euch den Segen Marias und ich möchte, dass ihr spüren könntet, wie wunderbar es ist, von ihr geliebt zu sein. Wenn ihr das wüsstet, ihr würdet weinen wie ich. Ich musste stundenlang weinen, wenn ich nur ihren Namen aussprach und an die unendliche Liebe von ihr dachte. Und so wünsche ich allen die Gegenwart und die Liebe Jesu. Im Namen des Vaters und des Sohnes und des Heiligen Geistes. Amen.

104. Ich rufe jeden auf umzukehren

(...) Höre: Es ist dringend notwendig, dass die Sünder sich bekehren, denn Gott, Mein Vater kann nicht mehr so tun, als sähe Er ihre üblen Taten nicht. Es ist dringend notwendig, dass diese Erde wieder zu Gott zurückkehrt, damit sie nicht im Ort der Verderbnis untergeht.

Mehr denn je rufe Ich Meine Kleinen auf, Mir in diesen Kampf des Lichts gegen die Finsternis zu folgen. Ich rufe jeden auf, zutiefst in Mir zu leben und seine Kräfte mit den Meinen zu vereinen, damit das Böse besiegt wird.

Meine Kinder, prangert überall die Irrtümer Satans an, ruft überall aus, dass Ich mit Maria wiederkomme und dass das Reich Gottes nahe ist. Ihr sollt die Lüge und das Böse in all seinen Formen der Gehorsamsverweigerung dem Papst gegenüber entthronen. Prangert die falschen Lehren an, die Meinem Evangelium entgegenstehen, und predigt Meine Zärtlichkeit und Meine Barmherzigkeit, die jedem Einzelnen gelten.

Jeder soll sprechen, damit sein Bruder erleuchtet wird und er wieder zum Leben gelangt. Betet viel in der Stille, damit ihr Klarheit darüber erlangt, was ihr tun sollt.

Ich segne dich, Kind. Geh mit Mir in weite Ferne...

105. Jeden Tag weine Ich, weil deine Generation Gott ablehnt

Höre: Meine Liebe zu den Seelen ist so groß, dass Ich bereit bin, jede Sünde zu vergeben und all jene wieder aufzunehmen und sanft zu formen, die dazu bereit sind. Jeden Tag weine Ich, weil deine Generation Gott ablehnt. Es ist schmerzlich für Mich zu sehen, wie die Seelen sich dem Irrtum und dem Bösen zuwenden. Mein Herz blutet angesichts so vieler Verletzungen und so vieler Scherben, die in den Menschen entstanden sind.

Meine Blume, die Zeit eilt: Wir müssen die Seelen wiederbeleben, sie zum Licht zurückführen und wieder aufleben lassen. Ich rufe all jene zu einer neuen Evangelisierung auf, die dazu bereit sind. Sie wird wie immer auf Meinem Evangelium beruhen, aber von allen Menschen guten Willens in ihrer Umgebung und an anderen Orten in die Ferne getragen werden. Diese Evangelisation wird aus dem Herzen kommen. Die Seelen werden zu Mir zurückkehren, wenn sie Mein Herz kennen lernen. Sie werden auf Mein Wort hören, wenn sie wissen, was für eine Zärtlichkeit Ich ihnen entgegenbringe.

Deshalb sollen zahlreiche Laien und Priester Meine Botschaft verbreiten: Tragt Meine Gabe der Zärtlichkeit in die Welt, damit sie sich bekehrt und schnell zu Mir zurückkehrt. Ich werde bei jedem sein, der mir auf diese Weise dient.

Ich segne dich, Mein kleines Kind. Du sollst dich immer mehr nach der Bekehrung der Seelen sehnen und für Mich arbeiten...

106. Keine Seele geht durch den Tod, ohne dass Gott ihre Stunde bestimmt hat

Teile alles mit Mir, indem du Mir zuhörst.

Das Leiden kommt von Satan, der euch verabscheut, aber keine Seele geht durch den Tod, ohne dass Gott ihre Stunde bestimmt hat. Keine Seele stirbt, ohne dass Gott sie wieder zu sich nehmen will. Das bleibt ein Geheimnis für euch, Mein Kind, aber Gott schickt dennoch nicht den Tod, niemals.

Wenn du fürchterliche Unfälle oder Kriege siehst, bei denen so viele Seelen sterben, dann kommt das nicht von Gott. Und dennoch war die Stunde eines jeden gekommen. Niemand stirbt, solange die von Gott festgesetzte Zeit nicht abgelaufen ist.

Aber Gott ist Leben, und wenn Er die Seelen jener zu sich nimmt, die einen tragischen Tod sterben, dann deshalb, um ihnen das Leben und die Auferstehung zu schenken. Satan vermag nichts gegen Gott. Alles Böse wird von Gott verwandelt, damit es wieder zu Leben wird.

Hab also keine Angst, wenn du das Blut der kleinen Märtyrer siehst, das ständig fließt. Keiner stirbt, ohne dass Gott ihn genau zu diesem Zeitpunkt zu sich nehmen will.

Der Tod darf dir keine Angst machen, Mein Kind, denn er ist der Übergang ins wahre Leben, das nie vergeht.

Möge Meine Botschaft jene Seelen trösten, die glauben, dass Satan töten kann, wann er will. Allein Gott ist der Herr eures Lebens.

Ich segne dich. Sei jetzt glücklich.

107. Hoffnung, Botschaft Jesu von 2016

Wenn der Mensch das Böse tut und so das Leben seiner Geschwister – der Menschen – beeinträchtigt, entfesselt sich der Teufel durch die Macht, die ihm gegeben wurde. Dann leidet die Menschheit mehr und mehr bis die Menschen begreifen, dass das Leben nur in der Liebe und in der Wahrheit zur Fülle gelangen kann.

Gott lässt das bis zu einem gewissen Grad zu, denn Er hat den Menschen mit der Freiheit erschaffen, sich für das Gute oder das Böse zu entscheiden: Er hat ihm die Intelligenz und Gnaden mitgegeben, damit er sich entfalten und voll und ganz leben kann. Doch wenn der Mensch sich weigert, auf sein Gewissen zu hören, wählt er aus freiem Willen den Weg des Verderbens.

Gott wird das nicht mehr sehr lange zulassen, denn die Menschheit gelangt an einen Punkt, an dem sie nicht mehr weiß, was sie gegen das Böse und die Gewalt tun kann...

Durch all jene, die zu Mir beten und eine kindliche Seele bewahrt haben, werde Ich alle schändlichen Machenschaften derer vereiteln, die sich vom Teufel leiten lassen.

Ich werde all jene stürzen, die in ihrem Wahnsinn an nichts Anderes denken, als die anderen umzubringen.

Mein Heiliger Geist wird in vielen von denen, die Mich vergessen und abgelehnt hatten, eine neue Kraft erwecken. Doch weil die Stunde schrecklich ist und Ich die Menschheit nicht im Stich lassen kann, die Ich durch Mein Kreuz erlöst habe, werde Ich denen gegenüber Barmherzigkeit[5] walten lassen, die bereit sind, die Gewalt und den Hass zu bekämpfen, und Ich werde ihnen die nötige Klugheit geben, um zu siegen.

Es dauert noch etwas, bis das alles eintritt, doch habt Mut, Meine Kinder, denn Ich komme bald, und dann wird die Erde wiederhergestellt.

Ich war immer wieder sehr erstaunt, wie ich für alle Lebenssituationen, auch die von Pater Hansjörg, wegweisende und tröstliche Botschaften Jesu in den Büchern von Françoise fand.

Ich könnte noch viel erzählen über meine Erlebnisse mit der Zärtlichkeit Gottes, denn jeder meiner Tage ist voll davon. Doch jedes Buch muss einmal ein Ende haben, die Zärtlichkeit Gottes jedoch hat nie ein Ende!

108. Nachwort

Jesu außerordentliche Gegenwart füllte immer mehr mein ganzes Wesen aus, und ich erlebte, dass ich vor allem lieben wollte: Eine Liebe, die sich selber vergaß und dem Mitmenschen zu helfen suchte. Es wurde sogar unwichtig, was

---

5. Jesus will sagen, dass er Seelen, die fern von Ihm sind, aber den Hass usw. bekämpfen wollen, göttliche Gnaden der Klugheit schenken wird.

ich alles Schönes mit Jesus erlebte und erlebe, ich fühlte nur noch das gewaltige Drängen Jesu in mir, Ihn allen zu bringen, die Durst nach Seiner Liebe haben.

Jesus möchte sich jedem in Seiner spürbaren Zärtlichkeit schenken, doch leider glauben sehr wenige Christen, dass dies erlebbar ist.

In meinem Herzen ruft dir Jesus zu: «Komm! Trinke vom lebendigen Wasser Meiner zärtlichen Liebe. Ich brenne darauf, Mich dir zu offenbaren. Lindere Meine Schmerzen, indem du Meine Liebe annimmst, damit Ich dich führen und heiligen kann.

Komm Seele, die du diese Zeilen liest, Ich dürste so sehr nach der Umkehr deines Herzens! Komm in Meine Arme, denn dort findest du das wahre Glück.»

Dieses starke Gefühl, das Jesus in mich legt, und das ich gerade in Worte zu kleiden versuchte, vermittelt mir Jesus jetzt in einer heftigen Liebesglut für dich. Aus ganzem Herzen bete ich, dass du Ihm mit einem totalen Ja antwortest. Ich garantiere dir, dass du es nie bereuen wirst!

109. Schlusswort

Wenn ich mein Leben betrachte, dann kann ich nur danken für so viel Gnade. Heute, im Jahre 2018, lebe ich ganz selbstverständlich in der Zärtlichkeit Gottes, ich lebe darin wie ein Fisch im Wasser. Über all die Jahre hat Jesus mich dadurch umgewandelt und mich immer mehr zu einem liebenden Wesen herangebildet. Meine inneren Verletzungen sind geheilt und ich habe eine fast beständige innere Freude. Auch meine Gesundheit hat Jesus wieder hergestellt.

Die Botschaften der Zärtlichkeit haben mir geholfen, in eine selbstständige, innige Vertrautheit mit Jesus und Maria zu finden. Sie waren ein Mittel, um ganz nahe an das Herz Jesu zu gelangen. Ich lese immer noch sehr gerne in den Botschaften Jesu an Françoise, aber ich habe auch meinen ganz persönlichen spirituellen Weg gefunden, auf dem mich der Heilige Geist im Alltag direkt führt.

Je mehr ich an die Liebe Gottes glaube, desto mehr erlebe ich sie. Seine Liebe ist unerschöpflich. Sie hat mich in Schmerz und Leid getragen. Das Leben ist ja oft voller Schwierigkeiten, doch mit der Zärtlichkeit Jesu ist das Leben trotzdem schön. Ich bin jetzt 62 Jahre alt und noch nie war ich innerlich so glücklich wie in den letzten Lebensjahren.

Die Jahre vergehen schnell und ich möchte meinen letzten Lebensabschnitt damit verbringen Liebe zu sein, ganz und gar im Willen Gottes aufzublühen. Ich weiß, dass ich das nicht aus mir selber vermag, doch JESUS KANN ES und ich vertraue Ihm, dass Er mich immer tiefer in Sein Reich der Liebe schon hier auf Erden führen wird, und dass der Tag kommt, wo Er mich in das ewige Paradies aufnimmt.

Möchtest du nicht auch dorthin gelangen?

110. Gebet für jemanden, der seinen Weg sucht

Jesus Christus,
Ich sehe nicht, ich weiß nicht,
aber ich hoffe auf Dich.
Ich sage von ganzem Herzen Ja zu Dir,
aber ich zweifle und verliere den Mut.
So zeige mir den Weg,
den Du für mich gewählt hast.

Mein Gott,
so viele Ungewissheiten und so viele Fragen sind in mir...
Doch du hast den Tod überwunden
und vermagst alles für mich.
Richte mich wieder auf, komm mir zu Hilfe!
Handle in mir, damit ich Dich verherrliche.
Amen.

Quellenverzeichnis

89. Ihr bevorzugter Gefährte ist ein Bildschirm, ein Gegenstand
(*UdH*, Band 7, Mittwoch, 12. November 2003, Nr. 7-64)

90. In vielen Herzen werde Ich schmelzen
(*JkwiH*, Band 3, Dienstag, 22. September 1998)

91. Was sucht ihr? Glück (...)
(*UdH*, Band 8, Freitag, 5. Mai, Nr. 8-55)

92. Im Gebet wirst du alle Kraft finden
(*JkwiH*, Band 4, Dienstag, 3. August 1999)

93. Ich bin ein Herz
(*UdH*, Band 4, Samstag, 10. Oktober 1998, Nr. 4-73)

97. Ich kann euch von jedem Leiden befreien
(*UdH*, Band 6, Donnerstag, 4. Januar 2001, Nr. 6-179)

102. Wiederverheiratet Geschieden (*JkwiH*, Band 1, Donnerstag, 20. Oktober 1994 und Sonntag, 23. Oktober 1994)

104. Ich rufe jeden auf umzukehren (*JkwiH*, Band 3, Mittwoch, 23. September 1998)

105. Jeden Tag weine Ich, weil deine Generation Gott ablehnt
(*JkwiH*, Band 3, Donnerstag, 3. September 1998)

106. Keine Seele geht durch den Tod (...)
(*JkwiH*, Band 3, Mittwoch, 25. November 1998)

107. Hoffnung (*UdH*, Band 10, 31. Juli 2016, Nr. 10-68)

110. Gebet für jemanden, der seinen Weg sucht
(Informationsbrief Nr. 11, Dienstag, 29. März 2005)

JkwiH = Jesus kommt wieder in Herrlichkeit

UdH = Umkehr der Herzen

Inhaltsverzeichnis

Bücher von Françoise

Umkehr der Herzen Band 1 bis 10
Botschaften von Jesus-Christus an Françoise

Seit 1994 führt Jesus Hand und Herz von Françoise, um so zahlreiche Botschaften an die Welt zu übermitteln.

128 bis 368 Seiten, 13x20 cm

Die Buchserie
Jesus kommt wieder in Herrlichkeit

Band 1: 436 Seiten, 2000, 13x20 cm
Band 3: 196 Seiten, 2001, 13x20 cm
Band 2 und 4: vergriffen

Die Bücher sind beim Parvis-Verlag erhältlich:

PARVIS-VERLAG
Route de l'Eglise 71 • 1648 Hauteville • Schweiz
Tel. 0041 26 915 93 93
buchhandlung@parvis.ch • www.parvis.ch

Bücher von Françoise

Jesus Christus enthüllt den Seinen das Wesen der Freimaurerei

In diesen Botschaften beklagt Jesus, dass die Freimaurerei in Seine Kirche eingedrungen ist, und kündigt an, dass Er eingreifen wird, um die schwarzen Schafe zu verjagen.

96 Seiten, 13x20 cm

Jesus deutet das Johannesevangelium für Seine Kleinen

Dieses Buch wendet sich an die «Kleinen», die die Wunder des Herzens Jesu noch nicht entdeckt haben. Auf den folgenden Seiten lehrt uns Jesus, einen Teil der Geheimnisse Seines Wortes zu erfassen.

128 Seiten, 11,5x17 cm

Gebete Jesu übermittelt von Françoise

Eine Sammlung von Gebeten, die Jesus Seiner Botin diktiert hat. Diese Gebete sind manchmal entwaffnend einfach, doch wenn man sie meditiert, offenbaren sie ihre unergründliche Tiefe.

128 Seiten, 11,5x17 cm

Quartalshefte von Françoise

In diesen Heften werden verschiedene Themen im Lichte der Botschaften Jesu an Françoise betrachtet. Zum Beispiel: Das Heiligste Herz Jesu, Läuterung, die Wiederkunft Jesu Christi, das stille Herzensgebet usw. Dazu gibt es Zeugnisse und Informationen.

Zu beziehen im Sekretariat für Deutschsprachige:
Sekretariat für Deutschsprachige
Association de Notre Dame du Sacré Cœur - MTD
Familie H. Jucker
Buchzelgweg 5
8053 Zürich
Schweiz
Tel. 0041 (0) 44 422 04 56
https://tendressededieu.com